Maike Wöhler
»In Deutschland wartet das Paradies auf uns«

Kultur und soziale Praxis

Editorial

Die Reihe **Kultur und soziale Praxis** präsentiert sozial- und kulturwissenschaftliche Studien, die zwischen empirischer Forschung, theoretischer Reflexion/Konzeption und textueller Praxis neue Zugänge zu Kultur und sozialer Praxis entwickeln. Im Rahmen dieses Programms werden soziale Differenzen und identitäre Prozesse auf verschiedenen Ebenen und entlang verschiedener raumzeitlicher Achsen – etwa als (trans-)lokale oder (trans-)nationale Prozesse – untersucht.

Maike Wöhler ist Kulturwissenschaftlerin und verfügt über langjährige Praxiserfahrung im sozialen und interkulturellen Bereich mit eingewanderten Menschen. Sie ist zudem als Kuratorin interkultureller Ausstellungsprojekte tätig, die u.a. über das Bundesprogramm »Demokratie leben« gefördert werden. Ihr Forschungsschwerpunkt liegt im Bereich der (griechischen) Arbeitsmigration ab den 1960er Jahren in Südhessen und Norddeutschland.

Maike Wöhler

»In Deutschland wartet das Paradies auf uns«

Die *Olympia Werke* und die griechische Arbeitsmigration in Nordwestdeutschland

[transcript]

Gefördert durch den Landkreis Friesland und die Oldenburgische Landschaft

LANDKREIS FRIESLAND

GEFÖRDERT DURCH
oldenburgische
landschaft

Bibliografische Information der Deutschen Nationalbibliothek
Die Deutsche Nationalbibliothek verzeichnet diese Publikation in der Deutschen Nationalbibliografie; detaillierte bibliografische Daten sind im Internet über http://dnb.d-nb.de abrufbar.

Umschlaggestaltung: Maria Arndt, Bielefeld (nach einem Entwurf von Udo Leuchtmann, Bremen)
Umschlagabbildung: © Barbara Klemm
Druck: Majuskel Medienproduktion GmbH, Wetzlar
https://doi.org/10.14361/9783839467886
Print-ISBN: 978-3-8376-6788-2
PDF-ISBN: 978-3-8394-6788-6
Buchreihen-ISSN: 2703-0024
Buchreihen-eISSN: 2703-0032

Gedruckt auf alterungsbeständigem Papier mit chlorfrei gebleichtem Zellstoff.
Besuchen Sie uns im Internet: *https://www.transcript-verlag.de*
Unsere aktuelle Vorschau finden Sie unter *www.transcript-verlag.de/vorschau-download*

Inhalt

Zur Autorin

Foto © Cosima Hanebeck

Maike Wöhler, Kulturwissenschaftlerin M. A., arbeitet als **Autorin, Projektleiterin und Kuratorin** kulturwissenschaftlicher und sozialpolitischer (Ausstellungs-)Projekte. Ihre Schwerpunkte sind Migration und Integration mit den Themen Erwerbstätigkeit sowie Arbeit und Leben.

»Endlich kommt jemand [...] und schreibt unsere Geschichte auf!« Mit diesen Worten begrüßte der erste Dolmetscher der *Olympia Werke* im friesischen Sande, Paul Fostiropoulos, die Autorin zu Beginn ihres kulturwissenschaftlichen Projekts.

Ihre eigenen Untersuchungen zur griechischen Arbeitsmigration in Nordwestdeutschland am Beispiel der *Olympia Werke* in Schortens-Roffhausen öffnen und erschließen ein umfangreiches Kapitel einer bislang noch unerschlossenen Zuwanderungsgeschichte in der Region.

Mit viel Feingefühl und einer kulturreflexiven Offenheit näherte sich die Autorin den griechischstämmigen Menschen in der Diaspora. Intensive Recherchearbeit war notwendig, um nach der Schließung der *Olympia Werke* 1992 ehemalige griechische Zeitzeug*innen, sogenannte Olympianer*innen, zu finden und zu interviewen.

Die Ergebnisse ermöglichen den Einheimischen und den Eingewanderten einen differenzierten und aufgeklärten Blick auf die Menschen – eine wesentliche Voraussetzung für ein kooperatives Miteinander und ein zukünftiges Zusammenleben in Vielfalt.

Ausländer

Deutschland brauchte Arbeitskräfte, darum holte man sie ins Land.
Mit Lust und Fleiß arbeiteten sie
gemeinsam Hand in Hand.

Nur ist sie vorbei die Blütezeit,
jetzt kommt die Arbeitslosigkeit.
Was machen wir mit all den Menschen,
die uns bis jetzt geholfen haben?
Sollen sie fort, sollen sie bleiben?
Wir können sie einfach nicht vertreiben.

Wir müssen eine Lösung finden,
die gerecht und menschlich ist,
denn der Fremde, der hier lebt,

Mensch ist,
so wie du es bist.

Asimina Paradissa, Auszug aus ihrer unveröffentlichten Biographie »Jenseits der Grenzen«

(Asimina Paradissa arbeitete ab Mitte der 1960er als Gastarbeiterin im *Olympia Werk* Roffhausen)

Danksagung

Mein ausdrücklicher Dank gilt zuallererst den griechischstämmigen Interviewpartner*innen aus der Region Friesland und Wilhelmshaven. Sie waren es, die das Projekt ins Rollen gebracht haben, ihnen ist diese Arbeit gewidmet.

Herzlich bedanken möchte ich mich außerdem bei Erzpriester Antonios Gallis und den Mitgliedern der griechisch-orthodoxen Kirchengemeinde Heiliger Georgios zu Lübeck.

Mein Dank geht auch an die Unterstützer*innen, darunter Werner Ahrens, Holger Ansmann, Jannis Chrissochoidis und Familie, Maria Anastasia Delia und Familie, Dimitrios Danides, Katharina Gourdoumichalis, Paul Fostiropoulos und Familie, Peter Homfeldt, Marianne Janss, Familie Karafillis, Theo Lampe, Joel Schmidt, Frank Schnieder, Ronald Smolawa, Hartmut Tammen-Henke und die vielen anderen, die mein Projekt gefördert haben.

Weiterhin geht mein Dank an die Vertreter*innen der Stadt Schortens, des Olympia-Museums/Heimatvereins Schortens und der TCN Marketing GmbH für die Kooperation und die Möglichkeit der Nutzung von Archiv- und Bildmaterial.

Bedanken möchte ich mich zudem bei all den Menschen, die mir für spontane Fragen geduldig zur Verfügung gestanden haben und zum Teil anonym bleiben wollen. Für sie zählt nicht der jeweilige Name oder die Person, sondern die Sache: die Geschichte der Migration. Ihrer Meinung nach lässt sich ihre persönliche Geschichte auf die anderer Migrant*innen übertragen.

Ein besonderer Dank geht schließlich an den Landrat des Landkreises Friesland, Sven Ambrosy, und an den Präsidenten der Oldenburgischen Landschaft, Professor Dr. Uwe Meiners, sowie an deren Geschäftsführer, Dr. Michael Brandt, für die wohlwollende und kontinuierliche Förderung meines Forschungsprojekts und der anschließenden Publikation zur Arbeitsmigration der *Olympia Werke.* Ohne diese Unterstützung wäre das Vorhaben nicht realisierbar gewesen.

Vorwort

Frank Schnieder, Geschäftsführer der TCN (Technologie Centrum Nordwest) Marketing GmbH

Luftaufnahme des ehemaligen Werkgeländes Roffhausen, 2020

© TCN Marketing GmbH

Das industrielle Großunternehmen AEG Olympia und sein Standort im Ortsteil Roffhausen der Gemeinde Schortens im Landkreis Friesland sind eng miteinander verbunden. Mit der Entwicklung und Produktion von Büromaschinen war Olympia Jahrzehnte lang der wichtigste Arbeitgeber im nordwestlichen Niedersachsen und gehörte zu den

TCN Logo

TCN
TECHNOLOGIE
CENTRUM
NORDWEST

weltweit führenden Anbietern im Bereich Bürokommunikation. Das rasante Wachstum des Unternehmens in den 1960er Jahren war – wie überall in Deutschland – nur über das Anwerben ausländischer Arbeitskräfte möglich. So kamen viele Mitarbeiterinnen und Mitarbeiter aus dem südeuropäischen Raum nach Roffhausen, darunter auch eine größere Anzahl griechischer Arbeitskräfte.

Eine Integration dieser Frauen und Männer hat nie wirklich stattgefunden; dies drückt sich auch darin aus, dass es im Unternehmen bei Hunderten von ausländischen Arbeitskräften nur einen Beauftragten für die Kolleginnen und Kollegen gab.

In den 1970er und 1980er Jahren führten technologische Veränderungen bei den Produkten und die sich verschärfende Situation auf dem Weltmarkt zu enormen Umstrukturierungen im AEG-Konzern. Infolgedessen verloren knapp 10 000 Menschen ihre Arbeit.

1992 und einige Jahre nach Übernahme des AEG-Konzerns durch die Daimler-Benz AG wurde die Produktion mit den noch verbliebenen 2500 Mitarbeiterinnen und Mitarbeitern eingestellt. Viele der Migrantinnen und Migranten hatten sich über die Jahre selbst »integriert«, fühlten sich ein Stück zuhause und blieben. Andere wiederum folgten ausschließlich ihrem Herzen und gingen zurück in die Heimat.

1993 wurde das Konzept des Technologie Centrums Nordwest umgesetzt. Es sollte dem Büromaschinenstandort folgen und startete mit 14 Unternehmen und anfangs 750 Mitarbeiterinnen und Mitarbeitern. Heute befinden sich über 50 Betriebe und circa 3000 Mitarbeiterinnen und Mitarbeiter vor Ort. Sie prägen eine bunte Vielfalt aus Dienstleistungs-, Handels- und Handwerksunternehmen.

Einen Boom wie in den 1960er Jahren hat es nicht wieder gegeben, weshalb die Aufgabe einer besseren Integration von Migrantinnen und Migranten auch nicht gelöst werden musste. Die Betriebe heute sind offen für Arbeitnehmerinnen und Arbeitnehmer, unabhängig von deren Herkunft, Kultur oder Religion. Die staatlichen oder privaten Angebote zur Integration sind ungleich zahlreicher als damals – wer diese nutzt, wird diesmal vielleicht auch bleiben.

Unsere Aufgabe ist es, diesen Menschen mit Respekt und Verständnis zu begegnen und sie zu unterstützen.

Frank Schnieder
Schortens-Roffhausen, 2022

1. »Endlich kommt jemand [...] und schreibt unsere Geschichte auf!«

Gegen das Vergessen anschreiben

»Wir sind alle Griechen. Unsere Gesetze, unsere Literatur, unsere Religion, unsere Kunst haben ihre Wurzeln in Griechenland.«
Wenn es Griechenland nicht gäbe,
»wären wir alle womöglich noch Wilde und Götzenanbeter«.[1]

Das Zitat des englischen Dichters Percy Shelley aus dem frühen 19. Jahrhundert spiegelt die damalige Meinung auch anderer europäischer Länder wider. Die Rückbesinnung der Europäer*innen auf ihre gemeinsame kulturelle Tradition vereinte sie in der Hoffnung auf eine gerechtere Zukunft.

Vieles von diesem Wissen ist verloren gegangen: das Wissen über andere Länder, ihren kulturellen Reichtum, die beeindruckenden Potenziale und anderes mehr. In Zeiten der Globalisierung besitzen wir zwar Kenntnisse über ausländische Produkte, die aus der ganzen Welt stammen – Kleidungsstücke, Möbel, Nahrungsmittel. Sie werden als »nicht mehr fremd« empfunden. Ganz im Gegenteil: aus unserem täglichen Leben sind sie nicht mehr wegzudenken. Anders verhält es sich dagegen mit den Menschen, die aus verschiedenen Ländern migrieren oder flüchten, ihr Heimatland also verlassen (müssen). Ihre Geschichte gilt es zu entdecken, wahrzunehmen.

So versucht die vorliegende Publikation die Zeit der griechischen Einwanderung nach Deutschland ab den 1960er Jahren bis in die Gegenwart zu beleuchten. Insbesondere ist dieser Band als eine Würdigung der Menschen gedacht, die mit ihrer vielfältigen Kultur Deutschland – in diesem Fall den Norden Deutschlands, vor allem die Region Friesland/Wilhelmshaven – bis heute nachhaltig prägen.

---

1 Dumoulin zitiert hier den Dichter Percy Shelley aus der Vorrede zu seinem lyrischen Versdrama *Hellas* von 1822. Dumoulin, Samuel: Wir sind alle Griechen. In: Le Monde diplomatique vom 11. März 2021. https://monde-diplomatique.de/artikel/!5754476#fn6. Letzter Zugriff am 03.09.2022.

Das Buch enthält biographische Erzählungen von Zeitzeug*innen: nach Friesland und Wilhelmshaven zugewanderte Menschen, die im *Olympia Werk* Schortens-Roffhausen arbeiteten. Viele emigrierten Mitte des 20. Jahrhunderts aus Griechenland, um, wie viele andere angeworbene ausländische Menschen auch, ihre Arbeitskraft Nachkriegsdeutschland vorerst befristet zur Verfügung zu stellen. **Es ist eine Spurensuche auf den Pfaden griechischer Menschen, die vor nunmehr über sechs Jahrzehnten ausgewandert sind, in die ganze Welt – auch nach Deutschland.**

Hier beginnt die Migrationsgeschichte im Zuge der Gastarbeiteranwerbung in der Bundesrepublik; sie wird inzwischen von der Folgegeneration fortgeschrieben. Bei den ersten Recherchen stellte sich heraus, dass die Thematik der Arbeitsmigration am Beispiel der *Olympia Werke* in der Geschichte der Zuwanderung der nordwestdeutschen Region praktisch Neuland darstellte.

»Endlich kommt jemand nach so vielen Jahren und schreibt unsere Geschichte auf!«

Dies waren die allerersten Worte, mit denen die Autorin im Januar 2020 von Paul Fostiropoulos, dem ersten Dolmetscher der griechischen Gastarbeiter*innen der *Olympia Werke* Roffhausen, in ihrem ersten Interview zur Geschichte der Arbeitsmigration begrüßt wurde.

Eine griechischstämmige Journalistin, die schon Mitte des 20. Jahrhunderts als junge Studentin für das frühere »Ausländer-Programm« in der Münchner Redaktion (für griechischsprachige Sendungen war der Bayerische Rundfunk zuständig) in einem muttersprachlichen Redaktionsteam arbeitete, schildert den Norden Deutschlands mit den zugewanderten Griech*innen, besonders den niedersächsischen Raum bis an die Nordseeküste, als eine Art »weißen Fleck« auf der Landkarte der Zuwanderung.

Sehr selten habe man dort von Aktivitäten aus der griechischen Nord-Community gehört, wie etwa von griechisch-deutschen Veranstaltungen, Vereinen mit Terminhinweisen oder Leserzuschriften griechischer Landsleute. Ganz anders verhielt es sich in anderen Bundesländern wie beispielsweise Nordrhein-Westfalen, wo zu Spitzenzeiten in den 1960er und 1970er Jahren wöchentlich mehrere Hundert Zuschriften eingingen beziehungsweise Anfragen an die Redaktion gestellt wurden.[2]

2 Die Ausgabe 1969, 23/24 (Mai), enthält eine Rede von Pavlos Bakogiannis im Bayerischen Rundfunk. Pavlos Bakogiannis leitete seit Mitte der 1960er Jahre zehn Jahre lang das griechischsprachige Radioprogramm des Bayerischen Rundfunks. Als in Griechenland mit dem Staatsstreich vom 21. April 1967 die griechische Militärdiktatur errichtet wurde, wandte er sich aus seiner Position als Leiter des griechischsprachigen Radioprogramms gegen die Diktatur in Athen. Die über die Deutsche Welle verbreiteten Sendungen mit Informationen und Nachrichten, die auch in Griechenland viel gehört wurden, wurden bald zu einem Bezugspunkt im Kampf gegen die Diktatur (https://de.wikipedia.org/wiki/PavlosBakogiannis. Letzter Zugriff am 24.02.2021). »Zu viele Streiks und Kundgebungen vor griechischem Militärputsch« (Wilhelmshavener Rundschau, 19.11.1970).

Forschungsfahrt nach Wilhelmshaven

© Maike Wöhler

Gegen das Vergessen anschreiben

In dieser Publikation geht es um einen Prozess der Annäherung an die fast vergessene Geschichte der griechischen Zuwanderung in der Region Friesland/Wilhelmshaven. Die biographischen Geschichten der Emigration überdauerten die Zeit bis in die Gegenwart. Sie ruhten über Jahre in den Herzen der zugewanderten Menschen.

Die Annäherung an die griechische Community und die damit verbundene Forschung gestaltete sich anfangs etwas schwierig – die *Olympia Werke* waren seit nunmehr über 30 Jahren geschlossen, viele ehemalige griechische Olympianer*innen[3] seit langem

3 Mit dem Ausdruck »Olympianer*innen« sind alle Arbeitskräfte gemeint, die für die *Olympia Werke* tätig waren.

Friesländische Impressionen

© Maike Wöhler

in Rente, nach Griechenland remigriert oder bereits verstorben. Durch beständige Recherchen und Kontaktaufnahmen zu griechischen und deutschen Zeitzeug*innen und ehemaligen Olympianer*innen, außerdem durch Gespräche mit wichtigen Akteur*innen vonseiten der Gewerkschaft, Politik, Behörden, Vereinen und Verbänden konnte, trotz der sehr eingeschränkten Quellenlage, ein umfassendes Bild der griechischen Zuwanderung im Raum Friesland im Zuge der Arbeitsmigration gezeichnet werden.

Interessant war auch, dass durch das Kennenlernen und den Besuch kirchlicher Treffpunkte – beispielsweise von Gottesdiensten in den evangelischen Kirchen in Wilhelmshaven und Bremen (in bestimmten Zeitfenstern wurden sie für die griechisch-orthodoxe Liturgie genutzt) – Einblicke in den sozialen Alltag griechischer Familien im Raum Friesland und Wilhelmshaven sowie private Gespräche ermöglicht wurden. Durch die Gemeinsamkeit und das Erleben des griechisch-orthodoxen Gottesdienstes entstanden so nach und nach Kontakte und ein regelmäßiger Austausch mit griechischstämmigen Landsleuten in der Region.

Paul Fostiropoulos, der erste Dolmetscher für ausländische Arbeitskräfte der *Olympia Werke* Roffhausen:[4] »Nach über 50 Jahren fragt mich jemand über unsere Geschichte. Endlich!«[5]

In diesem Buch erhalten die migrierten Menschen des Landkreises Friesland nach über 60 Jahren eine Stimme. Nach der Zeit der Unsichtbarkeit und des Schweigens kommen in dieser Publikation die ehemaligen Arbeitsmigrant*innen der *Olympia Werke* zu Wort. Die Geschichte ihrer Zuwanderung wird auf der Grundlage kulturwissenschaftlichen Forschens sichtbar gemacht – und die Geschichte der Migration durch die über 50 Interviews mit griechischen Zeitzeuginnen und Zeitzeugen lebendig. Sie prägt die Menschen des Aufnahme- und des Abwanderungslandes.

> »Ich habe mehr als die Hälfte meines Lebens hier in Deutschland verbracht. Die norddeutsche Kultur hat mich geprägt – unbedingt. Schauen Sie, ich habe eine deutsche Frau, meine Kinder denken deutsch, denken nicht griechisch. Die sind ziemlich zeitig aus dem Haus, wie das hier üblich ist. Und die sind unter sich groß geworden. Die wurden geprägt durch ihre gemeinsamen Freunde und Freundinnen und Nachbarn oder was weiß ich.
>
> Dennoch denke ich, bin ich nicht wie meine Kinder. Die sind anders. Aber ich habe vieles hier angenommen – Gutes. Ich habe wirklich viel Positives hier erlebt und mir zu eigen gemacht. Außerdem liebe ich Deutschland, auch als Kulturland.« Paul Fostiropoulos

Aufschlussreich war, dass sich der Prozess der Auswanderung und Integration auch in der Folgegeneration fortsetzt. Die Kinder der zugewanderten Gastarbeiter*innen erlebten den Verlust und den Schmerz des Weggangs aus Griechenland intensiv mit. Oft mussten an diesem Punkt, dem Thema Weggang aus der Heimat und Verlassen von Familie und Kindern, die Interviews vorübergehend ausgesetzt werden. Der Schmerz und die Trauer lebten sowohl in der Eltern- als auch in der Folgegeneration wieder auf. Vor diesem Hintergrund sind der hohe Stellenwert der Familie und des engen familiären Zusammenhalts in der Diaspora sowie das Aufrechterhalten der kulturellen Identität in der neuen Heimat (siehe Kapitel »Generation Einskommafünf«) nachvollziehbar.

Innerhalb der Interviews, die auf der Grundlage der Oral History geführt wurden, entstand ein geschützter Raum, in dem die »ruhenden, schlummernden« Erfahrungen und Erlebnisse oft zum ersten Mal bewusst an die Oberfläche geholt werden konnten. Die biographischen Schilderungen waren begleitet von Tränen, Wut, Trauer, Resignation, aber auch Zuversicht.

---

4 Paul Fostiropoulos war beim Interview (auf das er großen Wert legte) im Januar 2021 mittlerweile 88 Jahre alt. Er verstarb einige Monate später. Aber seine Geschichten der Zuwanderung – auch die seiner Landsleute – wurden nicht nur aufgeschrieben, sondern auch aufgenommen und transkribiert. »Fosti«, wie ihn seine Landsleute und Kolleg*innen nannten, war Sprachrohr und Übersetzer – auch im übertragenen Sinn. Seine Geschichten, von denen ich einige hören durfte, leben nun weiter und sind somit nicht verloren.

5 Im Interview mit der Autorin, Januar 2021.

Der erste Dolmetscher der Olympia Werke, Paul »Pavlos« Fostiropoulos auf der Terrasse seines Hauses in Kavala, 2013

© Privatbesitz

Das Erforschen der Vergangenheit trägt zu einer Auseinandersetzung mit dem Thema Zuwanderung bei. Forschen und Schreiben bedeutet, nicht nur gegen das allgemeine Vergessen anzukämpfen, sondern die Vergangenheit und die wichtige Ära der Migration abzubilden und somit für die heutigen Generationen – für die Zukunft – festzuhalten. So wird die Geschichte der Arbeitsmigration im Raum Friesland/Wilhelmshaven wieder lebendig, präsent und aktuell.

»Danke, dass du über uns Griechen schreibst«

Der griechischstämmige Wilhelmshavener Stavros berichtete, dass er auf einer Olympia, einer »SM3«, seine Examensarbeit für den deutschen Uni-Abschluss als Lehrer schrieb. »Das war eine prima Schreibmaschine. Sie hat zum Bleiben in Deutschland beigetragen!«

Einige Tage nach dem gemeinsamen Gespräch stand er mit einem grauen Stahlkoffer vor meiner Bürotür. In der Hand hielt Stavros exakt diese »SM3«[6], mit der er sein erfolgreiches schriftliches Lehrerexamen verfasst hatte. Eine Art der gemeinschaftlichen Integration – der erfolgreiche Abschluss (auf einer deutschen Olympia-Schreibmaschine) führte zum Sesshaftwerden in Deutschland: »Die möchte ich dir schenken – als Zeichen der Anerkennung und als Dankeschön, dass du über uns Griechen schreibst.«

Im Zuge der Recherchen zeigten sich die ehemaligen griechischen und deutschen »Olympianer*innen« im Hinblick auf das Thema Arbeitsmigration zunehmend offener und hilfsbereiter. Auch der griechische Erzpriester Antonios Gallis, Kirchenoberhaupt

6 Freundlicher Hinweis von Peter Homfeldt, dass diese SM3 in der zweiten Hälfte des Jahres 1960 in Roffhausen gefertigt wurde.

SM3

© Privatbesitz

der griechisch-orthodoxen Nord-Community mit mehr als 4000 Gläubigen (siehe auch Kapitel: »Ich bin verliebt in Deutschland, sehr verliebt. Wir sind alle eine große Familie – Europäer!«), stand die ganze Zeit über unterstützend zur Seite.

Seitdem ist Pfarrer Gallis Pate und Unterstützer dieses Projekts:

> »Ich helfe Ihnen gerne. Viele meiner Gläubigen haben bei Olympia gearbeitet. Es sind natürlich nicht mehr so viele von ihnen in Wilhelmshaven und in der Region. Aber die Kinder und Kindeskinder sind hier.«

So stellte er das Vorhaben zur griechischen Arbeitsmigration eine Woche nach dem Erstkontakt während seiner Predigt in der Wilhelmshavener Banter Kirche seiner Gemeinde vor. Gleichzeitig bat er sie um Hilfe und Unterstützung für diese Forschungsarbeit; sie sollten offen sein für Interviews für das »Griechen-Projekt« und »nicht zurückhaltend«. Sein Appell an die Gemeinde war erfolgreich: Noch im Anschluss an den Gottesdienst konnten erste Gespräche geführt werden.

Dieses Buch basiert auf einer von der Autorin initiierten Forschungsarbeit, die sich mit der Geschichte der griechischen Zuwanderung am Beispiel der *Olympia Werke* im Raum Friesland und Wilhelmshaven befasst. Über 60 griechische und deutsche Zeitzeug*innen wurden auf der Grundlage eines halbstandardisierten Interviewleitfadens und narrativ-episodischer Interviews befragt; über 20 Interviews wurden davon transkribiert und nach den Themen »Formen des Ankommens in Deutschland«, »Arbeit und Leben in Friesland«, »kulturelle Identität«, »Spracherwerb«, »Identifizierung des

Antonios Gallis

© Cosima Hanebeck

Begriffs ›Heimat‹« und »Formen der Integrationsprozesse der Migration« ausgewertet. Gestützt durch ethnografische Beobachtungen und angewandte Feldforschung wurde versucht, individuelle und übereinstimmende »Migrationsparameter« zu identifizieren. Trotz eingeschränkter Datenlage und Datenverfügbarkeit gelang es mit den wissenschaftlichen Methoden der Oral History, den weißen Fleck in der Geschichte der Zuwanderung im Landkreis Friesland ab Mitte der 1960er Jahre mit Leben zu füllen.

Griechische Einwandererfamilien der ersten Stunde konnten befragt und an den Orten der Begegnung (wie an Treffpunkten am Wilhelmshavener Bahnhof oder nach den Gottesdiensten) aufgesucht werden. So war es möglich, die Hintergründe der (Aus-)Wanderung und die persönlichen Beweggründe der Betroffenen zu verstehen. Im Rahmen der Forschung entwickelten sich Kontakte, auch zu ehemaligen deutschen Kolleg*innen, Nachbar*innen und Freund*innen, die im Miteinander viele, fast schon vergessene Geschichten aus ihrer Vergangenheit zu erzählen hatten. So trugen genau diese Zeitzeug*innen wesentlich dazu bei, dass Feldforschung betrieben und die Geschichten der griechischen Migration historisch aufgearbeitet werden konnten – die beste Voraussetzung dafür, dass sie nie vergessen werden.

Dank zahlreicher Unterstützerinnen und Unterstützer (siehe »Danksagung«) und, vor allem, dank der Förderung des Landkreises Friesland und der »Oldenburgischen Landschaft« konnte diese Publikation realisiert werden.

Maike Wöhler, im Oktober 2022

2. Olympia[1] – eine Marke von Welt

Die Geschichte des Unternehmens

»Arbeit für die Region – Typen von Welt«[2]

> »Uns alle bindet der gemeinsame Name der Gesellschaft, das gemeinsame Interesse an ihrem Vorwärtskommen eng aneinander. Dieses innere Band will die neue Zeitschrift [Anm.: Olympia-Rundschau] uns veranschaulichen, will immer wieder ins Gedächtnis rufen, daß unsere Arbeit nicht nur uns selbst angeht, sondern auch das Ganze, alle jene anderen Menschen, die teilweise in ganz anderen Ländern und unter ganz anderen Bedingungen unserem Namen Geltung verschaffen wollen.«[3]

Die Gründungsphase

Die Historie des *Olympia Werks* ist eine Chronik mit vielen Ortswechseln, Namensänderungen und zahlreichen Umgestaltungen. Die Geschichte beginnt zur Jahrhundertwende in Deutschland, das Unternehmen überdauert die Weltkriege, um dann auf einem ehemaligen Marinegerätelager in Roffhausen mit einer Produktionsstätte für Schreibmaschinen erneut zu erstehen. Jahre später wird es sich zu einem Weltunternehmen mit Dependancen und Fabriken auch in Übersee entwickelt haben.

Mit der Gründung der deutschen *Olympia Werke* plante der Vorstand der AEG (Allgemeine Elektrizitätsgesellschaft), seinen mit elektrischem Strom generierten Umsatz

---

1 Aufgrund wechselnder Firmennamen in der Geschichte des Unternehmens wird hier die Bezeichnung *Olympia* (seit 1936 offizieller Name »Olympia«) auch mit Bezug auf die Zeiträume verwendet, in denen offiziell andere Namen galten. Somit schließe ich mich der von den Beschäftigten und der Unternehmensleitung verwendeten Sprachform an – auch die Schreibweise wird an den gängigen Firmennamen »*Olympia Werke*« angepasst. Als Olympianer*innen zum Unternehmen dazuzugehören und sich der Firma und der Familie »Olympia« lebenslang verbunden zu fühlen weist bis heute auf die hohe Identifikation mit dem Arbeitgeber hin.

2 Untertitel der Olympia-Chronik von Hans-Jürgen Schmid: Olympia … und die Olympianer – Arbeit für die Region – Typen für die Welt, Wilhelmshaven 2008.

3 Olympia-Rundschau 1931, Heft 1.

Olympia-Außenansicht

© Olympia Museum/Heimatverein Schortens von 1929 e.V. (Stadt Schortens)

durch den Absatz elektrischer Schreibmaschinen zu steigern. 1903 übernahm die AEG von der Loewe-Gruppe die Berliner »Union Elektrizitäts-Gesellschaft« (Produzentin von Werkzeug- und Nähmaschinen sowie Rüstungsgütern)[4], mit der sie gleichzeitig Zugang zu US-amerikanischen Patenten erhielt.

Die Schreibmaschine – als eigenständiges, »wesensfremdes« Produkt der AEG – war in dieser Zeit in der Gesellschaft noch wenig verbreitet, barg also ein nicht unerhebliches unternehmerisches Risiko. Aus diesem Grund umging man den Firmennamen AEG und firmierte 1903 unter **Union Schreibmaschinen-Gesellschaft**. Erst mit der Konstruktion und Produktion der ersten Typenzylinder- und Zeigemaschine, der Mignon[5], stellten

4 Und damit auch den Zugang zu fertig eingerichteten Produktionsräumen mit ausgebildeten Fachkräften des ehemaligen Werkzeugmaschinen- und Rüstungsproduzenten.

5 Die Mignon wurde ab 1921 auch im Schulunterricht eingesetzt.

sich erste geschäftliche Erfolge ein.[6] Mit der Herstellung der mechanischen Standardschreibmaschine steigerten sie sich weiter, und so suchte man, aufgrund wachsender Umsatzzahlen, nach weiteren Produktionsstätten. In der **Deutsche Werke AG in Erfurt,** die aufgrund des Versailler Vertrags ihre bisherige Rüstungsfabrikation einstellen musste, fand man eine neue Wirkungsstätte. Sie wurde in **AEG Deutsche Werke AG** umbenannt. Der 1923 vollzogene Ortswechsel von Fertigung und Verwaltung von der AEG-Unternehmenszentrale in Berlin nach Erfurt bedeutete nicht nur eine räumliche Trennung, sondern stellte auch den Neubeginn eines künftig unabhängigen Olympia-Firmenprofils dar.

Mignon

© TCN Marketing GmbH

Der Mignon folgte 1932 die gut handhabbare Kleinschreibmaschine der AEG »Progreß« mit Volltastatur. Ab 1933 kamen die ersten Schreibmaschinen mit der Bezeichnung »Olympia« – unter anderem die Filia und die Olympia 8 – auf den Markt. Aufgrund guter Auslandserfahrungen und mehrjähriger USA-Aufenthalte des Direktors der *Olympia Werke* entstand ein Netzwerk aus innovativem Wissen, Bildung und praktischen Erfahrungen in modernen Fertigungsverfahren.

Anders als es dem damaligen Zeitgeist entsprach, wurden Anfang der 1920er Jahre erstmals auch weibliche Arbeitskräfte für Montagetätigkeiten eingesetzt. Außerdem gründete man Mitte der 1930er Jahre nach amerikanischem Vorbild zahlreiche Generalvertretungen als zusätzliche Vertriebsplattformen, die Jahre später über den ganzen Erdball verstreut waren – für das frühe 20. Jahrhundert ein Novum. Schon 1914 war Olympia in Kopenhagen, 1921 in Paris und 1928 in Stockholm präsent; es folgten weitere Niederlassungen in Amsterdam, Zürich, Wien, Rio de Janeiro und Prag. Um sich dem nationalen wie internationalen Markt zu öffnen, entschloss man sich im Januar 1930 zur Umbenen-

6 Trotz allem verhielt sich die AEG mit der Produktion von Schreibmaschinen zögerlich – 1919 plante sie sogar, diese gesamte Produktlinie einzustellen.

nung der AEG Deutsche Werke AG in **Europa Schreibmaschinen AG. Man kann darin die Geburtsstunde des geschützten Produktnamens »Olympia« sehen.**[7]

Langsam begann sich Olympia einen Namen zu machen. Die Schreibmaschinen galten als qualitativ hochwertig, und diese Qualität wurde auch international anerkannt. Obwohl sich Ende der 1920er Jahre die Weltwirtschaftskrise auch in Deutschland bemerkbar machte, konnte die Produktion der Olympia-Schreibmaschinen fortgesetzt werden. In der NS-Zeit überlebte das Unternehmen, indem es sich den veränderten politischen Bedingungen anpasste[8] und Teile der Produktion auf Rüstungsgüter verlagerte.[9] Auch die Produktion von Schreibmaschinen wurde in den Kriegsjahren nicht eingestellt; monatlich gingen so etwa 1000 Stück vom Band. Interessant ist vor diesem Hintergrund, dass die nationale und internationale Firmenpolitik der *Olympia Werke* von den Ländern, die das Deutsche Reich besetzt hatte, weder boykottiert noch eingestellt wurde. Ganz im Gegenteil: Nach nur kurzer Unterbrechung wurde die Arbeit in den europäischen und außereuropäischen Niederlassungen wieder aufgenommen und weiter fortgeführt.

Die Geschichte der *Olympia Werke*

1883 Gründung der »Deutsche Edison-Gesellschaft DEG« als Vorgängerin der **Allgemeinen Elektricitäts-Gesellschaft (AEG);**[10] Schreibmaschinenproduktion ab 1. Mai 1923, Berlin;[11] Entwicklung und Produktion einer mechanischen Kleinschreibmaschine

1903 Union Schreibmaschinen-Gesellschaft m.b.H.

1912 Produktion einer mechanischen Standardschreibmaschine

1914 AEG Schreibmaschinengesellschaft mbH (20. März 1914)

1923 AEG Deutsche Werke AG (4. April 1923, Erfurt – Produktion)

1923 AEG Deutsche Werke GmbH (9. Juni 1923 – Vertrieb)

1924 2500 Beschäftigte

1924 AEG Deutsche Werke AG, Erfurt

1930 Europa Schreibmaschinen AG, Erfurt[12]

---

7 Vgl. auch: Buhr, Regina: Unternehmen als Kulturräume. Eigensinnige betriebliche Integrationsprozesse im transnationalen Kontext, Berlin 1998.

8 Vgl. Olympia-Rundschau 1941, Heft 5: Hier ist die Rede von betriebsinternen Arbeitsgemeinschaften, die »das neue Gedankengut« pflegen, oder von Parolen wie »Ohne Blut kein Leben, ohne Opfer keine Freiheit« (Olympia-Rundschau 1941, Heft 8/9).

9 »Unter anderem wurden Flugzeugmotorenteile, Flak-Magazine, Patronengurte für Maschinengewehre, Transportkästen für Granaten und anderes Kriegsgerät hergestellt«, Zentrale Parteileitung im VEB Robotron Optima Büromaschinenwerk Erfurt, S. 26; zitiert nach: Buhr, Regina, a.a.O., S. 112.

10 Vgl. Olympia Museum/Heimatverein Schortens von 1929 e.V.: https://hv-schortens.de/olympia-ausstellung/. Letzter Zugriff am 30.02.2022.

11 Schmid, Hans-Jürgen: Olympia und die Olympianer, Wilhelmshaven 2008, S. 14.

12 1930: Änderung des Firmennamens in **Europa Schreibmaschinen AG** (mit der Ausrichtung auf den europäischen Export ging auch die Einführung des international schutzfähigen Namens **»Olympia«** einher. Die Eintragung der Bezeichnung »Olympia« als Warenzeichen geschah schon 1930 (vgl. Schmid, ebd., S. 20).

1936 Olympia Büromaschinenwerke AG, Erfurt; Umbenennung der Europa Schreibmaschinen AG in Erfurt in »Olympia Büromaschinenwerke AG« – Startschuss für die Marke Olympia ab 1930; ehemalige AEG-Tastenmaschine – nun mit Wagenführung auf Kugellager und anderen Verbesserungen – kommt als »Olympia«-Modell auf den Markt; Januar 1931 Erste Ausgabe der Mitarbeiter-Zeitschrift »Olympia- Rundschau«
1945 Gründung der **Olympia Schreibmaschinen GmbH,** Bielefeld, als hundertprozentige Tochter der Olympia Büromaschinenwerke AG (OBAG)[13]
1946 Bielefelder Schreibmaschinen Werke GmbH
1946 Produktionsgenehmigung der britischen Militärregierung für die Bielefelder Schreibmaschinen Werke GmbH, Wilhelmshaven (Handelshof) = **Grundsteinlegung für das *Olympia Werk* in Roffhausen**
1947 Änderung des Firmennamens in Orbis Büromaschinenwerke GmbH (Geschäftsführer: Joachim Wussow), Wilhelmshaven
1947 Verlegung des Sitzes der Olympia Schreibmaschinen AG von Erfurt nach Wilhelmshaven
1950 Olympia Werke West GmbH
1954 Olympia Werke AG
1963 Erste Anwerbung ausländischer Mitarbeiter*innen
1968 Bau der ersten vollelektrischen Schreibmaschine
1985 Olympia AG
1985 Die Daimler-Benz AG übernimmt 75 Prozent der Aktien des Mutterkonzerns AEG
1987 AEG Olympia AG
1989 AEG Olympia Office GmbH

15. September 1992: Die letzte Schreibmaschine geht vom Band[14]

1993 Geburtsstunde des Technologie Centrums Nordwest (TCN) mit 750 Beschäftigten in 14 Unternehmen
1994 Gründung der TCN Marketing Gesellschaft
2022 Technologie Centrum Nordwest (TCN): 50 Unternehmen mit circa 3000 Beschäftigten

Die Grundsteinlegung der *Olympia Werke* in Roffhausen in der Nachkriegszeit

Der ursprüngliche Standort Erfurt fiel aufgrund der Teilung Deutschlands im Jahr 1945 in die sowjetisch besetzte Zone. Die Firmenleitung befürchtete eine Zwangsenteignung und floh, auf der Suche nach einer neuen Produktionsstätte, mit Firmenunterlagen,

13 1945: Aufgrund der Nachkriegswirren und der Übernahme des Produktionsstandortes Erfurt durch die russischen Besatzungsmächte verließen der damalige Vorstand Joachim Wussow und vier Prokuristen am 13. Juni 1945 die besetzte Stadt Erfurt und suchten u.a. in Wilhelmshaven nach einem neuen Standort.

14 Schmid, Hans-Jürgen: »Olympia ... und die Olympianer«, S. 191.

Konstruktionszeichnungen und Geld. Ein erster Ansiedlungsversuch in Bielefeld scheiterte, da sich die Standortbedingungen als nicht günstig erwiesen hatten – anders in Wilhelmshaven.[15]

Im Zuge eines »Wiederbelebungsplans« begann man in dem 10 000 m^2 großen Marinegeräte-, Versorgungs- und Verpflegungslager in Roffhausen mit großem Engagement vonseiten der Stadt mit der Umstellung von Werften und anderen Marinebetrieben auf die angestrebte »Friedenswirtschaft«.[16] Am 8. Mai 1946 kam die Olympia-Spitze, allen voran Joachim Wussow aus Bielefeld, Otto Reichert und Dr. Hofmann, zusammen mit Vertreter*innen der Stadtverwaltung und dem Arbeitsamtsdirektor Dr. Josef Siemer nach Roffhausen, um eine Bestandsaufnahme der örtlichen Gegebenheiten mit den zahlreichen robusten Backsteinbauten für eine künftige Olympia-Produktionsstätte vorzustellen. Die ursprüngliche Bauweise hatte einen einfachen Hintergrund: Die wie Bauernhäuser anmutenden Bauten sollten den feindlichen Bombern eine bewohnte, landschaftliche Siedlung vortäuschen, anstatt auf ein Lager und Arsenal von Marinegeräten hinzudeuten.[17] Für über 2000 Soldaten der Verwaltungsschule für Kriegsmarine standen auf dem Gelände über 30 Baracken als Durchgangslager zur Verfügung. Nach Kriegsende wurden diese zunächst als Gefangenenlager, dann als »Wohnstätte« für Vertriebene, zumeist aus Schlesien, genutzt.

Olympia Werke West mit Barackenlager, 1951

© Olympia Museum/Heimatverein Schortens von 1929 e.V. (Stadt Schortens)

Der Standort Roffhausen war für die damalige Olympia-Spitze nicht unbedingt erste Wahl gewesen. Letztlich zahlte sich die Hartnäckigkeit der Wilhelmshavener Stadtverwaltung und der regionalen Arbeitsbehörden jedoch aus, denn ein wichtiges Kriterium

15 Buhr, Regina, a.a.O., S. 113.

16 Obwohl am 5. Januar 1946 vonseiten der Alliierten beschlossen wurde, die Stadt, den Kriegshafen und die Marinewerft als Arsenal auszulöschen.

17 Vgl. Schmid, Hans-Jürgen, ebd., S. 33.

für die positive Entscheidung (neben der verkehrsgünstigen Lage mit der Vorortbahn, die bis Middelsfähr fuhr, sowie der raschen Bereitstellung von Wohnraum für die Fachkräfte) war auch das Vorhandensein qualifizierter Arbeits- und Fachkräfte vor Ort, die man aus der ehemaligen Kriegsmarinewerft rekrutieren konnte. Auch in den Augen des Olympia-Chefs Reichert galten sie als belastbar, zuverlässig, präzise, leistungsfähig und fachlich qualifiziert. Interessant ist hier, dass diese Merkmale keine zwei Jahrzehnte später auch auf die ausländischen Arbeitskräfte zutrafen.

In dieser Zeit standen viele qualifizierte männliche Arbeitskräfte wie Mechaniker und Werkzeugmacher zur Disposition, aber auch weibliche Arbeitssuchende. Auch die Materialbeschaffung im Nachkriegsdeutschland war ein wichtiges Kriterium für die Industrieansiedlung.[18] Im Zuge des städtischen »Projektes Olympia« und eines einträglichen »Materialtransfers« sollte das künftige *Olympia Werk* im Wilhelmshavener Wiederbelebungsplan alle nötigen Produktions- und Werkzeugmaschinen von der ehemaligen Marinewerft erhalten, die allerdings unter der Obhut der englischen Militärverwaltung standen. Unabhängig davon beschloss die Stadt mit der Olympia-Geschäftsführung am 28. Mai 1946 den Pachtvertrag für den »Fertigungsaufzug einer Schreibmaschinenfabrik«.

Die offizielle Genehmigung für die Produktionsstätte wurde am **1. Oktober 1946** von der Militärregierung in Hannover[19] für die Bielefelder Schreibmaschinen GmbH, Wilhelmshaven, Hollmannstraße 52, erteilt. An diesem Standort war anfangs die kaufmännische Leitung unter Wilhelm Brok untergebracht.

Ab 1947 firmierte das Bielefelder Unternehmen mit insgesamt 575 Mitarbeiter*innen (davon 402 in Roffhausen) wegen eines Rechtsstreits mit dem Erfurter Unternehmen nun unter dem Namen **Orbis Büromaschinenwerke GmbH,** mit Joachim Wussow als Geschäftsführer, und der Firmensitz wurde von Bielefeld nach Wilhelmshaven verlegt. Nachdem die ersten Nachkriegsmodelle in Roffhausen als Einzelteile gefertigt worden waren, liefen im Dezember 1947 die ersten Schreibmaschinen des Modells SM 1[20] in den neuen Hallen vom Fließband. Die Mitarbeiterzahl war mittlerweile auf 1378 gestiegen.

Noch bis 1950 gab es zwei Schreibmaschinenproduzenten, die den Namen **Olympia** trugen. Im Prozess um das Namensrecht siegte im Juni 1950 schließlich die nach Westdeutschland geflüchtete Gruppe. Das expandierende Roffhausener Werk, das Ende 1949 2004 Mitarbeiter*innen zählte, wurde **Olympia Werke West** genannt, während das Werk in Erfurt sich fortan **Optima** nannte und Teil des DDR-Büromaschinenkombinats Robotron wurde.[21]

Eine weitere Namensänderung erfolgte am 15. Juni 1954 in **Olympia Werke AG.** Ein Jahr später erwarb Olympia von der Bundesvermögensverwaltung das gesamte Areal in Roffhausen und wurde Eigentümerin der Anlage. Zwei Jahre später, 1956, betrug die Zahl der in der Olympia Werke AG Beschäftigten bereits 10 700. Ab diesem Zeitpunkt wurden

---

18 Am 1. August 1946 wurde vonseiten des Rats die Gründung einer »Verwertungsgesellschaft mbH« unter Beteiligung der Stadt, der Gewerkschaft sowie von Handel, Handwerk und Gewerbe zu je einem Drittel beschlossen.

19 Unter dem Zeichen HAN/ECON 11/299.

20 »SM« stand einfach für »Schreibmaschine«; ihr folgte das Modell »SM 2«.

21 Buhr, Regina, a.a.O., S. 113.

Olympia Werke West um 1950

© Stadtarchiv Oldenburg

jährlich 250 000 Klein- und Büroschreibmaschinen produziert beziehungsweise weiterentwickelt.

Olympia wird Marktführer

Ab 1954 – die Olympia Werke AG

Ende der 1950er Jahre waren die *Olympia Werke* europäischer Marktführer und galten mittlerweile auch als der fünftgrößte Schreibmaschinenhersteller der Welt. Ihre elektrischen und elektronischen Schreibmaschinen zeugten von Qualitätsarbeit und einem hohen technischen Innovationsstandard.

Ende der **1960er Jahre** umfasste das Produktportfolio des expandierenden *Olympia Werks* (inklusive neuer Betriebsstätten) nicht nur Schreibmaschinen, sondern auch Kopier- und Diktiergeräte, Saldiermaschinen, Organisationsmaschinen, Buchungsauto-

Olympia Werke West um 1950

© Stadtarchiv Oldenburg

Olympia Werke West

© Stadtarchiv Oldenburg

maten und Rechenmaschinen. Im Werk Roffhausen arbeiteten zu dieser Zeit fast 13 000 Menschen.

Die folgenden Jahre erwiesen sich als goldene Jahre, mit hohen Umsatzentwicklungen (1970: 565,9 Mio. DM Umsatz) und einer stetig wachsenden Mitarbeiter*innenzahl (1956: 10 400; 1970: 19 800). In diesen Jahren expandierte das Olympia-Stammhaus und schuf weitere Produktionsstätten in Leer, Wiesmoor, Braunschweig und Oberndorf; außerdem kaufte es Unternehmen im hessischen Neuenhain und Pfungstadt auf. Man plante zusätzlich, Dependancen in Europa und in Asien zu gründen. Es entstanden die ersten ausländischen Werke in Nordirland und Mexiko, denen andere Betriebsstätten folgten.

Da in der Nachkriegszeit bundesweit Arbeitskräfte fehlten, wurde im Jahr 1963[22] der Grundstein für die Anwerbung ausländischer Arbeitskräfte gelegt. Anfangs rekrutierte man spanische, jugoslawische, türkische und vor allem griechische Gastarbeiter*innen. Der damalige Leiter der Olympia-Sozialabteilung, Max Kriesche, fuhr unter anderem nach Griechenland, um über die deutsche Kommission der Arbeitsagentur in Athen ausländische Arbeitskräfte für Olympia anzuwerben.

Ab Mitte der 1960er Jahre produzierte Olympia neben den mechanischen auch elektronische Rechenmaschinen. Die Konkurrenz nahm zu, und Ende der 1960er Jahre waren diese Rechenmaschinen im Vergleich zu den Produkten der japanischen Mitbewerber schwerer und auch teurer. So entstand Anfang der 1970er Jahre eine Kooperation auf dem Rechnersektor mit der Matsushita Electric Industrial Co. in Japan, der späteren Panasonic Corporation.

ES 105: Elektronische Schreibmaschine

© TCN Marketing GmbH

Ab den 1980er Jahren brachte ein neues Schreibmaschinenmodell, die elektronische Olympia-Typenschreibmaschine, das Unternehmen an die Spitze des Weltmarktes. Mittlerweile kam jede dritte in der Bundesrepublik und jede fünfte in Europa vertriebene elektronische Typenschreibmaschine aus der Olympia-Produktion. Laut dem

22 Schmid, Hans-Jürgen: Olympia und die Olympianer, S. 260.

Geschäftsbericht aus dem Jahr 1984 lag Olympia mit dem Absatz dieses innovativen Schreibmaschinentyps in Nordamerika sogar auf Platz eins.[23]

Allerdings beschleunigte der inzwischen zunehmende Absatz von Kleincomputern den sich abzeichnenden Untergang der klassischen Bürotechnik und somit auch das bereits drohende Ende der Olympia Werke AG. Der Anfang vom Ende des Unternehmens war von Missmanagement, falschen Bilanzen[24] und vonseiten der AEG angestrengten Vergleichsverfahren geprägt, als die *Olympia Werke* Anfang 1981 als »konkursreifes Unternehmen« bezeichnet wurden. Mittlerweile hatte sich ein Minus von 650 Millionen DM angehäuft – trotz eines Vergleichsverfahrens und der Übernahme eines Teils der Kosten durch die AEG-Mutter. Durch die finanziellen Verbindlichkeiten wurde das einst starke Olympia-Haus nun noch enger als zuvor an das AEG-Haus gebunden.

Als die AEG ab 1985[25] in die Daimler-Benz AG überging[26], deutete sich das finale Kapitel der Olympia-Firmengeschichte an. Das Stuttgarter Automobil-Unternehmen[27] zeigte von Anfang an nur geringes Interesse an dem Bereich der Bürotechnik, der als Geschäftsfeld ohne strategische Bedeutung galt und daher verzichtbar und »abzustoßen« sei. Wichtige Handlungsfelder wie der Vertrieb und die Entwicklungsabteilung wurden nicht mehr gefördert, und die erhofften innovativen Schübe blieben aus.

Da half es auch wenig, dass die AEG-Führungsriege in den 1980er Jahren ständig wechselnde Olympia-Vorstände ins Stammwerk entsandte. 1991 wurde dem Olympia-Aufsichtsrat seitens der AEG ein Konzept zur Abwicklung der *Olympia Werke*[28] vorgelegt.[29]

Im Dezember 1991 beschlossen die Konzernzentralen der Muttergesellschaften AEG und Daimler-Benz ihren Rückzug aus der Bürokommunikation – dies bedeutete einen Ausstieg[30] aus der einst boomenden Schreibmaschinensparte und zog die Schließung des Standortes mit fast 3000 Beschäftigten nach sich.

Es folgte ein bundesweit beachteter, langer Arbeitskampf um den Erhalt des Standortes und der Arbeitsplätze der Olympianer*innen unter dem Motto »Olympia – das Herz der Region muss weiterleben« (siehe auch Kapitel 3).

> »Nach erheblichen sozialen Auseinandersetzungen (die Region Wilhelmshaven/Friesland kämpfte mit Unterstützung der Gewerkschaften um den Erhalt des Industriestandortes Roffhausen) vereinbarten die Olympia und deren Muttergesellschaft

---

23 Olympia-Geschäftsbericht 1984, S. 4.

24 Handlötgen/Venske (1983): Dreckiger Sumpf, S. 96.

25 Friedhelm Müller-Düring: Olympia – Aufstieg und Untergang eines Unternehmens. In: kulturland oldenburg, herausgegeben von der Oldenburgischen Landschaft, Oldenburg (Oldb), Ausgabe 174 (Heft 4/2017), S. 9.

26 1996 Daimler-Benz fusioniert mit seinem Tochterunternehmen

27 Ein ehemaliger Vertriebsleiter teilte mir mit, dass Daimler-Benz vorgehabt habe, eine Rennstrecke auf dem Firmengelände zu bauen. Dieses Vorhaben sei vonseiten des Olympia-Vorstands entschieden abgelehnt worden.

28 Ab 1985 firmierten die *Olympia Werke* als Olympia AG, 1987 als AEG Olympia AG und ab 1989 bis zuletzt als AEG Olympia Office GmbH.

29 Mittlerweile wurden nur noch 30 % im Werk Roffhausen selbst produziert, die restlichen 70 % wurden preiswert im Ausland dazugekauft und mit dem Firmenlogo deklariert.

30 Das mexikanische Zweigwerk übernahm die verbleibende Produktionsstrecke aus Roffhausen.

AEG AG im Verbund mit der niedersächsischen Landesregierung, dem Landkreis Friesland, der Gemeinde Schortens und den Arbeitnehmervertretern, wettbewerbsfähige Unternehmensbereiche auszugliedern und in die unternehmerische Selbstständigkeit zu führen. So wurde eine Konzeption für den Verbund ›Technologie Centrum Nordwest‹ erarbeitet.«[31]

Die Schließung des Werks konnte nicht verhindert werden, aber der intensive Arbeitskampf führte dazu, dass ein Konzept zur Weiterentwicklung des Standortes und der Weiterführung von einzelnen, autarken Betriebssegmenten für ein künftiges Technologie Centrum Nordwest erarbeitet wurde. In diesem Zuge entstanden die *Olympia Office Vertriebsgesellschaft mbH*, die *OSG Office Service GmbH* und eine Gesellschaft als Besitzerin der Immobilien und Fertigungsanlagen. Jedoch blieben die Nachfolgeunternehmen *OSG Office Service GmbH*[32] und *Olympia Office Vertriebsgesellschaft mbH* nicht lange im Besitz des AEG-Konzerns.

Luftaufnahme TCN aus dem Jahr 2002

© TCN Marketing GmbH

1993 wurde auf dem Firmengelände das Technologie Centrum Nordwest (TCN) mit 750 Beschäftigten in 14 Unternehmen mit dem ehemaligen Betriebsratsvorsitzenden der *Olympia Werke* Holger Ansmann als Geschäftsführer gegründet. 1994 entstand die TCN Marketing Gesellschaft. Das Jahr 1994 markierte zugleich das endgültige Ende der eins-

31 TCN, ebd.

32 Die OSG Office Service GmbH firmierte um in Elcosa AG in Schaffhausen.

tigen Weltmarke Olympia[33], als die AEG Olympia zum 1. Juli 1994 mit der Olympia Office Vertriebs- und Servicegesellschaft, der mexikanischen Produktionsstätte, den ausländischen Tochtergesellschaften der AEG Olympia Office GmbH sowie den weltweiten Vertriebsstützpunkten in über 120 Ländern an die Hongkonger »Elite«-Gruppe verkauft wurde. Nachfolger der Hongkonger »Elite«-Gruppe ist die *Olympia International Holdings Ltd.*[34] mit Sitz auf den Britischen Jungferninseln (siehe auch Kapitel 5: Interview mit Andreas Fostiropoulos »Der letzte aktive Olympianer«).

Holger Ansmann während des Streiks 1991

© Peter F. Meyer/Staatsarchiv Bremen

33 Buhr, Regina: Unternehmen als Kulturräume, S. 125.

34 Dingwerth, Leonhard: Die Geschichte der deutschen Schreibmaschinen-Fabriken, Band 1: Große und mittlere Hersteller, Delbrück 2008, S. 86.

3. Arbeiten »auf Olympia«[1]

»Olympia«[2] – ein attraktiver Arbeitgeber für Einheimische und Zugewanderte

»Deutschland war kein gelobtes Land für mich. Da gab's Arbeit, da fahr ich halt hin. Das hätte auch Australien sein können oder Frankreich oder Schweden. Erwartungen? Ich bin auf diesen Zug aufgesprungen und wollte auf dieser Welle mitreiten. Und Erwartungen, ja: Geld verdienen. Wenn mir was nicht passte, so sagte ich mir, dann gehe ich. Ich wollte mich nicht mit was quälen, wenn was nicht funktioniert. Dann gucke ich gleich nach was anderem. Ich stecke da nicht fest. Muss und Zwang ist, glaube ich, für die wenigsten Griechen was. Es funktioniert schon immer irgendwie.« Aristidis T., 79 Jahre, Olympianer

Olympia – Aufschwung für die ganze Region

Die Olympia-Büromaschinenwerke entwickelten sich in der Nachkriegszeit zum »Sinnbild und Musterbeispiel des deutschen Wirtschaftswunders«[3] und multinationalen[4] Unternehmen, denn Olympia mit Stammsitz in Roffhausen galt bereits in den 1960er Jahren in über 140 Ländern als führend auf dem Markt der Schreib- und Rechenmaschinen.

Die Region Wilhelmshaven-Friesland expandierte mit den *Olympia Werken* und avancierte bis zu deren Schließung im Jahr 1992 zu einem Spitzenindustriestandort (neben

1 Zur Redewendung »Arbeiten auf Olympia« vgl. das folgende Unterkapitel »Olympia – ein attraktiver Arbeitgeber«.

2 »Olympia« wird wie der gleichnamige Markenbegriff mit seinem Alleinstellungsmerkmal auch in diesem Text ohne den Zusatz AG oder AEG Olympia verwendet.

3 Vgl. TCN-Präsentation 2019, Gestern und Heute: »1956: Besuch von Ludwig Erhard. Olympia als Musterbeispiel des Wirtschaftswunders der Nachkriegszeit mit 10 400 Mitarbeitern. Ende 1961 liegt die Beschäftigtenzahl bei 15 600.«

4 Schon in den 1920er Jahren wurden Schreibmaschinen über ausländische Vertriebsnetze der AEG-(Schreibmaschinen-)Werke verkauft.

Schornstein Olympia als Wahrzeichen der Region

© Stadtarchiv Wilhelmshaven/Sammlung Arbeiterarchiv – Dr. Hartmut Büsing

den Volkswagenwerken), der zu Höchstzeiten bis zu 20 000 Mitarbeiter*innen zählte.[5] Gleichzeitig wurde Olympia als Gütesiegel für Qualitätsarbeit bei der Herstellung von Büromaschinen zu einem überregionalen Aushängeschild im strukturschwachen Norden Deutschlands. Besonders ab der Mitte des 20. Jahrhunderts profitierten der Landkreis Friesland, zu dem Roffhausen gehört, sowie die spätere Stadt Schortens, die den Standort eingemeindete, von den *Olympia Werken* als größtem Arbeitgeber und Gewerbesteuerzahler der Region. So belief sich das ab den 1960er Jahren von den *Olympia Wer-*

5 Vgl. Olympia-Personalentwicklungsdaten für Deutschland: Übersicht aus den Jahren 1946–1984 (freundliche Leihgabe Winfried Bornschier).

ken gezahlte Gewerbesteueraufkommen in der Zeit vom 1.10.1968 bis zum 30.09.1969 auf rund 5,2 Mio. DM.[6]

Die heutige Stadt Schortens entwickelte sich in der Olympia-Ära zu einer attraktiven, großen Gemeinde mit einer guten Verkehrsinfrastruktur[7], einer Vielzahl an sozialen (Bildungs-)Einrichtungen, aber auch einer enorm hohen Zahl an Handels,- Dienstleistungs- und Handwerksbetrieben. Die Gemeinde-Chronik[8] von 1967 gibt einen umfassenden Einblick in die florierende Zeit mit beispielsweise über 20 Lebensmittelläden, fünf Sparkassen und Banken, einem Kino, vielen, auch griechischen Arztpraxen und über 14 Bauunternehmen.[9] Auch an der regen Berufspendleraktivität, die vor allem zugunsten der einheimischen Industrie verzeichnet werden konnte, lässt sich diese Entwicklung ablesen: 1967 kamen täglich 7503 Einpendler*innen in die Region Schortens und 1799 Einheimische pendelten aus dem Landkreis in umliegende Gebiete – ein sichtbares Zeichen einer aktiven, lebendigen Region um Schortens, mit hohem Wirtschaftswachstum.

Olympia – ein attraktiver Arbeitgeber

Die *Olympia Werke* expandierten weiter. Neue Niederlassungen in ganz Deutschland und weltweit folgten. Ein Zweigwerk in Leer mit 2500 Beschäftigten und zusätzliche Betriebsstätten entstanden, auch in Deutschland, als »ausgelagerte Werkbänke«[10] – man

6 In dieser Summe waren rund 0,9 Mio. DM Nachzahlungen aus den Jahren 1962 bis 1967 enthalten. Insgesamt kann von einem durchschnittlichen Gewerbesteueraufkommen von rd. 4 Mio. DM jährlich ausgegangen werden. Dieser Betrag wird ab 1970 um den Gewerbesteueranteil von Bund und Land gekürzt, sodass der Gemeinde von den 4 Mio. DM nur rd. 2,26 Mio. DM übrigbleiben werden. Vgl. Mitteilung: Dezernat 106, Verwaltungs-Präsident Haßkamp, Oldenburg, vom 2. Januar 1970.

7 1960/1961: Bahnhof in Heidmühle, Verbindung nach Sande (Umsteigebahnhof) und Norden (Ostfriesland) sowie Busverbindungen: halbstündlich nach Wilhelmshaven und Jever, darüber hinaus nach Roffhausen, Sande und Reepsholt.

8 »Dokumentation über Ursprung und Entwicklung der Olympia-Siedlung Roffhausen«, Gemeinde Schortens. Hg. Gemeinde Schortens, 1967.

9 So verfügte die Gemeinde Schortens ab Mitte der 1960er Jahre nicht nur über die einzige Sporthalle im ganzen Landkreis Friesland, sondern – 1967 – auch über »4 Grundschulen, 3 Hauptschulen, 2 evangelische Kirchen und 1 katholische Kirche, ein Freibad, 1 Dorfgemeinschaftshaus für die Volkshochschule und Jugendgruppen mit Gemeinschaftssaal und Bühne. Daneben zahlreiche, auch griechische Ärzte, 14 Bauunternehmer, 4 Schmieden und Schlosser, 2 Installateure, 2 Elektriker, 6 Tischler, 9 Maler, 3 Fußbodenverleger, 1 Dachdecker, 4 Schuhmacher, 3 Uhrmacher, davon 2 Gold- und Silberwarengeschäfte, 2 Schneider, 8 Friseure, 4 Bürstenmacher. Dazu viele Handelsbetriebe: 2 Lebensmittelgroßgeschäfte, 18 Lebensmitteleinzelhandelsgeschäfte, 1 Verbrauchergenossenschaft (Konsum), 8 Handelsgeschäfte mit Backwaren, 6 Fleischereibetriebe, 5 Milchhandelsgeschäfte, 17 Gaststätten bzw. Hotels, 6 Kioske, 82 kommissionsmäßige[n] Verkauf von Getränken, Eis, Tabakwaren usw. 7 Handelsgeschäfte mit Textilien, 2 Schuhgeschäfte, 9 Gärtnereien bzw. Blumengeschäfte, 1 Baustoffhandelsgeschäft, 3 Eisenwarengeschäfte (Fahrräder), 2 Papierwarengeschäfte und Buchhandel, 4 Geschäfte für landwirtschaftlichen Bedarf, 2 Heißmangeln und Reinigungen. Sonstige Betriebe: 5 Sparkassen und Banken, 3 Buchprüfer, 1 Filmtheater, 1 Karosseriebetrieb, 9 Tankstellen, 2 Taxen, 8 Fuhrgeschäfte, 6 landwirtschaftliche Lohnunternehmen, 1 Kanalreinigungsunternehmen.«

10 Zitat des ehemaligen Olympia-Betriebsratsmitglieds Werner Ahrens.

»Konsum«, Olympiastraße in Roffhausen

© Heimatverein Schortens von 1929 e.V. (Stadt Schortens)

brachte so die Arbeit zu den Arbeitskräften. Dabei wurden qualifizierte Arbeitskräfte angelockt, von denen einige in den Anfangsjahren sehr innovativ an neuartigen globalen Vertriebsstrukturen arbeiteten.

> »Es war eine Auszeichnung, zur ›Olympia-Familie‹ zu gehören und in einer Firma beschäftigt zu sein, die im Büromaschinenbereich Weltruf erlangt hatte. Die ›Olympianer‹ durften aber in erster Linie auf sich selbst stolz sein. Nach den Kriegswirren schufen vor allem Heimatvertriebene und arbeitslos gewordene Werftarbeiter aus dem Nichts in den Hallen des ehemaligen Marinegerätelagers in Roffhausen bei Wilhelmshaven ein Werk, das ihnen damals eine lebenswerte Zukunft sicherte.« Holger Ansmann, ehemaliger Olympia-Betriebsratsvorsitzender, 1991[11]

Bald galt das Arbeiten »auf Olympia« auch als Auszeichnung im Lebenslauf. Besonders die zahlreichen, von den *Olympia Werken* übernommenen Marinewerftarbeiter übertrugen die Redewendung vom »Arbeiten auf der Werft« auf ihre Tätigkeit beim neuen Arbeitgeber und sprachen so in den Anfangsjahren vom Arbeiten »auf Olympia«. Man bezeichnete sich stolz als »Olympianer« oder »Olympianerin«, wenn es einem gelungen war, eine Stelle im Büromaschinen-Werk zu bekommen. Ganze Familien aus der Region arbeiteten in den Produktionsstätten – man begann als junger Mensch in der »Olympia-Familie«[12] seine Ausbildung und war dann bis zur Rente im Unternehmen tätig. Wer

11 Historischer Arbeitskreis des DGB Wilhelmshaven (Hg.): »... und schaffen treu mit fleiß'ger Hand.« Zur Geschichte der Olympia-Werke in Roffhausen/Wilhelmshaven, Bd. 7, Wilhelmshaven 1992, S. 5.

12 Zitat: Asimina Paradissa

Luftbild von 1963

© TCN-Marketing GmbH

Olympia dagegen einmal vorzeitig verlassen hatte, gehörte fortan nicht mehr »zur Familie« und wurde von ihr auch nicht mehr aufgenommen.[13]

So beschrieb die Unternehmensleitung ihre Unternehmensphilosophie und die anerkannte Olympia-Qualitätsarbeit für die Produktionsstätte Olympia de México[14] 1993 denn auch mit den Worten: »Die anerkannte Qualität von Olympia war wie ein verinnerlichter Wert im Dasein des Arbeiters im Unternehmen lebendig. Ein Charakteristikum von Personen und Unternehmen, das im Lauf der Jahre weitergegeben wurde, das gewachsen ist und sich erneuert hat.«[15]

Bereits in den Anfangsjahren des Stammhauses entwickelte sich ein »familiäres Zusammengehörigkeitsgefühl« auf der Basis solider, vonseiten der Unternehmensleitung ausgegebener Leitbilder. Dabei stand die ständige Optimierung der Olympia-Qualitätsarbeit im Vordergrund, ohne dass man jedoch die sozialen Belange der Mitarbeiter*innen aus den Augen verlor. Besonders prägnant fasste es Winfried Bornschier zusammen, der als Ausbilder sowie, zwischen 1979 und 1985, als Bereichsleiter der Sozialabteilung – Abteilung Sozialpolitik, Personalplanung und Entwicklung – als Nachfolger von Max Kriesche bei Olympia beschäftigt war: »Man hatte stellenweise den Eindruck, dass

13 »Einmal Olympia – immer Olympia. Wenn Sie vorher gehen, können Sie nicht mehr zu uns zurück.« Antwort des Meisters von Asimina Paradissa, als sie nach ihrer Kündigung vor Ablauf der Kündigungsfrist gehen wollte.

14 Zum Aufbau und zur Erweiterung des lateinamerikanischen Marktes bzw. Vertriebs gab es Olympia-Generalvertretungen ab den 1930er Jahren in Brasilien und Ende 1930 auch in Mexiko. Das erste Werk wurde 1968 in Los Reyes als Schreibmaschinen-Montagefabrik erbaut. Olympia de México blieb auch weiterhin eine Produktionsstätte des übernehmenden chinesischen Unternehmers Liu.

15 Vgl. Olympia-Unternehmensbroschüre 1993, S. 29.

Parkplatz Halle 12

© TCN Marketing GmbH

bei den Beschäftigten damals ihr zweiter Familienname ›Olympia‹ war. So stolz waren sie, in Roffhausen zu arbeiten und dazuzugehören.«

Von Olympia zu AEG Olympia

Als die Konzernleitungen der Daimler-Benz AG und des AEG-Konzerns den identitätsstiftenden und erfolgreichen Namen »Olympia« samt Firmenzeichen aufgrund der Zugehörigkeit zur AEG-Mutter in »AEG Olympia AG« änderten, war dieser Vorgang nicht nur Ausdruck der aktuellen Herrschafts- und Machtverhältnisse; vielmehr kam er für die Beschäftigten einer ungewollten Übernahme und demütigenden Einverleibung gleich.

Zwischen der Firmengründung zur Jahrhundertwende in Berlin, über die Fortsetzung der Produktion auf dem ehemaligen Gelände des Marinegerätelagers in Roffhausen 1946 und bis zur Firmenschließung 1992 stehen fast 90 Jahre Olympia-Firmengeschichte. Diese wechselvolle, aber erfolgreiche Historie wie auch die Stiftung von gemeinschaftsbildenden Maßnahmen und Firmenangeboten trugen zur Orientierung und zur Identifikation mit Olympia bei. Dies galt auch, als die Olympia AG mit dem AEG-Konzern und der Daimler-Benz AG fusionierte. So übernahm Daimler-Benz am 14. Oktober 1985 über 75 % der AEG. Die Vision des damaligen Daimler-Chefs Edzard Reuter eines neuen, umfassenden Technologie-Konzerns scheiterte jedoch, und 1987 sank die Zahl der Belegschaft im Werk auf 4500. Schließlich wurde die AEG Olympia AG im November 1989 in drei unabhängige Organisationen umgewandelt: in die AEG Olympia Office GmbH mit Sitz in Roffhausen, die AEG Electrocom GmbH (AEC) mit Sitz in Konstanz und die Telefunken Sendertechnik GmbH, Berlin. Nach wie vor fehlten tragfähige Konzepte zum Überleben des *Olympia Werks*. Inzwischen, im Jahr 1990, beliefen sich die Verluste des Konzerns auf 205 Mio. DM.

Erste Stimmen seitens der Konzernleitung wurden laut, das Werk stillzulegen. Obwohl der Vorstand gegenüber dem Olympia-Betriebsrat beteuerte, der Standort bleibe erhalten, begannen erste Protestaktionen wie beispielsweise eine Großkundgebung im Mai 1991 vor dem Wilhelmshavener Rathaus. Im Oktober 1991 fanden sich in einer öffentlichen Betriebsversammlung über 10 000 Menschen in Halle 26 im Roffhausener Werk zusammen, um für den Standort und ihr Werk zu kämpfen. Aber auch die zugesagte Unterstützung des damaligen Ministerpräsidenten Gerhard Schröder blieb ohne Resonanz. Endlich gab die Firmenspitze ihren Entschluss bekannt: Die gesamte Schreibmaschinenproduktion im *Olympia Werk* werde im Dezember 1992 eingestellt. Das bedeutete nicht nur den Ausstieg aus der Sparte der Bürotechnik, sondern auch das Aus für den Standort im Nordwesten Niedersachsens. Am 15. September 1992 lief die letzte Schreibmaschine ES 200 vom Band[16] – eine Ära ging zu Ende.

AEG Olympia – das Herz der Region muss weiterleben

Solidaritätswache vor dem Firmengelände

© Peter F. Meyer/Staatsarchiv Bremen

Der solidarische Zusammenhalt zeigte sich im gemeinschaftlichen Engagement[17] der Menschen aus der Region – auch mit Unterstützung von politischen Vertreter*innen – gegen die Entscheidung der AEG-Mutter, die Büromaschinentechnik der AEG Olympia Office GmbH zum 31. Dezember 1992 komplett einzustellen. Die Aufgabe des Standorts zog Massenentlassungen nach sich.

16 Abeldt, Gerd/Schmitz, Colla: 65 Jahre Industriestandort Roffhausen 1946–2011, Wilhelmshaven 2011, S. 12.

17 Vgl. Buhr, Regina: Unternehmen als Kulturräume. Eigensinnige betriebliche Integrationsprozesse im transnationalen Kontext, Berlin 1998, S. 233.

Vor dem Olympia Werk

© Peter F. Meyer/Staatsarchiv Bremen

»Alle machen mit«

© Peter F. Meyer/Staatsarchiv Bremen

In den darauffolgenden langen Arbeitskämpfen[18] wurde Ende der 1980er und besonders Anfang der 1990er Jahre die ganze Region mit dem Slogan »AEG Olympia – das Herz der Region muss weiterleben«[19] mobilisiert. Es entstanden Bürgerinitiativen vor Ort und vor allem zahlreiche, sehr öffentlichkeitswirksame Aktionen seitens der Gewerkschaft IG Metall in Roffhausen, in Wilhelmshaven und an AEG-/Daimler-Standorten wie Frankfurt, Stuttgart und Bremen. Die Menschen nahmen die Worte des damaligen Betriebsratsvorsitzenden Holger Ansmann – »Wir führen unseren Arbeitskampf mit Mut und Phantasie«[20] – ernst und setzten sie mittels konkreter Aktionen (beispielsweise Marathonläufe und Anketten oder Blockaden vor den Konzernzentralen und Rathäusern) in die Tat um. Außerdem entwickelten die Olympianer*innen das Protestlied »Überleben«[21], konzipierten das Theaterstück »Wir haben den Kopf noch fest auf dem Hals« – es wurde vor 2500 Zuschauer*innen gespielt – und betrieben 1992 sogar einen eigenen und ersten Piratensender »Radio Überleben«[22].

> »Hier das Motto unseres Arbeitskampfes, das uns über die Zeit immer begleitet hat.«
> Ronald Smolawa

Vor diesem Hintergrund muss man berücksichtigen, dass der Begriff der »Familie« als gemeinschaftsstiftendes Element eingesetzt wurde. Man kann auch davon ausgehen, dass diese Identifizierung eine bewusste Unternehmensstrategie darstellte, um innerbetriebliche Konflikte bereits im Vorfeld zu entschärfen und gezielt Konsens zu stiften. Olympia stand mit seinem Namen und dem Logo als Inbegriff für Wachstum, die Qualität von Schreib- und Büromaschinen sowie als Musterbeispiel für Erfolg in Deutschland – national, international und grenzüberschreitend.

18 Am 17. August 1988 informierte der AEG-Olympia-Betriebsrat in einer Pressekonferenz mit Betriebsratsausschuss und IG-Metall-Vertreter*innen darüber, dass der Standort Roffhausen mit 3500 Beschäftigten gefährdet sei. Am 30. Mai 1989 fand die Niederlegung der Arbeit in Roffhausen statt; vgl. IG Metall Wilhelmshaven (Hg.): Arbeitskampf der Olympianer, Jubiläumsschrift o.J., Wilhelmshaven.

19 Historischer Arbeitskreis des DGB Wilhelmshaven (Hg.), »... und schaffen treu mit fleiß'ger Hand.« Zur Geschichte der Olympia-Werke in Roffhausen/Wilhelmshaven, Bd. 7, Wilhelmshaven 1992, S. 76.

20 Ebd., S. 8.

21 Ebd., S. 18.

22 Aus dem nach der Vereinsgründung (von Mitgliedern des Piratensenders) Radio Jade 1997 hervorging; s. auch: www.radio-jade.de/ueber-uns/chronik/, 1995.

Logo: Piratensender »Radio Überleben« – Der Vorgänger von Radio Jade

© Privatbesitz

Mobiles Sendegerät

© Privatbesitz

Sende-, Empfangs- und Richtantenne

© Privatbesitz

Paso-Verstärker und Mischer

© Privatbesitz

Logo: AEG Olympia – das Herz der Region darf nicht sterben[23]

MOTTO ARBEITSKAMPF – Herz © Olympia Museum/ Heimatverein Schortens von 1929 e.V. (Stadt Schortens)

23 Vgl. »… und schaffen treu mit fleiß'ger Hand«, S. 77.

Deutschland – ein Einwanderungsland

Deutschland war schon lange vor der offiziellen Anwerbepolitik ab 1955 ein Einwanderungsland. Wanderungen, Grenzüberschreitungen, Auswanderungen hatte es immer in der Geschichte gegeben.

Der niedersächsische Raum entwickelte sich bereits vor dem Ersten Weltkrieg zu einer Zuwanderungsregion für ausländische Arbeitskräfte – bundesweit belief sich deren Gesamtzahl im Jahr 1913 auf 1,2 Millionen. Diese Zahl stieg nach den beiden Weltkriegen weiter an: So verzeichnete man 1918 rund 3 Millionen ausländische (Zwangs-)Arbeitskräfte, wobei die Zwangsarbeit vorwiegend Menschen aus Osteuropa betraf.[24] In der Zeit des Nationalsozialismus wurden Zwangsarbeiter*innen im besetzten Europa rekrutiert. So hielten sich im Jahr 1944 rund 8 Millionen ausländische Arbeitskräfte und damit ein Drittel aller Beschäftigten im Reich[25] auf.

Dementsprechend war der deutschen Bevölkerung nach der Gründung des Bundeslandes Niedersachsen im Jahr 1946 die Zwangsarbeit von Millionen ausländischen »Arbeitskräften« in der nationalsozialistischen Kriegswirtschaft noch gut in Erinnerung.

> »Tausende von Lagern und Zehntausende von Arbeitsstellen in Industrie, Gewerbe und Landwirtschaft waren über das ganze Land verteilt. Der tägliche Kontakt zu Kriegsgefangenen und ausländischen Zwangsarbeitskräften bei der Arbeit und auch innerhalb von Familien gehörte in beiden Weltkriegen zum Alltag von Hunderttausenden in Niedersachsen. Der Krieg der Nationen führte mithin auch in Deutschland selbst zu einer bislang nie dagewesenen Begegnung mit Menschen anderer Nationalität.«[26] Klaus J. Bade/Jochen Oltmer

»Fremdarbeiter«, »Zwangsarbeiter« aus der nationalsozialistischen Kriegswirtschaft sowie Flüchtlinge und Vertriebene trafen ab Mitte der 1950er Jahre auf erste angeworbene Arbeitskräfte aus Südeuropa, die in der Bundesrepublik ankamen.

Niedersachsen als vorwiegend agrarische Region verzeichnete große Abwanderungswellen in städtischere Räume, besonders nach Nordrhein-Westfalen, wegen der dort stärker ausgeprägten industriellen Strukturen.

Auch in Griechenland lagen die nationalsozialistischen Schrecken und Gräuel des Zweiten Weltkriegs noch nicht lange zurück, als sich im Zuge des großen Exodus vom Land in größere griechische Städte eine Arbeitsabwanderung abzeichnete, die bald auch über die Landesgrenzen hinausging. Die prekären Lebensbedingungen in der Mitte des 20. Jahrhunderts, die Arbeits- und die Perspektivlosigkeit führten dazu, dass sich nun erwerbsfähige Frauen und Männer, die meist aus ländlichen, agrarischen Gegenden Nordgriechenlands stammten, vorwiegend als ungelernte (Fabrik-)Hilfskräfte einstellen ließen.

Der im Jahr 1960 ratifizierte »Beschäftigungsvertrag der Griechen in Deutschland« begründete diese neue Arbeitsbeziehung der ehemaligen deutschen Besatzer, die nun

---

24 Bade, Klaus-J./Oltmer, Jochen (Hg.): Zuwanderung und Integration in Niedersachsen seit dem Zweiten Weltkrieg. Begleitband zur Ausstellung »Hier geblieben«, Osnabrück 2002, S. 12.

25 Ebd., S. 12.

26 Ebd., S. 12f.

ebenso willige wie billige Arbeitskräfte nach Deutschland – in das Land der ehemaligen Besatzer Griechenlands – anwarben.

Schätzungsweise eine Million Menschen und damit fast jeder zehnte Grieche beziehungsweise jede zehnte Griechin trat so im Laufe der Anwerbezeit die Reise in ein unbekanntes, fremdes Land an, um eine Tätigkeit als Hilfsarbeiter*in in der deutschen Industrie, in deutschen Bergwerken oder im deutschen Dienstleistungssektor aufzunehmen. Davon stammten nur 7 % aus Städten, während die deutlich überwiegende Mehrheit (etwa 85 %) aus Kleinstädten und Dörfern kam.[27]

Die Anwerbung ausländischer Arbeitskräfte

Ab der Mitte der 1950er Jahre begann die Nachfrage nach Arbeitskräften aufgrund des Wirtschaftsaufschwungs in Deutschland zu steigen. Diese Entwicklung dauerte an, sodass der Arbeitsmarkt nur wenige Jahre später ganz leergefegt war: Zwischen 1961 und 1963 verzeichnete die Arbeitsagentur im Jahresdurchschnitt über 550 000 unbesetzte Stellen, und das mit steigender Tendenz. Um die Mitte des Jahres 1964 erreichte die Zahl der (gemeldeten) offenen Stellen einen Höchststand von fast 700 000.[28]

Vor diesem Hintergrund hatten deutsche Arbeitgeber bereits ab 1955 begonnen, ausländische Arbeitskräfte anzuwerben. Auch die *Olympia Werke* begannen ab 1963 in Zusammenarbeit mit der damaligen »Bundesanstalt für Arbeit« gezielt, Arbeiter*innen aus dem südeuropäischen Ausland anzufordern. Die ersten ausländischen Arbeitskräfte in Roffhausen waren nach Mitteilung von Erich Maaß, Personalabteilungsleiter und späterer Hauptabteilungsleiter für betriebliche Sozialpolitik, »eine Handvoll Spanier – die vielen Griechen kamen kurze Zeit später«[29].

Da auch bei Olympia die Nachfrage nach Arbeitskräften weiter stieg, sich das Prozedere der Anwerbung aufgrund der etwas bürokratischen Vermittlung durch die eingeschalteten Arbeitsämter jedoch hinzog und man dabei zudem mit anderen europäischen Unternehmen in Konkurrenz stand, wurden, nach Aussage von Erich Maaß, Anfang der 1960er Jahre – organisiert über die eigene Sozial- und Personalabteilung – eigene Kollegen nach Spanien und bald auch nach Griechenland zur Rekrutierung für Olympia entsandt.

So trafen binnen kurzer Zeit vermehrt ausländische Arbeitnehmer*innen auf den inländischen Arbeitsmarkt – dieser Prozess des Arbeitstransfers wurde von den Gewerkschaften anfangs mit großer Sorge beobachtet. Sie befürchteten nämlich Lohndumping, die Verschlechterung der sozialen und arbeitsrechtlichen Errungenschaften sowie eine Konkurrenz seitens der anfangs zeitlich befristeten und flexiblen Arbeitskräfte aus dem Ausland. Um kein tarifliches Gefälle zwischen den einheimischen und den ausländischen Arbeitskräften aufkommen zu lassen, vereinbarten die Gewerkschaften, zum

27 Marda, Elena: Migration now and then – Greeks in Germany. In: Dossier Krise und Migration. Die neue griechische Migration nach Deutschland, hg. von der Heinrich-Böll-Stiftung, Berlin 2012, S. 8.

28 Vgl. BVAV (Hg.): Erfahrungsbericht der Bundesanstalt für Arbeit, Nürnberg 1964, S. 5.

29 Erich Maaß war von 1970 bis 1971 Assistent des Personaldirektors, später Abteilungsleiter für Personalplanung und von 1974 bis 1980 Hauptabteilungsleiter für betriebliche Sozialpolitik.

Gastarbeiterin in der Produktion

© Stadtarchiv Wilhelmshaven/Sammlung Arbeiterarchiv – Dr. Hartmut Büsing

Beispiel die IG Metall, gleich in der Anfangsphase der Arbeitsmigration für die ausländischen Arbeitskräfte geregelte, verbindliche Tarifvereinbarungen, etwa zum Arbeits- und Kündigungsschutz, zum Jugendarbeits- und Mutterschutz, auch zum Lohnpfändungsschutz. Und auch laut Anwerbeabkommen waren ausländische Arbeitskräfte den deutschen Arbeitnehmer*innen sozial- und arbeitsrechtlich gleichgestellt. Dies garantierte auch Ungelernten, vor allem in der Industrie, die Eingruppierung in feste Gehaltsstufen – der gleiche Schutz galt auch für weibliche Arbeitsmigrantinnen. Diese Gleichstellung wurde insbesondere auch bei den *Olympia Werken* angewandt, die zudem einen eigenen, speziellen (übertariflichen) »Olympia-Tarif« vorweisen konnten.

Die Hürden der Arbeitsaufnahme in Deutschland

Deutsche Betriebe übersandten Vermittlungsaufträge an die Anwerbekommissionen der Entsendeländer, die bestimmte Anfragen wie die nach Anzahl, Nationalität,

Geschlecht, Alter, Ausbildung und beruflichen Kenntnissen der neuen Arbeitskräfte enthielten.[30] Jede ausländische Arbeitskraft, die über deutsche Dienststellen der Bundesanstalt für Arbeit vermittelt wurde, musste sich ärztlichen Auswahluntersuchungen durch deutsche medizinische Fachkräfte unterziehen. Ziel war es, die gesundheitliche Eignung für die künftige auszuübende Tätigkeit in Deutschland festzustellen. Hatte sie die aufwendigen und teils unangenehmen Gesundheitschecks im Heimaltland erfolgreich durchlaufen, wurde sie erneut am Zielort in Deutschland auf ihren Gesundheitszustand hin untersucht.

> »Ich wurde noch einmal in Wilhelmshaven untersucht und beim Betriebsarzt von Olympia. Obwohl ich alles in Griechenland gut erledigt habe. Es war so, als glaube man uns nicht.« Georgia R., 78 Jahre

Laut dem »Erfahrungsbericht der Bundesanstalt für Arbeit« hatten 1961 bereits 168 015 Gesundheitsuntersuchungen der künftigen Gastarbeiter*innen aus Italien, Spanien, Griechenland und der Türkei stattgefunden – davon allein 35 399 ab 1960 von Arbeitsmigrant*innen aus Griechenland.[31] Die Menschen, die sich vorwiegend aus den Nordregionen des Landes auf den langen Weg zur Arbeitsaufnahme machten, hatten anfangs Arbeitsverträge in der Tasche, die nicht zum Nachzug oder zur Gründung einer eigenen Familie berechtigten. Die zunächst sehr euphorischen Erwartungen der Arbeitsmigrant*innen – »Wir dachten, da wartet das Paradies auf uns«[32] – wichen bald einer Ernüchterung, waren sie doch für die neuen Arbeitgeber lediglich »wandernde, mobile Arbeitskräfte auf Zeit«, zu »Gast« als »Gastarbeiter*innen« in Deutschland und in Roffhausen.

Die flexiblen Mitarbeiter*innen erhielten befristete Arbeitsverträge von ein bis zwei Jahren, an die, neben der Arbeitserlaubnis, immer auch der Aufenthaltsstatus gekoppelt war. Lief der befristete Arbeitsvertrag aus, musste der Gastarbeiter oder die Gastarbeiterin Deutschland verlassen – ob er oder sie wollte oder nicht. Diese Praxis endete erst mit dem Anwerbestopp von 1973. Vor dem EU-Beitritt Griechenlands sollten ausländische Arbeitskräfte im Zuge des angestrebten Rotationsprinzips für eine bestimmte Dauer lediglich als Konjunkturpuffer und »mobile, flexible Arbeitsmasse« eingesetzt werden. Die Umsetzung gestaltete sich allerdings anders: Gastarbeiter*innen, die aus den Entsendeländern kamen, blieben länger als geplant oder sogar für immer in Deutschland.

Insofern funktionierte die staatliche Regulierung der Einwanderungsgesetze im 20. Jahrhundert nicht wie erwartet. Die ausgeführten Anwerbeabkommen, die fast schon generalstabsmäßig den Bedarf nach und den Transfer von Arbeitskräften arrangierten, sowie die damalige Ausländerpolitik stehen in der »Gastarbeiter-Ära« als negative Paradebeispiele für die Steuerung von Einwanderung durch Anwerbestopps ab 1973, Rückkehrprämien, Abschiebungen oder auch erfolgte Ausweisungen. So wurden laut Statisti-

30 Mattes, Monika: Gastarbeiterinnen in der Bundesrepublik. Anwerbepolitik, Migration und Geschlecht in den 50er bis 70er Jahren, Frankfurt a.M., New York 2005, S. 41.

31 Im Jahr 1961 wurden 25 103 Untersuchungen in Griechenland gezählt, mit einer Ablehnungsquote von 8,1 %. Vgl. »Ausländische Arbeitnehmer«, Erfahrungsbericht 1963. Bundesanstalt für Arbeit (Hg.), Nürnberg 1964, S. 13.

32 Zitat einer griechischen »Gastarbeiterin« und »Olympianerin«.

Fragen im Rahmen des erforderlichen Gesundheitschecks zur Erlangung der Aufenthaltserlaubnis für ausländische Arbeitskräfte (Auszug)

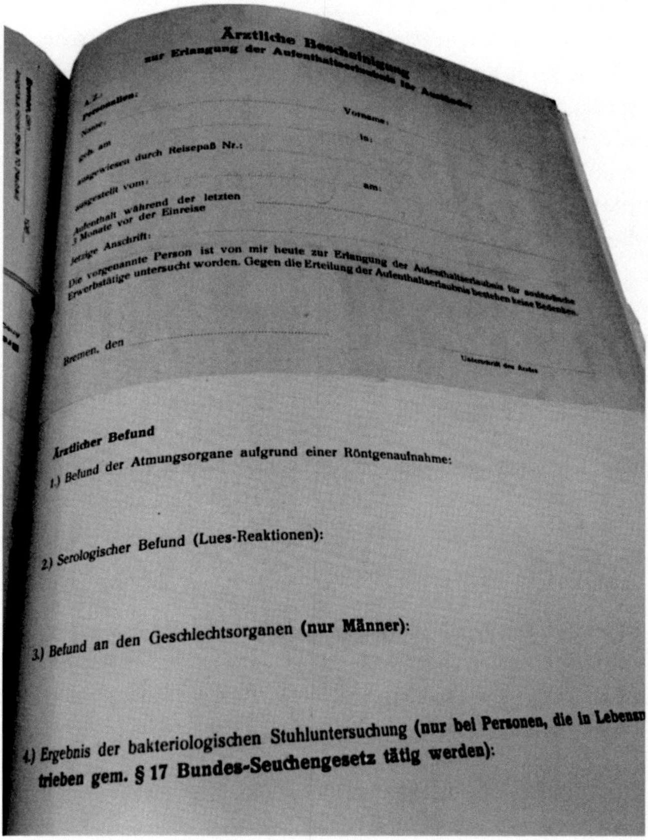

Ärztliche Bescheinigung
zur Erlangung der Aufenthaltserlaubnis für Ausländer

A.Z.:
Personalien:
Name: Vorname:
geb. am in:
ausgewiesen durch Reisepaß Nr.:
ausgestellt vom: am:
Aufenthalt während der letzten 3 Monate vor der Einreise
Jetzige Anschrift:

Die vorgenannte Person ist von mir heute zur Erlangung der Aufenthaltserlaubnis für ausländische Erwerbstätige untersucht worden. Gegen die Erteilung der Aufenthaltserlaubnis bestehen keine Bedenken.

Bremen, den

Unterschrift des Arztes

Ärztlicher Befund

1.) Befund der Atmungsorgane aufgrund einer Röntgenaufnahme:

2.) Serologischer Befund (Lues-Reaktionen):

3.) Befund an den Geschlechtsorganen (**nur Männer**):

4.) Ergebnis der bakteriologischen Stuhluntersuchung (**nur bei Personen, die in Lebensm... trieben gem. § 17 Bundes-Seuchengesetz tätig werden**):

schem Bundesamt allein für das Jahr 1976 bereits über 353 700 Griechinnen und Griechen in Deutschland gezählt. Zwei Jahre später lebten davon bereits über 104 000 (36,1 %) aller Griechischstämmigen mindestens zehn Jahre im Bundesgebiet.[33]

Bis zum Anwerbestopp im Jahr 1973 wurden über die Deutsche Kommission in Griechenland bis zu 382 000 Arbeitsverhältnisse vermittelt. Das Jahr 1970 war Spitzenreiter mit allein 50 000 vermittelten Stellen. Besonders der Arbeitskräftetransfer über die deutschen Verbindungsstellen der Arbeitsagentur in Griechenland stieg in den 1960er Jahren um bis zu 70 % an.[34] Der Transfer über die Vermittlungsstellen im Ausland war wichtig für die Arbeitsmigrant*innen, da sie dort nicht nur die erforderlichen Gesundheitschecks durchliefen, sondern, nach erfolgreicher Vermittlung, auch die nötigen Aus-

33 »Aufenthaltsdauer der ausländischen Wohnbevölkerung in der BRD 1978«, Statistisches Jahrbuch 1979.

34 Übersicht 19: Einschaltungsgrad der deutschen Vermittlungsstellen im Ausland, 1957–1969.

reisepapiere in Form von Legitimationskarten für die Arbeitsaufnahme im Aufnahmeland ausgestellt bekamen.

An den deutschen Ankunftsbahnhöfen wie München oder Stuttgart wurden die Gastarbeiter*innen der Entsendeländer von Angestellten der deutschen Arbeitsämter empfangen, die sie dann, mit einem kleinen Picknick oder warmen Essen, in München im ehemaligen Luftschutzbunker unter dem Gleis 12 an die weiteren Zielorte lotsten. Der jeweilige Vermittlungsauftrag, der die komplette Ausreise und auch Leistungen wie die Kostenübernahme von Übersetzungen etwaiger Arbeitspapiere und Zeugnisse enthielt, wurde vollständig über einen »Obolus« der künftigen Arbeitgeber an die Verbindungsstellen bezahlt. Waren alle Papiere inklusive des Arbeitsvertrags vollständig vorhanden, erteilte die jeweilige zuständige Arbeitsagentur (der Anstalt für Arbeit) die Arbeitserlaubnis. Erst mit dieser gültigen Arbeitserlaubnis erhielten die künftigen Gastarbeiter*innen ihre zeitlich befristete Aufenthaltserlaubnis.[35]

Endlich »angekommen«

1973 verfügten die meisten griechischen Arbeitskräfte auch bei Olympia über eine unbefristete Aufenthalts- und Arbeitserlaubnis – die Gastarbeiter*innen von einst waren nun nach ihrem befristeten Gaststatus endlich auch formal als »ausländische Arbeitnehmer*innen« in der Bundesrepublik angekommen. Auch in ihrer Region in Friesland begannen sie sich einzuleben und gesellschaftlich zu etablieren – über Arbeit, Kultur, Soziales. Als gut eingearbeitete, flexible Arbeitskräfte waren sie in der Produktion unentbehrlich geworden. Allerdings dauerte es gerade im beruflichen Kontext mehr als zehn Jahre, bis ab den 1970er Jahren nicht mehr von »Gastarbeitern«, sondern, insbesondere seitens der Gewerkschaften, von »ausländischen Mitarbeitern«[36] gesprochen wurde.

Die ersten Eindrücke in der bundesdeutschen Arbeitswelt

Das Gros der griechischen Arbeitssuchenden machten nach Mitteilung der Bundesanstalt für Arbeit ungelernte Personen aus, die rasch als Hilfs- oder anlernfähige Kräfte vermittelt werden konnten. Da das Interesse auch der griechischen Frauen an einer Arbeitsaufnahme in Deutschland wuchs, separierte man die Vermittlungsstellen nach solchen für Männer und für Frauen. Die Auftragseingänge seitens der deutschen Arbeitgeber waren, besonders nach weiblichen griechischen Arbeitskräften, die als »geschickt«, »robust« und somit flexibel »einsetzbar« galten, »übermäßig hoch«. Wegen der hohen Nachfrage nach griechischen Frauen mussten 1961 längere Abwicklungszeiten in Kauf genommen werden. In den Folgejahren stiegen die Vermittlungsergebnisse vor allem bei den griechischen Arbeitsmigrantinnen signifikant an. Allein für das Jahr 1963 konstatierte die Bundesanstalt für Arbeit in ihrem Jahresbericht eine Steigerung der weiblichen Vermittlungsquote im Vergleich zum Vorjahr um 16,3 % auf 20,4 %.

---

35 Ausländische Arbeitnehmer. Beschäftigung, Anwerbung, Vermittlung. Erfahrungsbericht 1969, Bundesanstalt für Arbeit (Hg.), Nürnberg 1970, S. 5.

36 Ebd. S. 6.

Dennoch überstieg das Angebot – insbesondere an männlichen Arbeitskräften – in den Anfangsjahren der griechischen Arbeitsmigration die bundesdeutsche Nachfrage. Personen im erwerbsfähigen Alter zwischen 18 und 35 Jahren machten im ersten Jahrzehnt der Zuwanderung in Westeuropa und auch bei Olympia 90 % der Beschäftigten aus.

»Wenn Sie mich fragen, warum meine Landsleute nach Deutschland kamen, so waren dies hauptsächlich soziale Gründe. Sie müssen die Verhältnisse der 60er und 70er Jahre sehen und berücksichtigen. Wichtig waren die politischen und sozialen Verhältnisse der damaligen Zeit, die die Gründe der Auswanderung bestimmt haben. Außerdem kamen viele Griechen aus Nordgriechenland und somit vom Land. Auch die Hintergründe des Bürgerkriegs sind zu sehen. Viele Griechen, die in den Bürgerkrieg involviert waren, waren links orientiert und somit von der damaligen Regierung nicht ›gewollt‹. Diese Griechen der ersten Jahre waren sogenanntes Exportgut, es ging um den ›Export‹ von Menschen. Sie waren aber auch Gefahrengut für die damalige Regierung, sie waren nicht mehr im Lande, nicht mehr zu beherrschen. Es herrschte große Armut im Lande. Aufgrund dieser Situation und auch der großen Arbeitslosigkeit hatten die Regierenden (damals eine sehr konservative Regierung) Angst vor Revolten. Es gab Anwerbe- und Zwischenabkommen der Regierungen von Deutschland und Griechenland. Die Regierung hat sich damit zufrieden gegeben, mit dem Export von Menschen, um Revolten im eigenen Land zu verhindern.« Anastasios K., 76 Jahre (griechisches Gewerkschaftsmitglied der IG Metall Wilhelmshaven)

Zugschild mit Zuglauf des Hellas-Express von Athen und Thessaloniki nach Dortmund. (Die fast 3000 km umfassende Zugfahrt von Deutschland nach Griechenland dauerte circa 50 Stunden)

Zugschild von 1969 von Dortmund über Zagreb nach Athen und Thessaloniki

© commons/wikimedia (Spajdelj)

»Unsere Griechen waren einfach unauffällig da«
Griechische Arbeitsmigration im *Olympia Werk* Roffhausen-Schortens

»Unsere Griechen waren einfach unauffällig da. Sie wurden gebraucht, rasch in der Produktion eingesetzt und arbeiteten neben uns Deutschen. Da wurde kein Unterschied im Umgang gemacht«, so die Antwort des ehemaligen Ausbilders und späteren Abteilungsleiters für den Bereich Soziales, Winfried Bornschier, auf die Frage, wie er die ersten ausländischen Arbeitskräfte »auf Olympia« wahrgenommen habe. Nach Angaben des früheren Hauptabteilungsleiters für Soziales, Erich Maas, der in den 1970er Jahren auch für den Bereich Personal zuständig war, machten einige wenige spanische Landsleute die ersten ausländischen Mitarbeiter*innen auf Olympia aus, bis griechische Arbeitskräfte aus dem Ausland rekrutiert wurden.

»Der Arbeitsmarkt war Anfang der 1960er Jahre von Arbeitskräften ausgedünnt. Wir verlagerten unsere Suche in südeuropäische Regionen, auch nach Griechenland. Nordspanien stand anfangs auch zur Disposition, fast wäre ein Mitarbeiter zur Anwerbung dorthin abgeordnet worden, der ein wenig Spanisch sprach, bis er jedoch von der Firmenleitung zurückgepfiffen wurde. Der spanische Arbeitsmarkt benötigte seine eigenen Landsleute vor Ort. Die Regierung Griechenlands und die Arbeitsbehörden waren in den 1950er und 1960er Jahren sehr daran interessiert, ihre hohen Arbeitslosenzahlen im eigenen Land abzubauen. Viele junge, arbeitswillige weibliche und männliche griechische Arbeitskräfte, vorwiegend aus den Nordregionen, standen nun den Aufnahmeländern und Industrienationen zur Verfügung, die auch ab 1963 von der Firmenleitung rekrutiert wurden. Obwohl auch noch ein paar jugoslawische und italienische Gastar-

Abschied aus der Heimat, 1960er

© Nordwestdeutsches Museum für IndustrieKultur, Delmenhorst

beiter im Werk arbeiteten – bis zur Schließung des Werks machten die griechischen Kollegen die größte Zahl an ausländischen Mitarbeitern aus.«

Griechische Gastarbeiter*innen in den *Olympia Werken*

Aufgrund der Schließung des Olympia-Stammwerks und im Zuge der Abwicklung der Produktionsstätten wurden ab den 1990er Jahren viele Daten vernichtet, darunter sämtliche Personalakten und insbesondere auch Personalstatistiken, die beispielsweise Aufschluss über die genaue nationale Herkunft der »Gastarbeiter«, deren präzisen Einsatz und ihre Verbleibdauer hätten geben können. Aufgrund der strengen Coronapandemie-Auflagen konnte im Zeitraum der Recherche für dieses Buch der Olympia-Firmennachlass im Technikmuseum Berlin im Forschungszeitraum nicht eingesehen werden. So wurde versucht, an die Aktenbestände ab den 1960er Jahren in den Meldestellen der regionalen Behörden, der Arbeitsagentur Wilhelmshaven, in den Einwohnermeldeämtern im Landkreis sowie den Ausländerbehörden an Strukturdaten über die Zuwanderung ausländischer Menschen in den 1960er Jahren in den Landkreis Friesland zu gelangen. Nach Mitteilung des ehemaligen Leiters der Arbeitsagentur Wilhelmshaven, Dr. Rolf Lienau, gibt es allerdings keine Quellen oder Dokumente mehr vor Ort: »Die sind dann nach Nürnberg zur Zentrale der Bundesagentur für Arbeit gegangen.«

Die Offenheit und Hilfsbereitschaft ehemaliger Werksangestellter, aber auch die von Behördenvertreter*innen war außerordentlich hoch: So fanden verschiedene persönliche Vor-Ort-Termine unter anderem beim Landrat von Friesland Sven Ambrosy, beim Bürgermeister der Stadt Schortens Gerhard Böhling und dessen Stellvertreterin Anja Müller, beim Oberbürgermeister der Stadt Wilhelmshaven Carsten Feist, beim früheren Wilhelmshavener Leiter der Arbeitsagentur Dr. Rolf Lienau, im Gesundheitsamt Wilhelmshaven sowie in Archiven von Wilhelmshaven, Roffhausen, Schortens, Oldenburg,

Radius des Einzugsgebietes der Olympia-Beschäftigten und ihrer Wohnorte, 1954

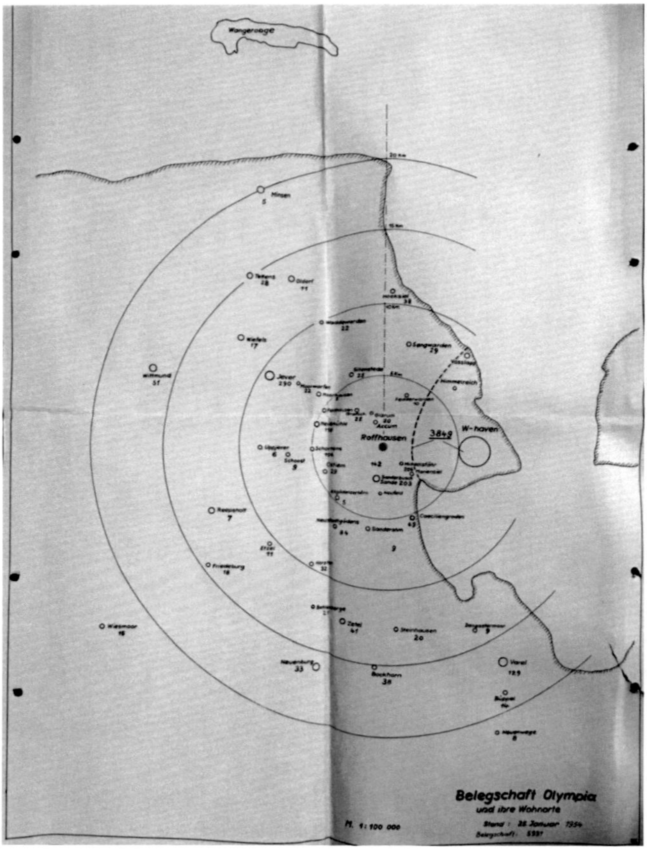

© Olympia Museum/Heimatverein Schortens von 1929 e.V. (Stadt Schortens)

Jever und Bremen statt. Allerdings war das Ergebnis ausgesprochen ernüchternd: Denn trotz intensiver Recherche war es nur eingeschränkt möglich, spezifische Detailinformationen und Strukturdaten zur Zuwanderung für Roffhausen, auf dessen Gemeindegebiet die *Olympia Werke* standen, zu erhalten. Dies lag nicht zuletzt daran, dass Daten unter anderem der regionalen Melde- und Gesundheitsämter – und damit Dokumentationen über die »Gesundheitschecks« ausländischer Arbeiter*innen – im Zuge der EDV-Umstellung von Karten auf die elektronische Datenverarbeitung vernichtet wurden.

Eine ehemalige Redakteurin des ersten »Ausländer-Radio-Programms« für griechische Landsleute, das in der »Gastarbeiter-Ära« im Bayerischen Rundfunk über Jahrzehnte sehr erfolgreich ausgestrahlt wurde, konstatiert:

> »Der Norden Deutschlands rund um Wilhelmshaven war für uns ein weißer Fleck in der Gastarbeiter-Landschaft. Aus dem ganzen Bundesgebiet bekamen wir Anrufe und bis

zu hundert Zuschriften in der Woche. Die griechischen Landsleute wollten sich austauschen, Fragen stellen zu Behördengängen, zur deutschen Kultur und zur Sprache. Aber auch Vereinstermine, Treffen und Veranstaltungen sollten wir mitteilen. Von Friesland und einer dortigen griechischen Community bekamen wir eigentlich nichts mit. Wir wussten nie, wie viele Griechen dort eigentlich lebten.«

Deshalb wurden vor dem Hintergrund der eingeschränkten Datenlage die Einwohnerzahlen der Stadt Wilhelmshaven mit den Zahlen des Landkreises Friesland und denen der Bundesagentur für Arbeit verglichen, um zu evaluieren, wie viele Menschen nicht nur in der näheren Umgebung des *Olympia Werks* wohnten, sondern eventuell auch dort arbeiteten.[37] Diese methodische Vorgehensweise beruht auf der einfachen Annahme, dass Menschen in der Regel auch in der näheren Umgebung ihres Arbeitsplatzes leben. So fahren (nach einer deutschen Studie aus dem Jahr 2013) über 70 % aller Arbeitnehmer*innen in Deutschland nur maximal 25 Kilometer zur Arbeit.[38] Man kann also davon ausgehen, dass auch Werksbedienstete ihren festen Wohnsitz im engeren Radius der Roffhausener Produktionsstätte hatten.

Aus allgemeinen Zahlen des Bundesamtes für Arbeit im Arbeitsamtsbezirk Wilhelmshaven geht hervor, dass die Anzahl griechischer Arbeitnehmer*innen von 61 im Jahr 1963 auf 1023 Personen im Jahr 1970 anstieg.[39] Dies entspricht immerhin einer Vervielfachung um den Faktor 16 innerhalb von nur sieben Jahren. Daran ist auch erkennbar, dass es sich nicht um einen geradlinigen Anstieg handelte, vielmehr kam es im Jahr 1967 zu einem Rückgang griechischer Zuwanderer*innen von 856 im Vorjahr auf 505. Außerdem gab es kurze Zeitabschnitte, in denen ein sehr rasanter Anstieg griechischer Gastarbeiter*innen in Wilhelmshaven[40] zu verzeichnen war. Dies war vor allem die Zeit von 1963 bis 1965, in welcher die Zahl griechischer Gastarbeiter*innen erst von 61 auf 278 im Jahr 1964 anstieg, um sich dann bis 1965 auf 619 noch einmal mehr als zu verdoppeln.[41]

Des Weiteren lässt sich festhalten, dass nicht nur die absolute Zahl griechischstämmiger Personen in Wilhelmshaven stark anstieg, sondern auch, dass die griechischen Gastarbeiter*innen im Verhältnis zu Gastarbeiter*innen anderer Zuwanderernationen im Arbeitsamtsbezirk Wilhelmshaven besonders zahlreich waren. Zu erwähnen ist hier, dass neben Stadt Delmenhorst mit der ehemaligen Wollfabrik Nordwolle (und den dort

37 Vgl. die aktuelle Seite zum Punkt »Einwohnerentwicklung« der Stadt Wilhelmshaven: »In den 1970er Jahren lag die Einwohnerzahl noch bei über 100 000. Sie sank dann infolge mehrerer Firmenschließungen, insbesondere des Niedergangs des Olympia-Schreibmaschinenwerks, und wegen der Verkleinerung des Bundeswehrstandortes stark ab […]«.

38 Bartmann, Sylke/Pfaff, Nicolle: Bildungsvertrauen als Weg sozialer Mobilität – Ansätze zu einem Kulturvergleich. In: Kulturvergleich in der qualitativen Forschung. Erziehungswissenschaftliche Perspektiven und Analysen, hg. von Merle Hummrich und Sandra Rademacher, Wiesbaden 2013, S. 241–255.

39 Bundesagentur für Arbeit: Beschäftigte griechische Arbeitnehmer*innen und darunter Frauen im Arbeitsamtsbezirk Wilhelmshaven 1963–1973.

40 Hinweis von Winfried Bornschier: Auch in der Wilhelmshavener Kammgarn-Spinnerei arbeiteten viele Griech*innen.

41 Bundesagentur für Arbeit: »Beschäftigte griechische Arbeitnehmer*innen« im Arbeitsamtsbezirk Wilhelmshaven 1963–1973.

beschäftigten griechischen Gastarbeiter*innen) in jedem niedersächsischen Arbeitsamtsbezirk in der größeren Region von Bremen und Hannover die größte nationale Gruppe der Gastarbeiter*innen fast ausschließlich aus der Türkei, aus Spanien oder aus Italien stammte.

Wilhelmshaven und Friesland – ein »Hafen« für griechische Arbeitskräfte

In Wilhelmshaven waren im Jahr 1969 von insgesamt 1885 ausländischen Arbeitnehmer*innen 687 griechischer Herkunft. Damit waren die Griechen*innen die mit Abstand größte ausländische Bevölkerungsgruppe in diesem Jahr in Wilhelmshaven.[42] Dasselbe Verhältnis zwischen griechischen und anderen ausländischen Arbeitsmigrant*innen bestätigten auch viele Interviewpartner*innen und Behördenvertreter*innen im Hinblick auf das Hauptwerk von Olympia in Roffhausen.

Diese Zahlen weichen allerdings von den Statistiken des Jahrbuchs der Stadt Wilhelmshaven aus den Jahren 1969 und 1971 ab.[43] So stieg die absolute Anzahl der Griech*innen gemäß den Daten der Stadt Wilhelmshaven in diesem Zeitraum lediglich von 212 im Jahr 1969 auf 474 im Jahr 1971. Vielmehr machten Türk*innen laut den Daten des Stadtarchivs ab 1973 sogar die größte ausländische Bevölkerungsgruppe in Wilhelmshaven aus, da in diesem Jahr schon über 1000 Türk*innen, jedoch nur 424 Griech*innen in Wilhelmshaven lebten.[44] Diese relativ geringe Anzahl von in Wilhelmshaven lebenden Griech*innen belegen auch Zahlen des Landesamtes für Statistik Niedersachsen. Zwar führt das Amt erst seit 1978 Statistiken über die Herkunft von ausländischen Staatsbürger*innen, jedoch geht hieraus hervor, dass auch in der Zeit ab 1978 die Anzahl von Griech*innen nur knapp über 300 lag.[45]

Wie lassen sich aber die unterschiedlichen Daten der Stadt Wilhelmshaven und des Arbeitsamtsbezirks Wilhelmshaven erklären? Weshalb sind die Zahlen in Bezug auf griechische Gastarbeiter*innen der Arbeitsamtsstatistik so viel höher als die der Stadt? Immerhin waren beispielsweise 1970 über 1000 griechische Gastarbeiter*innen beim Arbeitsamt Wilhelmshaven gemeldet, jedoch waren es weniger als halb so viele, die in den Statistiken der Stadt erfasst wurden. Recherchen und weitere Detailanfragen an die Statistikabteilungen der Bundesagentur für Arbeit ergaben dann ein schlüssiges Bild:[46] Der Jahresbericht *Ausländische Arbeitnehmer* der Bundesanstalt für Arbeit aus dem Jahr 1969 belegt, dass der Olympia-Standort Roffhausen zum »Hoheitsbereich der Anstalt für Arbeit Wilhelmshaven«, also dem Arbeitsamtsbezirk Wilhelmshaven zugerechnet wurde und damit alle Arbeitnehmer*innen (auch die ausländischen) gezählt wurden. Die *Olympia Werke* befanden sich nämlich in dem – an Wilhelmshaven angrenzenden – Landkreis Friesland. Insofern war das Arbeitsamt in Wilhelmshaven – neben den Anmeldun-

---

42 Beschäftigte ausländische Arbeiter nach Arbeitsamtsbezirken.

43 Jahrbuch der Stadt Wilhelmshaven 1969–1971.

44 Stadtarchiv Wilhelmshaven: Ausländer nach Staatsangehörigkeit von 1996–1974.

45 Landesamt für Statistik Niedersachsen: Ausländerzentralregister Wilhelmshaven Stadt 1978–1980.

46 Schriftliche Anfrage zu dem niedersächsischen Arbeitsamtsbezirk von Roffhausen an die »BA-Statistik-Service-Nordost«.

gen und den Gesundheitschecks – auch für die deutschen und ausländischen Arbeitnehmer*innen der *Olympia Werke* zuständig. Dies ist zumindest als Indiz dafür zu werten, dass ein Großteil der Griechen*innen, die beim Arbeitsamt Wilhelmshaven gemeldet, jedoch nicht in der Stadt Wilhelmshaven lebten, in den Roffhausener Werken beschäftigt waren.

Die Arbeitsmigrant*innen, die Anfang der 1960er Jahre nach Wilhelmshaven und Roffhausen kamen, trafen auf eine veränderte Arbeitswelt und einen Strukturwandel des Beschäftigungssystems in Deutschland um die Mitte des 20. Jahrhunderts. Die Industriearbeit wurde durch massive Rationalisierungsmaßnahmen tiefgreifend umgestaltet, die durch den ausgedehnten Einsatz immer leistungsfähigerer Maschinen unterstützt und gefördert wurden.

Feierabend auf Olympia, 1960er Jahre

Der Grieche Dimitrios Danidis migrierte Anfang der 1970er Jahre nach Wilhelmshaven, um dort für die *Olympia Werke* zu arbeiten. Er kam anfangs nur als »Gast« und als Arbeiter – und er blieb. Er wurde nicht nur Familien- und Großvater, sondern auch Bürger der Stadt Wilhelmshaven. Auf die Frage nach den ersten Eindrücken, die er von der deutschen Arbeitswelt gehabt habe, stellt Danidis fest:

> »Für mich war anders, dass ich hier Akkord arbeiten musste. Ich habe auch in Griechenland gearbeitet, aber nicht nach Akkord. Ich musste so und so viele Teile in der Stunde machen, in meinen 8 Stunden am Tag, um meinen Lohn zu bekommen, mit dem ich eingestellt wurde. Hatte ich die Stückzahl nicht erreicht, habe ich etwas weniger verdient. Das war der erste Eindruck. Aber das war alles eine Gewohnheitssache. Innerhalb von 1–2 Wochen war ich in dem Rhythmus drinnen, und dann hast du es geschafft.«

Am Bahnhof Wilhelmshaven, 1970

Diese Meinung wurde auch von den anderen ausländischen Kolleginnen und Kollegen bestätigt, die nach dem ersten Eintreffen in den Fabrikhallen in Roffhausen in den »Olympia-Tarif«, den sogenannten Haus-Tarif, eingruppiert wurden.

Olympia unter den TOP 3

Mitte der 1950er Jahre war das *Olympia Werk* nicht nur die größte Büromaschinenfabrik Europas,[47] sondern es entwickelte sich sogar zu einem der drei größten Hersteller von Büromaschinen auf der ganzen Welt. Olympia produzierte an neun Standorten, besaß 19 Tochtergesellschaften und 130 Generalvertretungen weltweit. Neben den Schreibmaschinen umfasste das Produktportfolio unter anderem auch Rechenmaschinen, Diktiergeräte, Saldiermaschinen und Kopiergeräte.

Im Jahr 1970 erreichte Olympia am Standort Roffhausen laut Personalstatistik[48] mit 11 651 Personen einen Beschäftigungshöchststand, während die Gesamtbelegschaft auf

47 Schmid, Hans-Jürgen: »Olympia ... und die Olympianer«, S. 58.

48 Vgl. Olympia-Personalentwicklungsdaten Deutschland: Übersicht aus den Jahren 1946–1984 (freundliche Leihgabe: Winfried Bornschier).

1950er Jahre

© Stadtarchiv Wilhelmshaven/Sammlung Arbeiterarchiv
– Dr. Hartmut Büsing

über 20 000 Mitarbeiter*innen anwuchs. In Roffhausen hatte das *Olympia Werk* zu Spitzenzeiten wie 1970 bis zu 1000[49] vorwiegend griechische Beschäftigte, die, neben einigen spanischen, italienischen und jugoslawischen Arbeitsmigrant*innen, die größte Gruppe der ausländischen Arbeitskräfte stellten.

Vorhandene Statistiken mit ausgewiesenen Personalentwicklungsdaten waren nach den jeweiligen Standorten, nach Berufsgruppen und den Geschlechtern gegliedert. Differenzierte statistische Daten, die die Verteilung ausländischer Arbeitskräfte und deren Nationalitäten im Unternehmen belegen könnten – wie durchaus in anderen Industriebetrieben üblich[50] – waren weder in den Archiven noch in privaten Nachlässen auffindbar. Auch ein leitender Mitarbeiter aus der Personalabteilung, der die Daten der Personalstatistiken erfasste, konnte sich an keine ausgewiesene »Ausländerstatistik« von Olympia erinnern. Lediglich als heute fremd anmutende Randnotiz in der Mitarbeiter-Zeitung *Olympia Ring* tauchten die »ausländischen Mitarbeiterinnen und Mitarbeiter« vereinzelt auf, etwa anlässlich des ersten Baus von Ausländerwohnheimen für türkische Arbeitskräfte in Leer: »Im August 1964 fand die erste Türken-Invasion statt[51].«

---

49 Schmid, Hans-Jürgen : »Olympia.«, S. 261.

50 Vgl. Statistik aus dem Jahr 1971: »Anteil der ausländischen Arbeitnehmer am Beispiel ›Kalle-Hoechst‹« (Wiesbaden). In: Wöhler, Maike: Man ist nur so lange fremd, bis man sich kennt, S. 51.

51 Olympia Ring, Nr. 4, 1964.

In der Weihnachtsausgabe des *Olympia Rings* aus dem Jahr 1967 über das zehnjährige Bestehen des Werks in Leer finden die ausländischen Arbeitskräfte zumindest in einem Zweizeiler Erwähnung. Wegen wiederkehrender Streitigkeiten zwischen griechischen und türkischen Landsleuten in den Anfangsjahren bei Olympia, die einmal aufgrund kontroverser politischer Debatten, wie beispielsweise der »Zypern-Frage«, ein anderes Mal in einer Schlägerei auf dem Firmengelände ausarteten, entschloss sich der Vorstand, die Arbeitskräfte nach Nationalitäten zu separieren. Die Firmenspitze wollte so, nach Information des ehemaligen Betriebsratsvorsitzenden Holger Ansmann, weitere »internationale« Auseinandersetzungen im Werk abwehren. Da die griechische Arbeiterschaft zahlenmäßig bereits stärker war, wechselte die kleinere Anzahl türkischer Arbeitskräfte in das Werk nach Leer mit damals immerhin 2145 Arbeitnehmer*innen.

Die Vermutung, dass zahlreiche Gastarbeiter*innen auch aus der Stadt Wilhelmshaven in den *Olympia Werken* arbeiteten, wird dadurch gestützt, dass bis in die 1990er Jahre hinein Tausende von Wilhelmshavener*innen in den Werken beschäftigt waren. Dies geht aus einem Dokument der Personalabteilung aus dem Jahr 1955 hervor, das belegt, dass von circa 5200 Pendler*innen, die von Wilhelmshaven in einen anderen Landkreis zur Arbeit auspendelten, allein 4800 Arbeiter*innen täglich in den Landkreis Friesland, also in den Landkreis pendelten, in dem sich die *Olympia Werke* befanden.[52] Die Vermutung, dass ein Großteil dieser Menschen bei dem größten Arbeitgeber des Landkreises arbeiteten, wird auch durch eine Grafik der Olympia-Personalabteilung untermauert, in der erwähnt wird, dass schon in den 1950er Jahren über 60 % aller Angestellten der *Olympia Werke* aus der Stadt Wilhelmshaven stammten.[53] Ein bislang verschollenes und somit einzigartiges Dokument aus der Personal- und Statistikabteilung (das der Autorin dank einer persönlichen Leihgabe zur Verfügung gestellt wurde)[54] zeigt den Zeitstrahl und die statistische Entwicklung der Belegschaft zwischen 1964 und 1984, aufgeschlüsselt nach »Lohnempfängern«, »kaufmännischen Angestellten«, »technischen Angestellten« und »Lehrlingen« auf. Ein weiterer Beleg für Olympia als attraktiver und zugleich größter Arbeitgeber der Region kann darin gesehen werden, dass die *Olympia Werke* 1970 mit 18 457 Arbeitskräften und 1313 Lehrlingen die 20 000er Marke erreichten.

Unter die Kategorie »Lohnempfänger« fielen auch die Produktionskräfte, im Besonderen auch die ausländischen »Arbeitsmigrant*innen«, die laut den Befragungen als Ungelernte eingesetzt wurden, da sie über keinen Berufsabschluss verfügten. Die Gewerkschaften, allen voran die IG Metall, sorgten dafür, dass sie in ein festes tarifliches Regelwerk eingruppiert wurden und dass keine Lohndiskriminierung entstehen konnte. In Zeiten der Anwerbung von Gastarbeiter*innen war es üblich, dass ausländische Arbeitskräfte vorrangig als Produktionskräfte beschäftigt wurden.

Insofern ähnelte die Recherche zu dem hier behandelten Thema nicht selten der sprichwörtlichen Suche nach der Stecknadel im Heuhaufen: Schriftliche Aufzeichnungen wie auch wichtige Sozial-, Personal- und Statistikdaten waren im Zuge der Zusammenschlüsse mit dem AEG-Konzern und der Daimler-Benz AG und insbesondere nach Schließung der *Olympia Werke* fast alle vernichtet worden.

---

52 Stadt Wilhelmshaven: Wirtschaftliche Verflechtung Wilhelmshaven und Umland.

53 Staatsarchiv Oldenburg: »Verteilung der Werksangehörigen auf ihren Wohnort«, 1955.

54 Olympia-Personalstatistik »Entwicklung der Belegschaft der *Olympia Werke*«, 1984.

AEG Olympia – ein sozialer Arbeitgeber

Die Stimmen der befragten Olympianer*innen ergaben ein einheitliches Bild. So wurde der gemeinsame Arbeitgeber als »sehr sozial«, »sehr gut« bezeichnet, bei dem – vor allen Dingen – auch die Bezahlung stimmte.

Endmontage der Schreibmaschine SM in der Halle 12

»Damals waren die Arbeitgeber viel menschlicher als heute. Es gab also Alternativen. Ich habe auch zwei Kinder großgezogen. Ich habe sie nicht nach Griechenland geschickt zu meinen Eltern. Ich habe mit meinem Chef gesprochen, ob ich auf Dauer Spätschicht arbeiten darf. Und deswegen sage ich, die waren menschlicher damals als heute. Das ist kein Problem gewesen. Meine Frau war tagsüber bei der Arbeit, ich war zuhause mit den Kindern. Und als meine Frau Feierabend hatte, fing ich an. 15 Jahre lang habe ich das gemacht. Nur Spätschicht, wegen der Kinder.« Dimitrios Danidis, ehemaliger griechischer Gastarbeiter bei Olympia

Für gerechte Arbeitsverhältnisse für alle im Rahmen der Tarifpolitik sowie für die Einhaltung und Fortführung des Tarifvertrags sorgten die Betriebsräte vor Ort, die Gewerkschaften und insbesondere die IG Metall.

»Olympia war ein sozialer Arbeitgeber: Es wurde auch bei den Kindern geholfen. Wir hatten ja keine Familie hier und keine Unterbringung und Betreuung. Ich habe mit dem Chef gesprochen, ob ich dauerhaft Spätschicht machen kann und meine Frau Frühschicht. So konnten wir das mit den Kindern machen, obwohl es mittags eine halbe Stunde gab, wo sie alleine waren.« Christo K., ehemaliger Lehrling

Schichtwechsel

© Stadtarchiv Wilhelmshaven/Sammlung Arbeiterarchiv – Dr. Hartmut Büsing

Gerechte Arbeitsverhältnisse – tarifliche Gleichstellung mit deutschen Kolleg*innen

Diese Gleichstellung und die tarifliche Eingruppierung gemeinsam mit den deutschen Kolleginnen und Kollegen waren in der Nachkriegszeit ein Novum. So konnten ungelernte ausländische Arbeiter*innen im Rahmen der sogenannten AWG (»Arbeitswertgruppen«) allein durch interne Fortbildungen so viel verdienen wie ihre gleichgestellten deutschen Kolleg*innen.

> »Ich hatte durchweg gute Erfahrungen mit Kollegen auf Olympia gemacht – in den ganzen Jahren auf Olympia. Wir wurden gleich behandelt und auch eingestuft.« Christo K.

Im Werkstarifvertrag vom 15. Mai 1960 für die gewerblichen Arbeitnehmer in der Metallindustrie zwischen dem Verband der Metallindustriellen des Nordwestlichen Niedersachsens e. V., Wilhelmshaven, und der Industriegewerkschaft Metall für die Bundesrepublik Deutschland, Bezirksleitung Hamburg,[55] wurde ein tarifliches Regelwerk in Form von regulierten Arbeitsbewertungsverfahren vereinbart. Hier wurde unter anderem definiert, dass die jeweilige Arbeitsaufgabe von Relevanz sei und »bewertet« werde

55 Vgl. Tarifvertrag für den Bereich der Olympia Werke AG, Wilhelmshaven und Leer, zwischen dem Verband der Metallindustriellen des Nordwestlichen Niedersachsens e. V., Wilhelmshaven, und der Industriegewerkschaft Metall für die Bundesrepublik Deutschland, Bezirksleitung Hamburg, vom 15. Mai 1960.

und nicht »die Persönlichkeit oder die individuellen Leistungsfaktoren der ausführenden Personen«[56].

Die Arbeitsaufgabe konnte eine Einzelaufgabe oder ein Aufgabenbereich sein (§ 2, 2); die Einordnung der jeweiligen Arbeitsaufgaben war an eine der jeweiligen tariflich vereinbarten Lohngruppen sowie an die betrieblichen »Richtbeispiele« angepasst. Lagen keine solchen Richtbeispiele zur Eingruppierung vor, wurden neue Systematisierungen erstellt oder eine Bewertung mittels des Arbeitsbewertungsbogens durchgeführt.

Kategorisierter Arbeitsbewertungsbogen als Einstufungsgrundlage

In diesem »Arbeitsbewertungsbogen« (siehe Anlage, Foto) gab es vier Kategorien mit zahlreichen Unterkategorien und Staffelungen, die die Bedingungen für (Höher-)Einstufungen belegten:

1. **Können** mit den beiden Kategorien »Arbeitskenntnisse und Erfahrung« (kurze Anweisung oder Anlernzeit, abgeschlossene Anlernausbildung, abgeschlossene Facharbeiterausbildung mit besonderer Berufserfahrung) sowie »Geschicklichkeit«/»Handfertigkeit«/»Körpergewandtheit«
2. **Verantwortung** (für die eigene Arbeit und die anderer)
3. **Arbeitsbelastung** (körperliche und geistige Beanspruchung: gering bis andauernd und außergewöhnlich, sehr hoch)
4. **Umgebungseinflüsse** (gesundheitsbelastende Einflussfaktoren in der Produktion bis hin zur Unfallgefahr)

Aufgrund dieser Staffelung konnte beispielsweise eine ungelernte Arbeiterin mit kurzer Anlernzeit, die sich jedoch handwerklich geschickt zeigte, Verantwortung für das jeweilige Arbeitsgebiet übernahm, körperlich sehr tüchtig und eventuell noch in hohem Maße zusätzlichen Umgebungseinflüssen wie Gas, Dampf und Lärm ausgesetzt war, in den 1960er Jahren aus ihrer unteren Einstufung durchaus einige Stufen nach oben »klettern«.

Der neue Olympia-Tarifvertrag aus dem Jahr 1971[57] löste erstmals den Vertrag vom 15. Mai 1960[58] ab, da nun spezielle »Arbeitswertgruppen«-Verfahren (»AWGs«) bei Olympia eingeführt wurden, die nach Mitteilung von Ronald Smolawa, ehemaligem Olympia-Betriebsratsmitglied und damaligem Vorsitzenden der Vertrauenskörperleitung (VKL) der IG Metall,[59] noch über der Einstufung des Flächentarifvertrags lagen.

---

56 Ebd., Tarifvertrag vom 15. Mai 1960, hier § 2, Punkt 1.

57 Arbeiterarchiv der Friedrich-Ebert-Stiftung.

58 Einschließlich der Tarifvereinbarung Ziffer 1 vom 2. Januar 1968.

59 »Mein Werdegang‹ bei Olympia war wie folgt: Ausbildung zum Werkzeugmacher April 1975 – September 1977, Wahl zum Jugendvertreter 1976, 1977 Vorsitzender der Jugendvertretung, 1978 Vorsitzender der Gesamtjugendvertretung. Ab 1981 BR-Mitglied in verschiedenen Ausschüssen: Betriebsausschuss, Arbeitssicherheit, Personalausschuss, Berufsbildungsausschuss. Ab 1982 Vorsitzender der Vertrauenskörperleitung (VKL) der IG Metall und in dieser Funktion freigestelltes BR-Mitglied bis zuletzt.«

Arbeitsbewertungsbogen aus dem Jahr 1960 (Tarifvertrag 1960)

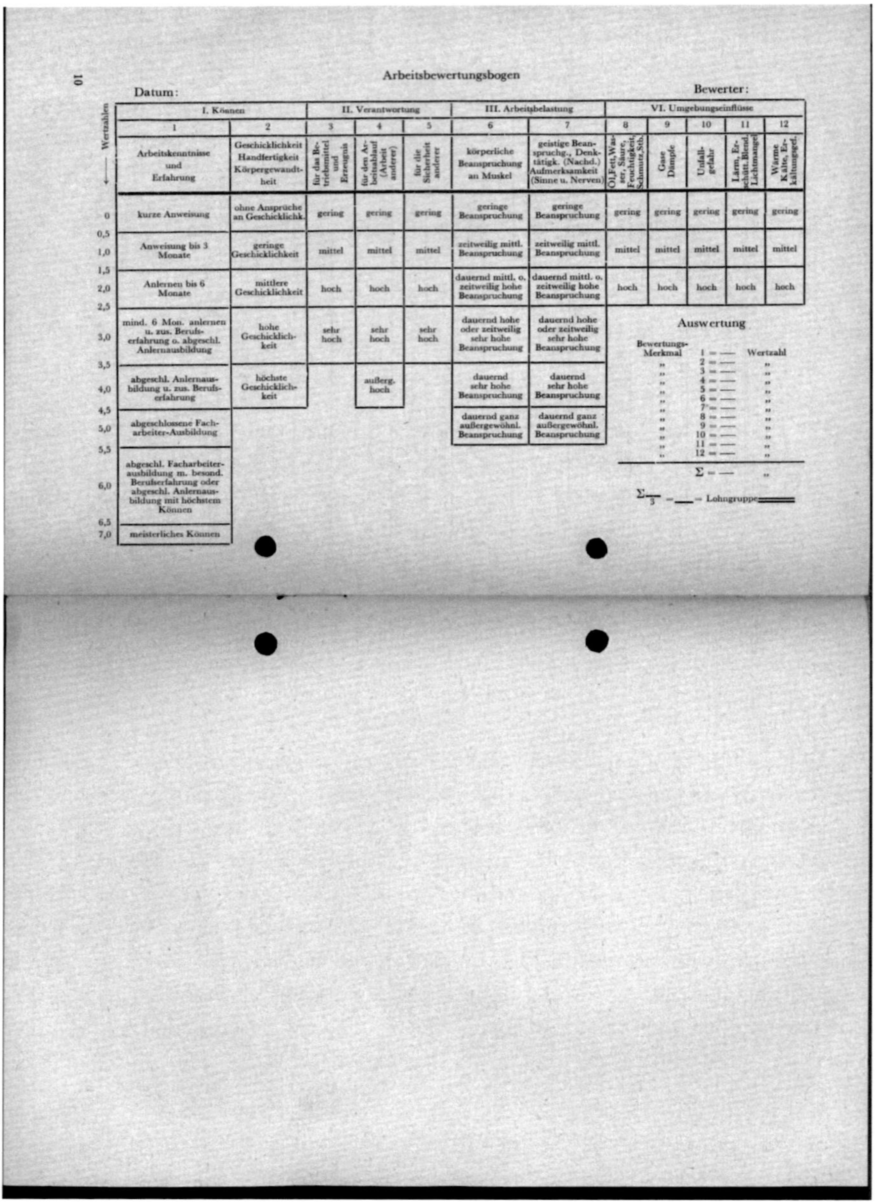

Arbeitsbewertungsbogen

Datum:

Bewerter:

Wertzahlen	I. Können		II. Verantwortung			III. Arbeitsbelastung		VI. Umgebungseinflüsse				
	1	2	3	4	5	6	7	8	9	10	11	12
	Arbeitskenntnisse und Erfahrung	Geschicklichkeit Handfertigkeit Körpergewandtheit	für das Betriebsmittel und Erzeugnis	für den Arbeitsablauf (Arbeit anderer)	für die Sicherheit anderer	körperliche Beanspruchung an Muskel	geistige Beanspruchg., Denktätigk. (Nachd.) Aufmerksamkeit (Sinne u. Nerven)	Öl, Fett, Wasser, Säure, Feuchtigkeit, Schmutz, Stb.	Gase Dämpfe	Unfallgefahr	Lärm, Erschütt. Blend. Lichtmangel	Wärme Kälte, Erkältungsgef.
0	kurze Anweisung	ohne Ansprüche an Geschicklichk.	gering	gering	gering	geringe Beanspruchung	geringe Beanspruchung	gering	gering	gering	gering	gering
0,5 1,0	Anweisung bis 3 Monate	geringe Geschicklichkeit	mittel	mittel	mittel	zeitweilig mittl. Beanspruchung	zeitweilig mittl. Beanspruchung	mittel	mittel	mittel	mittel	mittel
1,5 2,0	Anlernen bis 6 Monate	mittlere Geschicklichkeit	hoch	hoch	hoch	dauernd mittl. o. zeitweilig hohe Beanspruchung	dauernd mittl. o. zeitweilig hohe Beanspruchung	hoch	hoch	hoch	hoch	hoch
2,5 3,0	mind. 6 Mon. anlernen u. zus. Berufserfahrung o. abgeschl. Anlernausbildung	hohe Geschicklichkeit	sehr hoch	sehr hoch	sehr hoch	dauernd hohe oder zeitweilig sehr hohe Beanspruchung	dauernd hohe oder zeitweilig sehr hohe Beanspruchung					
3,5 4,0	abgeschl. Anlernausbildung u. zus. Berufserfahrung	höchste Geschicklichkeit		außerg. hoch		dauernd sehr hohe Beanspruchung	dauernd sehr hohe Beanspruchung					
4,5 5,0	abgeschlossene Facharbeiter-Ausbildung					dauernd ganz außergewöhnl. Beanspruchung	dauernd ganz außergewöhnl. Beanspruchung					
5,5 6,0	abgeschl. Facharbeiterausbildung m. besond. Berufserfahrung oder abgeschl. Anlernausbildung mit höchstem Können											
6,5 7,0	meisterliches Können											

Auswertung

Bewertungs-Merkmal 1 = — Wertzahl
" 2 = — "
" 3 = — "
" 4 = — "
" 5 = — "
" 6 = — "
" 7 = — "
" 8 = — "
" 9 = — "
" 10 = — "
" 11 = — "
" 12 = — "

Σ = — "

$\frac{\Sigma}{3}$ = ___ = Lohngruppe

Lohntafel von 1969

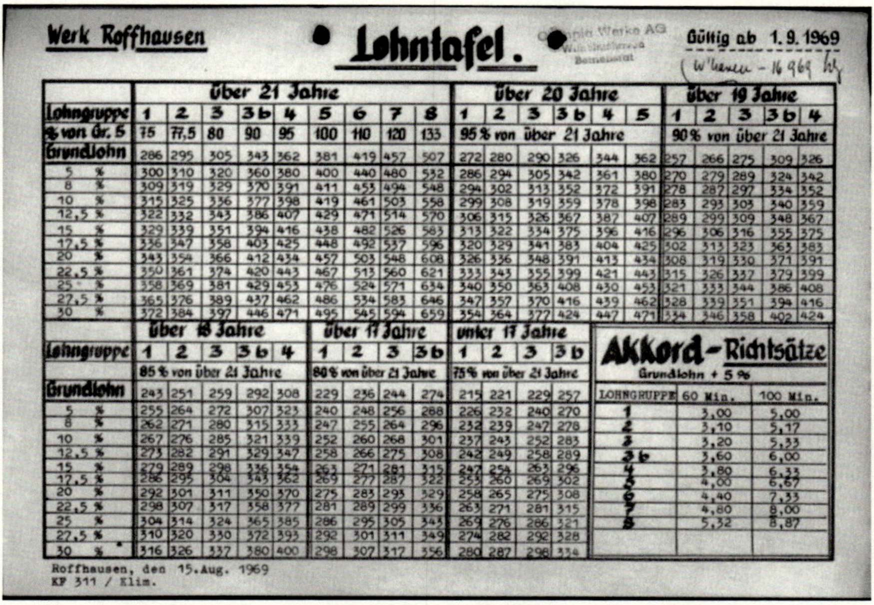

Werk Roffhausen **Lohntafel.** **Gültig ab 1. 9. 1969**

über 21 Jahre									
Lohngruppe	1	2	3	3 b	4	5	6	7	8
% von Gr. 5	75	77,5	80	90	95	100	110	120	133
Grundlohn	286	295	305	343	362	381	419	457	507
5 %	300	310	320	360	380	400	440	480	532
8 %	309	319	329	370	391	411	453	494	548
10 %	315	325	336	377	398	419	461	503	558
12,5 %	322	332	343	386	407	429	471	514	570
15 %	329	339	351	394	416	438	482	526	583
17,5 %	336	347	358	403	425	448	492	537	596
20 %	343	354	366	412	434	457	503	548	608
22,5 %	350	361	374	420	443	467	513	560	621
25 %	358	369	381	429	453	476	524	571	634
27,5 %	365	376	389	437	462	486	534	583	646
30 %	372	384	397	446	471	495	545	594	659

über 20 Jahre						
Lohngruppe	1	2	3	3 b	4	5
% von Gr. 5	95 % von über 21 Jahre					
Grundlohn	272	280	290	326	344	362
5 %	286	294	305	342	361	380
8 %	294	302	313	352	372	391
10 %	299	308	319	359	378	398
12,5 %	306	315	326	367	387	407
15 %	313	322	334	375	396	416
17,5 %	320	329	341	383	404	425
20 %	326	336	348	391	413	434
22,5 %	333	343	355	399	421	443
25 %	340	350	363	408	430	453
27,5 %	347	357	370	416	439	462
30 %	354	364	377	424	447	471

über 19 Jahre					
Lohngruppe	1	2	3	3 b	4
% von Gr. 5	90 % von über 21 Jahre				
Grundlohn	257	266	275	309	326
5 %	270	279	289	324	342
8 %	278	287	297	334	352
10 %	283	293	303	340	359
12,5 %	289	299	309	348	367
15 %	296	306	316	355	375
17,5 %	302	313	323	363	383
20 %	308	319	330	371	391
22,5 %	315	326	337	379	399
25 %	321	333	344	386	408
27,5 %	328	339	351	394	416
30 %	334	346	358	402	424

über 18 Jahre					
Lohngruppe	1	2	3	3 b	4
	85 % von über 21 Jahre				
Grundlohn	243	251	259	292	308
5 %	255	264	272	307	323
8 %	262	271	280	315	333
10 %	267	276	285	321	339
12,5 %	273	282	291	329	347
15 %	279	289	298	336	354
17,5 %	286	295	304	343	362
20 %	292	301	311	350	370
22,5 %	298	307	317	358	377
25 %	304	314	324	365	385
27,5 %	310	320	330	372	393
30 %	316	326	337	380	400

über 17 Jahre				
Lohngruppe	1	2	3	3 b
	80 % von über 21 Jahre			
Grundlohn	229	236	244	274
5 %	240	248	256	288
8 %	247	255	264	296
10 %	252	260	268	301
12,5 %	258	266	275	308
15 %	263	271	281	315
17,5 %	269	277	287	322
20 %	275	283	293	329
22,5 %	281	289	299	336
25 %	286	295	305	343
27,5 %	292	301	311	349
30 %	298	307	317	356

unter 17 Jahre				
Lohngruppe	1	2	3	3 b
	75 % von über 21 Jahre			
Grundlohn	215	221	229	257
5 %	226	232	240	270
8 %	232	239	247	278
10 %	237	243	252	283
12,5 %	242	249	258	289
15 %	247	254	263	296
17,5 %	253	260	269	302
20 %	258	265	275	308
22,5 %	263	271	281	315
25 %	269	276	286	321
27,5 %	274	282	292	328
30 %	280	287	298	334

Akkord-Richtsätze
Grundlohn + 5 %

LOHNGRUPPE	60 Min.	100 Min.
1	3,00	5,00
2	3,10	5,17
3	3,20	5,33
3 b	3,60	6,00
4	3,80	6,33
5	4,00	6,67
6	4,40	7,33
7	4,80	8,00
8	5,32	8,87

Roffhausen, den 15.Aug. 1969
KP 311 / Klim.

© Privatbesitz Hartmut Tammen-Henke

Lohntafel von 1971

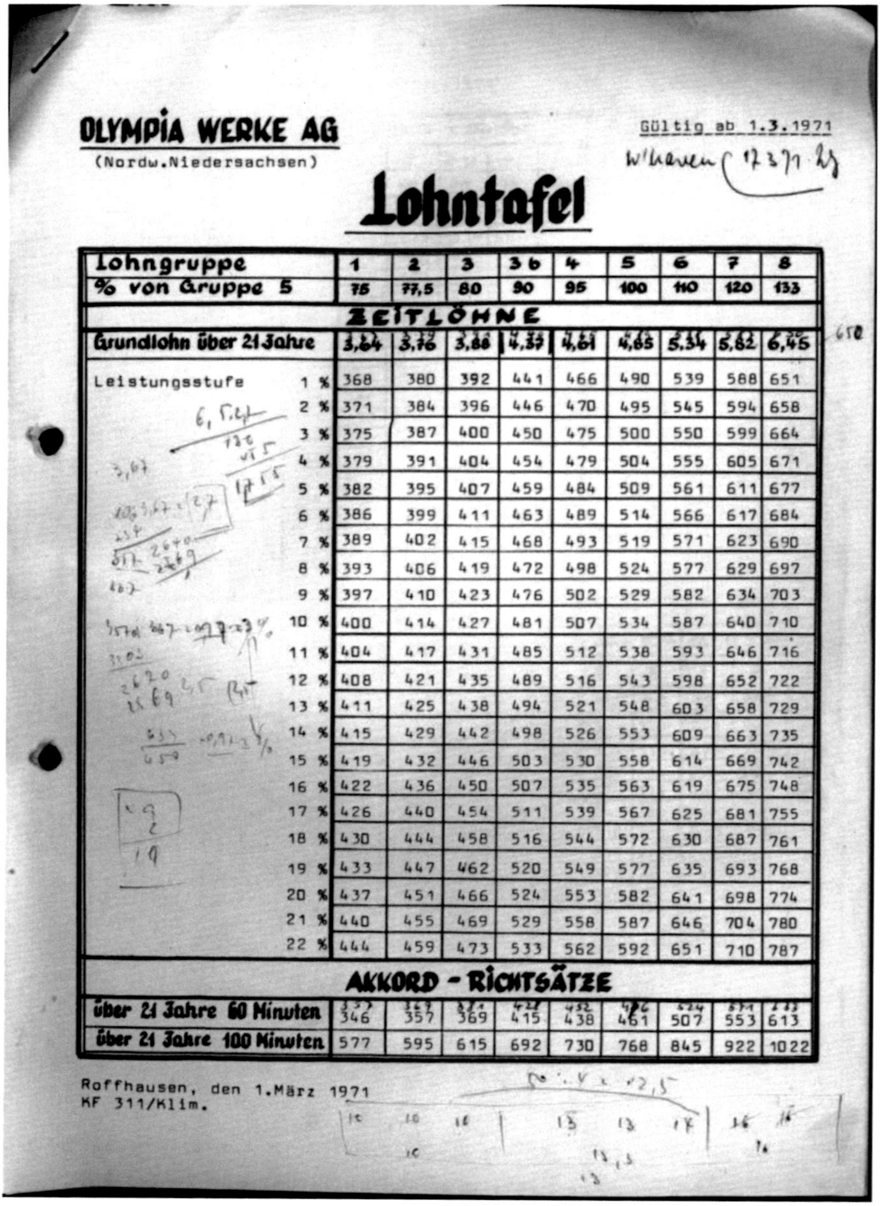

OLYMPIA WERKE AG
(Nordw.Niedersachsen)

Gültig ab 1.3.1971

Lohntafel

Lohngruppe	1	2	3	3 b	4	5	6	7	8
% von Gruppe 5	75	77,5	80	90	95	100	110	120	133
ZEITLÖHNE									
Grundlohn über 21 Jahre	3,64	3,76	3,88	4,37	4,61	4,85	5,34	5,82	6,45
Leistungsstufe 1 %	368	380	392	441	466	490	539	588	651
2 %	371	384	396	446	470	495	545	594	658
3 %	375	387	400	450	475	500	550	599	664
4 %	379	391	404	454	479	504	555	605	671
5 %	382	395	407	459	484	509	561	611	677
6 %	386	399	411	463	489	514	566	617	684
7 %	389	402	415	468	493	519	571	623	690
8 %	393	406	419	472	498	524	577	629	697
9 %	397	410	423	476	502	529	582	634	703
10 %	400	414	427	481	507	534	587	640	710
11 %	404	417	431	485	512	538	593	646	716
12 %	408	421	435	489	516	543	598	652	722
13 %	411	425	438	494	521	548	603	658	729
14 %	415	429	442	498	526	553	609	663	735
15 %	419	432	446	503	530	558	614	669	742
16 %	422	436	450	507	535	563	619	675	748
17 %	426	440	454	511	539	567	625	681	755
18 %	430	444	458	516	544	572	630	687	761
19 %	433	447	462	520	549	577	635	693	768
20 %	437	451	466	524	553	582	641	698	774
21 %	440	455	469	529	558	587	646	704	780
22 %	444	459	473	533	562	592	651	710	787
AKKORD - RICHTSÄTZE									
über 21 Jahre 60 Minuten	346	357	369	415	438	461	507	553	613
über 21 Jahre 100 Minuten	577	595	615	692	730	768	845	922	1022

Roffhausen, den 1.März 1971
KF 311/Klim.

»Es gab berufliche Weiterbildungen, aber nicht für ungelernte Arbeiter ohne Deutschkenntnisse. Ich konnte zwar schon gut Deutsch und lernte schnell, aber mir fehlte halt die Ausbildung. Mein Meister fragte mich aufgrund meiner guten Deutschkenntnisse, ob ich eine interne Ausbildung zum ›Einrichter‹ machen wollte, da habe ich zugesagt. Ich verrichtete später dann höherbezahlte Tätigkeiten.« Dimitrios D.

Im Betriebsrat arbeitete man ab 1969 und bis 1975 an der Optimierung, Umsetzung und Etablierung (ausschließlich für Olympia) gültiger »Arbeitswertgruppen«. In einem fünf Jahre bestehenden paritätischen Arbeitskreis, der sich aus drei Betriebsratsmitgliedern, zwei Tarifexperten der Organisation und fünf Arbeitsanalytikern des Unternehmens zusammensetzte, überarbeitete und aktualisierte man die AWGs.[60]

Hartmut Tammen-Henke,[61] damaliger Bevollmächtigter und Geschäftsführer der IG Metall Wilhelmshaven, der mit dem ehemaligen Betriebsratsvorsitzenden der *Olympia Werke* Holger Ansmann, Betriebsratsmitgliedern wie Ronald Smolawa, Werner Ahrens und vielen anderen den intensiven Arbeitskampf von Olympia aktiv begleitete, betonte auch die gleiche und gerechte Eingruppierung:

»Olympia hatte mit seinen ›Arbeitsbewertungsverfahren‹ ein eigenes, übertarifliches Entlohnungssystem geschaffen, was tariflich weit über dem lag, was andere Unternehmen damals zahlten. Es gab keine speziellen Lohntafeln für ungelernte Arbeiter. Die Löhne sind in den AWGs 1–4 unter anderem für ungelernte Arbeitskräfte enthalten,[62] und die Beschreibung der AWGs ist der Anlage 2 (Arbeitsbewertungsbogen) zu entnehmen. Hier erfolgte die Beschreibung der Qualifikationen.« Hartmut Tammen-Henke

60 Rolf Meyer: »… und schaffen treu mit fleiß'ger Hand« (ebd.), S. 91.

61 »Die Arbeitskämpfe der Olympianer habe ich organisatorisch und politisch begleitet, so gut es ging, in sehr enger Verbindung mit den Betriebsräten um Holger Ansmann und Ronald Smolawa. Wir waren da eine verschworene Gemeinschaft.« Hartmut Tammen-Henke, ab 1987 Sekretär in der IG-Metall-Verwaltungsstelle Wilhelmshaven, deren erster Bevollmächtigter und Geschäftsführer er 1988 wurde, war ab 2004 in der gleichen Funktion auch in der Verwaltungsstelle Oldenburg der IG Metall tätig.

62 Siehe S. 9 des Tarifvertrages vom 1. April 1971.

Tarifvereinbarung vom 2.1.1968/Tarifgebiet Nordwestliches Niedersachsen – Wilhelmshaven

2.1.68

T a r i f v e r e i n b a r u n g

Zwischen dem Verband der Metallindustriellen des Nordwestlichen Niedersachsens e.V., Wilhelmshaven,

und

der Industriegewerkschaft Metall für die Bundesrepublik Deutschland, Bezirksleitung Hamburg, Hamburg,

wird folgende

Tarifvereinbarung

geschlossen :

I. Lohntafeln

1. Die gekündigten Lohntafeln werden mit Wirkung vom 1. Juli 1967 wieder in Kraft gesetzt.

   Sie sind mit Monatsfrist zum Ende eines jeden Kalendermonats, erstmalig zum 31. März 1968, kündbar.

   Die Kündigungsbestimmungen der Lohntafeln vom 1. März 1966 sind entsprechend zu ändern.

2. Ab 31. März 1968 treten folgende Änderungen der Lohntafeln in Kraft :

   Protokollnotiz : Die Tarifvertragsparteien sind sich darüber einig, daß diese Tarifvereinbarung mit einem neuen Lohntarifvertrag in Kraft treten soll.

   Ist deshalb der Abschluß eines neuen Lohntarifvertrages innerhalb des Monats April 1968 erkennbar, werden die Tarifvertragsparteien spätestens Mitte März eine entsprechende Verschiebung des Inkrafttretens dieser Vereinbarung vornehmen.

   Die Tarifvertragsparteien sind sich darüber einig, daß eine Tariferhöhung nach dem 31. März 1968 sich auf den Ecklöhnen dieser Vereinbarung aufbaut.

   a) Für die Stadt Osterholz- Scharmbeck bleibt der Ecklohn unverändert.

      Für Stade- Stadt und Buxtehude bleibt der Ecklohn unverändert.

      Der Ecklohn für das Stadtgebiet Emden wird von DM 3.36 auf DM 3,42 erhöht.

      Der Ecklohn für Stade- Land wird von DM 3,2o auf DM 3,3o erhöht.

      Der Ecklohn für Wilhelmshaven wird von DM 3,17 auf DM 3.3o erhöht.

      Der Ecklohn für Leer, Norden und Wittmund wird von DM 3,13 auf DM 3,24 erhöht.

\- 2 -

Der Ecklohn für Aurich wird von DM 3,09 auf DM 3,24 erhöht.

Ab 1. Januar 1970 soll der Ecklohn für Leer, Norden, Wittmund und Landkreis Aurich nur noch um 4 Dpfg. niedriger liegen als der Ecklohn von Wilhelmshaven.

Protokollnotiz :

Die Tarifvertragsparteien sind sich darüber einig, daß die sich dadurch ergebenden Ecklohnerhöhungen für die Gebiete Leer, Norden, Wittmund und Aurich zusammen mit einem neuen Lohntarifvertrag in Kraft treten sollen.

Ist der Abschluß eines neuen Lohntarifvertrages innerhalb des ersten Halbjahres 1970 erkennbar, werden die Tarifvertragsparteien spätestens Mitte ~~April~~ eine entsprechende Verschiebung des Inkrafttretens dieser Regelung vereinbaren. Dezember 1969

b) Im Hinblick auf den Zweck dieser Tarifvereinbarung, bisherige übertarifliche Lohnbestandteile durch Anhebung von Ecklöhnen höher tariflich abzusichern, gehen die Tarifvertragsparteien davon aus, daß diese Ecklohnanhebungen in den Betrieben nicht zu einer Erhöhung der Effektivverdienste führen dürfen.

c) Aus Anlaß der Einführung der neuen Ecklöhne darf eine Verdienstminderung nicht einsetzen.

Ein Arbeitnehmer, der bei Inkrafttreten der Ecklohnänderung bereits einen Verdienst erhält, der demjenigen entspricht, der ihm nach den neuen tarifvertraglichen Bestimmungen zusteht, kann weitergehende Ansprüche nicht geltend machen.

d) Bei Zeitlöhnern werden alle Zulagen - gleich welcher Art - unabhängig davon, ob und wie sie ausgewiesen sind x) (einschließlich der Leistungszulagen, jedoch ohne Gießereizulagen oder tarifliche Erschwerniszulagen), auf die sich aus den Ecklohnanhebungen ergebenden tariflichen Lohnerhöhungen angerechnet.

x) tarifliche

Die Anrechnungsklausel für Zeitlöhner gilt entsprechend für die Entlohnung in Sonderfällen (z.B. bei Wochen- und Monatslöhnern).

e) Für Arbeitnehmer, die in Akkord oder Prämie arbeiten, gilt Abschnitt III dieser Tarifvereinbarung, der den Lohntafeln beigefügt wird.

f) Härteklausel : Soweit sich für einzelne Firmen aus der Einführung der Ecklohnanhebungen Härtefälle ergeben, werden sich die Tarifvertragsparteien miteinander in Verbindung setzen, um eine Übergangsregelung zu schaffen.

- 3 -

II. Lohnrahmentarifvertrag

Das Verhandlungsergebnis über die Änderungsvereinbarung zum Lohnrahmentarifvertrag vom 31. Oktober 1967 einschließlich des Verhandlungsergebnisses über die Verfahrensregelung zur Vorgabezeitermittlung vom 13. November 1967 wird Bestandteil dieses Tarifabkommens.

III. Akkord- und Prämienlohnsysteme

sind mit Inkrafttreten der Ecklohnerhöhungen wie folgt umzustellen

a) Für die Stadt Osterholz- Scharmbeck bleibt der Akkordrichtsatz unverändert 8 %.

Für Stade - Stadt und Buxtehude bleibt der Akkordrichtsatz unverändert 8 %.

Für das Stadtgebiet Emden bleibt der Akkordrichtsatz unverändert 8 %.

Für Stade- Land wird der Akkordrichtsatz von 8 % auf 5 % gesenkt.

Für Wilhelmshaven wird der Akkordrichtsatz von 8 % auf 4 % gesenkt. (Gießerei Sande von 11 % auf 7 %).

Für Leer, Norden und Wittmund wird der Akkordrichtsatz von 8 % auf 4 % gesenkt.

Für den Landkreis Aurich wird der Akkordrichtsatz von 8 % auf 3 % gesenkt.

Ab 1. Januar eines jeden Jahres, beginnend mit dem 1. Januar 1969, werden die reduzierten Akkordrichtsätze um jeweils 1 % erhöht, bis 8 % (Gießerei Sande 11 %) wieder erreicht sind.

b) Prämienentlohnungen

können geändert werden, soweit durch die Ecklohnerhöhungen die Effektivverdienste verändert werden.

IV. Die Bestimmungen der Leistungszulagen sind wie folgt zu ändern :

Die durchschnittliche Leistungszulage gemäß § 4 LRT wird auf

17 1/2 % festgesetzt (Leer und Aurich 15 %)
für die Gruppen 1 und 2
für die Gruppen 3, 4 und 5
für die Gruppen 6, 7, 8 und 9

für O l y m p i a - Werke
für die Gruppen 1, 2 und 3
" " " 4 und 5
" " " 6, 7 und 8

für Gießerei Sande
für die Gruppen 3 und 4
für die Gruppen 5, 6, 7 und 8

Der Lohnrahmentarifvertrag ist entsprechend zu ändern.

\- 4 -

V. Abschlußklausel

Beide Tarifvertragsparteien stellen übereinstimmend fest, daß in der gegenwärtigen wirtschaftlichen Situation eine negative Lohnpolitik den sich andeutenden wirtschaftlichen Aufschwung verhindern und damit den Interessen aller Beteiligten widersprechen würde. Sie fordern deshalb gemeinsam die Betriebe auf, alle Möglichkeiten auszuschöpfen, um das bisherige Niveau der Arbeitseinkommen (Löhne und Sozialleistungen) zu sichern.

Sollten dennoch einzelne Betriebe wegen ihrer Ertragslage und, um Entlassungen zu vermeiden, gezwungen sein, bisherige übertarifliche Leistungen zu vermindern, so hat das im Benehmen mit dem Betriebsrat zu erfolgen. Der Betriebsrat ist über die vorgesehenen Maßnahmen rechtzeitig unter Darlegung der Gründe zu unterrichten. Anschließend sind die beiderseitigen Standpunkte zu beraten. Diese Regelung gilt bis zum 31. März 1968.

VI. Erklärungsfrist

Die Zustimmung oder Ablehnung dieser Tarifvereinbarung ist gegenüber der anderen Tarifvertragspartei bis zum 15. Januar 1968 zu erklären.

Oldenburg, 2. Januar 1968

VERBAND DER METALLINDUSTRIELLEN
DES NORDWESTLICHEN NIEDERSACHSENS e.V.
WILHELMSHAVEN

INDUSTRIEGEWERKSCHAFT METALL
für die Bundesrepublik
Deutschland
Bezirksleitung Hamburg

»Olympia stufte alle Mitarbeiter*innen gerecht ein. Da wurde kein Unterschied gemacht zwischen den ausländischen ungelernten oder deutschen ungelernten Arbeitskräften. Bis zur Schließung der *Olympia Werke* lief dies so ab.« Ronald Smolawa

Der vorherige tarifliche »Arbeitsbewertungsbogen« wurde nun von vier auf drei Kategorien geändert, dafür wurde der Punkt »Umgebungseinflüsse« in einigen Teilen der Kategorie »Belastung« zugeordnet.

1. **Können** (»Arbeitskenntnisse und Erfahrung« mit kurzer Anweisung –AWG-Stufe 1; Ausbildung für Einzweckaufgaben von bis zu 10 Arbeitstagen [für einfache Aufgaben wie das »Erfassen einförmig gleichbleibender Arbeitsvorgänge«[63]] – AWG-Stufe 2; Ausbildung für Mehrzweckaufgaben von bis zu 30 Arbeitstagen für gleichbleibende mittelschwierige Arbeiten – AWG-Stufe 3; Ausbildung für Mehrzweckaufgaben von bis zu 60 Arbeitstagen für wechselnd mittelschwierige Arbeiten – AWG-Stufe 4; Ausbildung siehe vorherige Punkte und zusätzliche Erfahrung oder Ausbildung – AWG-Stufe 5; Ausbildung von bis zu 2 Jahren bei wechselnd schwierigen Aufgaben – AWG-Stufe 6; bis zur Stufe 10: mindestens eine Ausbildung von mehr als 2 Jahren und zusätzliche Spezialerfahrung sowie hochwertige Arbeitskenntnisse und zusätzliche Spezialerfahrung für die Stufe 10)
2. **Verantwortung** (für die eigene Arbeit und die anderer)
3. **Arbeitsbelastung** (körperliche und geistige Beanspruchung: gering bis andauernd und außergewöhnlich, sehr hoch)

Arbeitsbewertungsbogen aus dem Jahr 1971 (Tarifvertag 1971)

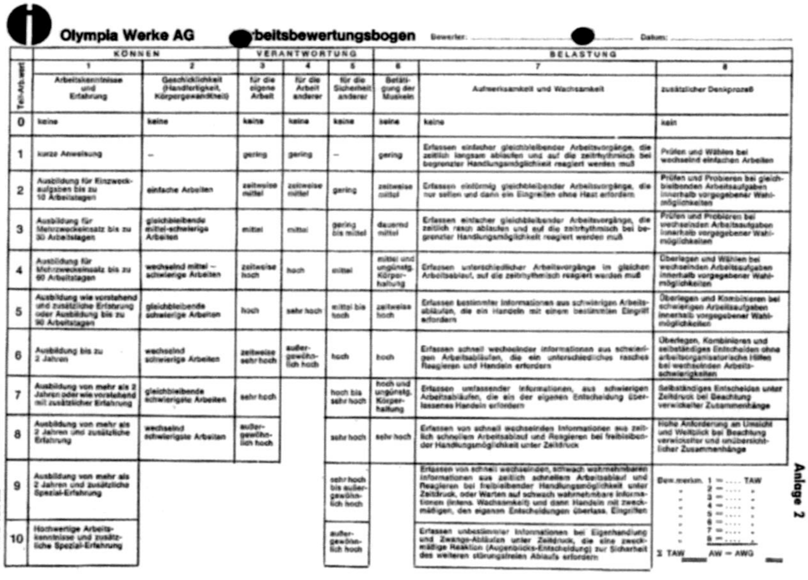

Olympia Werke AG rbeitsbewertungsbogen Bewerter: .... Datum: ....

Teil-Arb.wert	KÖNNEN 1	2	VERANTWORTUNG 3	4	5	BELASTUNG 6	7	8
	Arbeitskenntnisse und Erfahrung	Geschicklichkeit (Handfertigkeit, Körpergewandtheit)	für die eigene Arbeit	für die Arbeit anderer	für die Sicherheit anderer	Betätigung der Muskeln	Aufmerksamkeit und Wachsamkeit	zusätzlicher Denkprozeß
0	keine	keine	keine	keine	keine	keine	keine	kein
1	kurze Anweisung	–	gering	gering	–	gering	Erfassen einfacher gleichbleibender Arbeitsvorgänge, die zeitlich langsam ablaufen und auf die zeitrhythmisch bei begrenzter Handlungsmöglichkeit reagiert werden muß	Prüfen und Wählen bei wechselnd einfachen Arbeiten
2	Ausbildung für Einzweckaufgaben bis zu 10 Arbeitstagen	einfache Arbeiten	zeitweise mittel	zeitweise mittel	gering	zeitweise mittel	Erfassen einförmig gleichbleibender Arbeitsvorgänge, die nur selten und dann ein Eingreifen ohne Hast erfordern	Prüfen und Probieren bei gleichbleibenden Arbeitsaufgaben innerhalb vorgegebener Wahlmöglichkeiten
3	Ausbildung für Mehrzweckeinsatz bis zu 30 Arbeitstagen	gleichbleibende mittel-schwierige Arbeiten	mittel	mittel	gering bis mittel	dauernd mittel	Erfassen einfacher gleichbleibender Arbeitsvorgänge, die zeitlich rasch ablaufen und auf die zeitrhythmisch bei begrenzter Handlungsmöglichkeit reagiert werden muß	Prüfen und Probieren bei wechselnden Arbeitsaufgaben innerhalb vorgegebener Wahlmöglichkeiten
4	Ausbildung für Mehrzweckeinsatz bis zu 60 Arbeitstagen	wechselnd mittel – schwierige Arbeiten	zeitweise hoch	hoch	mittel	mittel und ungünstg. Körperhaltung	Erfassen unterschiedlicher Arbeitsvorgänge im gleichen Arbeitsablauf, auf die zeitrhythmisch reagiert werden muß	Überlegen und Wählen bei wechselnden Arbeitsaufgaben innerhalb vorgegebener Wahlmöglichkeiten
5	Ausbildung wie vorstehend und zusätzliche Erfahrung oder Ausbildung bis zu 90 Arbeitstagen	gleichbleibende schwierige Arbeiten	hoch	sehr hoch	mittel bis hoch	zeitweise hoch	Erfassen bestimmter Informationen aus schwierigen Arbeitsabläufen, die ein Handeln mit einem bestimmten Eingriff erfordern	Überlegen und Kombinieren bei schwierigen Arbeitsaufgaben innerhalb vorgegebener Wahlmöglichkeiten
6	Ausbildung bis zu 2 Jahren	wechselnd schwierige Arbeiten	zeitweise sehr hoch	außergewöhnlich hoch	hoch	hoch	Erfassen schnell wechselnder Informationen aus schwierigen Arbeitsabläufen, die ein unterschiedliches rasches Reagieren und Handeln erfordern	Überlegen, Kombinieren und selbständiges Entscheiden ohne arbeitsorganisatorische Hilfen bei wechselnden Arbeitsschwierigkeiten
7	Ausbildung von mehr als 2 Jahren oder wie vorstehend mit zusätzlicher Erfahrung	gleichbleibende schwierigste Arbeiten	sehr hoch		hoch bis sehr hoch	hoch und ungünstg. Körperhaltung	Erfassen umfassender Informationen, aus schwierigen Arbeitsabläufen, die ein der eigenen Entscheidung überlassenes Handeln erfordern	Selbständiges Entscheiden unter Zeitdruck bei Beachtung verwickelter Zusammenhänge
8	Ausbildung von mehr als 2 Jahren und zusätzliche Erfahrung	wechselnd schwierigste Arbeiten	außergewöhnlich hoch		sehr hoch	sehr hoch	Erfassen von schnell wechselnden Informationen aus zeitlich schnellem Arbeitsablauf und Reagieren bei freibleibender Handlungsmöglichkeit unter Zeitdruck	Hohe Anforderung an Umsicht und Weitblick bei Beachtung verwickelter und unübersichtlicher Zusammenhänge
9	Ausbildung von mehr als 2 Jahren und zusätzliche Spezial-Erfahrung				sehr hoch bis außergewöhnlich hoch		Erfassen von schnell wechselnden, schwach wahrnehmbaren Informationen aus zeitlich schnellem Arbeitsablauf und Reagieren bei freibleibender Handlungsmöglichkeit unter Zeitdruck, oder Warten auf schwach wahrnehmbare Informationen (intens. Wachsamkeit) und dann Handeln mit zweckmäßigen, den eigenen Entscheidungen überlass. Eingriffen	
10	Hochwertige Arbeitskenntnisse und zusätzliche Spezial-Erfahrung				außergewöhnlich hoch		Erfassen unbestimmter Informationen bei Eigenhandlung und Zwangs-Abläufen unter Zeitdruck, die eine zweckmäßige Reaktion (Augenblicks-Entscheidung) zur Sicherheit des weiteren störungsfreien Ablaufs erfordern	

Bew.merkm. 1 = ... TAW
" 2 = ... "
" 3 = ... "
" 4 = ... "
" 5 = ... "
" 6 = ... "
" 7 = ... "
" 8 = ... "
Σ TAW ____ AW = AWG ____

Anlage 2

So bekam beispielsweise ein*e ausländische*r Olympianer*in im Jahr 1975 bei einer unteren Lohngruppe AWG 2 ein monatliches Grundgehalt von 800,– DM. Mit Zulagen wie Akkord oder Prämienarbeit konnte er auf über 1.000,– DM (brutto) kommen.

63 Siehe Arbeitsbewertungsbogen von 1971, AWG-Stufe 2.

Olympia-Lohntafel 1975

Olympia Werke AG

(Nordw. Niedersachsen)

Lohntafel

-gültig ab 1.1.75-

Zeitlohn	über 21 Jahre											
A W G	01	02	03	04	05	06	07	08	09	10	11	12
Grundlohn	537	568	601	632	664	695	729	763	797	830	864	899
2 %	548	579	613	645	677	709	744	778	813	847	881	917
4 %	558	591	625	657	691	723	758	794	829	863	899	935
6 %	569	602	637	670	704	737	773	809	845	880	916	953
8 %	580	613	649	683	717	751	787	824	861	896	933	971
10 %	591	625	661	695	730	765	802	839	877	913	950	989
12 %	601	636	673	708	744	778	816	855	893	930	968	1007
14 %	612	648	685	720	757	792	831	870	909	946	985	1025
16 %	623	659	697	733	770	806	846	885	925	963	1002	1043
18 %	634	670	709	746	784	820	860	900	940	979	1020	1061
20 %	644	682	721	758	797	834	875	916	956	996	1037	1079
22 %	655	693	733	771	810	848	889	931	972	1013	1054	1097
24 %	666	704	745	784	823	862	904	946	988	1029	1071	1115
26 %	677	716	757	796	837	876	919	961	1004	1046	1089	1133
28 %	687	727	769	809	850	890	933	977	1020	1062	1106	1151
Akkord - Richtsätze												
60 Minuten	523	554	587	618	650	681	715	749	783	816	850	885
100 Minuten	872	923	978	1030	1083	1135	1192	1248	1305	1360	1417	1475

S/K 111, 26.2.1975
- Klim. -

»Die Leistungsgesellschaft gab es damals schon. Nur, wer Leistung brachte, hat auch Geld verdient. Auch bei Olympia. Das waren damals, als ich angefangen hatte, 600 oder 700 Mark brutto. Also, wenn die ganze Familie hier war, war mein Gehalt allein zu wenig. Aber meistens haben ja beide gearbeitet. Mann und Frau. Und somit ging es.« Aristoteles P.

Diese tarifliche Bezahlung wurde bis zum Ende des Betriebs der *Olympia Werke* aufrechterhalten. Insofern war Olympia ein attraktiver Arbeitgeber für deutsche wie für ausländische Mitarbeiter*innen. »Heute werden die ausländischen Kolleg*innen zum Beispiel bei großen Automobilfirmen über Leiharbeitsfirmen eingestellt, zu anderen, schlechteren Konditionen als die Kollegen vor Ort«, so Dimitrios Danidis, griechisches IG-Metall-Gewerkschaftsmitglied.

Auf dem Werksgelände, 1970

© Stadtarchiv Wilhelmshaven/Sammlung Arbeiterarchiv – Dr. Hartmut Büsing

»Das Gehalt war ausreichend, sodass ich in den ganzen Jahren keine Ausbildung abschloss, sondern immer als Produktionsarbeiter tätig war. Die *Olympia Werke* waren mein einziger Arbeitgeber in Deutschland, vom ersten Tag an, dem 1. September 1973 in Roffhausen, bis zum Schluss, am 31.12.1992. Ich hätte auch bis zur Rente dort weiter gearbeitet. Insgesamt habe ich 20 Jahre bis zur Abwicklung 1992 bei Olympia gearbeitet, dann noch in der Auffanggesellschaft, dann in der Gastronomie bei Verwandten in Wilhelmshaven.« Alexos T.

Werner Ahrens, früheres Betriebsratsmitglied von Olympia, weist auf den sozial eingestellten Arbeitgeber hin: »Obwohl die Eingruppierung für ungelernte deutsche und ausländische Arbeiter eigentlich ab der Arbeitswertgruppe 1 begann, wurde die unterste Stufe 1 nicht angewandt, vielmehr begann die reguläre Einstufung erst ab der AWG 2 bis zur Stufe 4. Hatte zum Beispiel ein ausländischer Kollege die Möglichkeit, sich intern fortzubilden, konnte er in der Arbeitswertgruppe aufsteigen und gut verdienen.«

Auch Dimitrios Danidis, ehemaliger Kollege von Werner Ahrens, unterstreicht:

»Olympia war wirklich ein guter Arbeitgeber – die Bezahlung war auch gut. Ich wurde nach Tarifvertrag bezahlt im Tarif 9, in einer Staffelung vom Faktor 2–4. Faktor 4 war die höchste Stufe für ungelernte Arbeiter.«

Endmontage SG 1, Halle 12

© Stadtarchiv Wilhelmshaven/Sammlung Arbeiterarchiv – Dr. Hartmut Büsing

Ungelernte Mitarbeiter*innen bekamen bei Olympia die Möglichkeit, sich intern weiterzubilden und so in höhere Arbeitswertgruppen zu kommen. Das war für die 1960er und 1970er Jahre eine unternehmerische, betriebliche und tarifliche Besonderheit, die viele damalige Arbeitgeber nicht praktizierten. In vielen Fällen zogen sich die Jahre des Arbeitens und Sparens hin, und man tröstete sich mit dem Warten »auf bessere Zeiten« – bis schließlich die Entscheidung fiel, in Deutschland zu bleiben. Das war oft dann, wenn der Aufenthalts- und Arbeitsstatus entfristet wurde.

»Wir hatten befristete Arbeitsverträge, die an den Aufenthalt gekoppelt waren. Wir konnten nicht planen – wir haben gespart auf bessere Zeiten.« Christos Z.

Kontrolle, Abteilung 650, 1965

© Stadtarchiv Wilhelmshaven/Sammlung Arbeiterarchiv – Dr. Hartmut Büsing

Arbeiten in der Halle 12

© Stadtarchiv Wilhelmshaven/Sammlung Arbeiterarchiv – Dr. Hartmut Büsing

»Meine Eltern wollten nur 1–2 Jahre in Deutschland verbringen und dann wieder zurück. Aber dann, wie das alles kam, waren zwei Jahre zu wenig. Ein bisschen länger arbeiten, um finanziell gesünder zu werden. Und wir Kinder dann fast drei Jahre alleine bei der Oma in Griechenland, das war nicht gut. Dann haben sie uns hierhergebracht.« Maria P.

»Meine Mutter hatte bei Olympia gearbeitet, mein Vater in der Wurstfabrik. Ich habe mit 16 Jahren angefangen zu arbeiten. Später, mit 23, nach meiner Militärzeit in Griechenland, kehrte ich wieder zurück nach Wilhelmshaven und habe schnell einen Job bei Olympia bekommen. An den Maschinen. Als Maschinenbediener. Olympia bezahlte gut und die Arbeit war gut. Aber leider ist Olympia ja 1993 kaputtgegangen. Ich habe immer neben meiner Arbeit gekellnert. In griechischen Restaurants. Bei ›Hellas‹. Dann bin ich selbstständig geworden, in der Gastronomie, und habe damals das griechische Restaurant Hellas übernommen, ab 1994.« Christos K.

Gerhard Klapper, ehemaliges langjähriges Betriebsratsmitglied, berichtet von den ersten Begegnungen mit den Gastarbeiter*innen bei Olympia:

»Die ersten Gastarbeiter kamen Anfang der 1960er, so 1962/63. Es kamen Griechen, Türken, Spanier, Italiener – die Griechen blieben und einige Spanier, die anderen gingen wieder zurück, es klappte nicht. Die Griechen und Türken haben sich nicht vertragen. Unsere neuen ausländischen Arbeitskräfte wurden langsam an die Arbeit herangeführt. Es gab einige Hinweisschilder in Deutsch und Griechisch. Also Hinweise, wie man zu arbeiten hatte, auch nicht zu rauchen. Aber auch aufpassen, bei statisch aufgeladenen Sachen, bei Fußböden, wenn die neu gelegt wurden.

Alles in allem klappte es gut. Ich kann mich wenig an Diskriminierungen erinnern! Anfangs gab es Erlebnisse, die haben wir dann aber sofort geklärt. Einigen ausländischen Mitarbeitern mussten wir erklären, wie sie die Toiletten zu benutzen haben. Die Männer stellten sich obendrauf hin, und die Putzkolonne musste 2-mal am Tag durchlaufen und saubermachen. Das war aber nur am Anfang und eine Randerscheinung.«

Deutsch lernen »auf der Arbeit« – die Rolle der innerbetrieblichen Dolmetscher

Die Befragungen griechischer Gastarbeiterinnen und Gastarbeiter ergaben, dass ausländischen Arbeitskräften vonseiten der Konzernleitung weder Integrations- noch Sprachkurse angeboten wurden. Bei den ersten Schritten in die Aufnahmegesellschaft blieben die Gastarbeiter*innen sich selbst überlassen. Angesichts fehlender staatlicher und betrieblicher Förderangebote halfen und organisierten sie sich untereinander.

Die Olympia-Firmenspitze stellte »zur Integration«, so der griechische Dolmetscher Paul Fostiropoulos, und in Ermangelung von Deutschkursen bis zu vier Dolmetscher ein, darunter auch Frauen. Zu Spitzenzeiten mussten sie sich um bis zu 1000 griechische Gastarbeiter*innen kümmern. Paul Fostiropoulos war der erste Dolmetscher für die griechischen Olympianer*innen, der von Anfang Januar 1964 bis zu seiner vorzeitigen Pensionierung im Jahr 1989 bei Olympia als festangestellter Mitarbeiter tätig war. Er berichtet aus seiner Erinnerung:

Paul Fostiropoulos (ganz rechts) und Dolmetscherkollege; griechische Dolmetscherkollegen von Paul Fostiropoulos

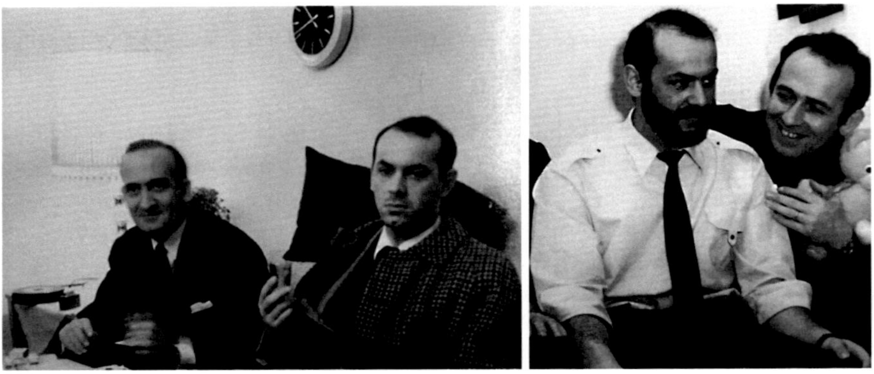

> »Olympia hatte Interesse daran, den Gastarbeitern bei der Integrierung zu helfen. Und die haben schon Deutsch-Unterricht organisiert mit Hilfe von dem leitenden Mitarbeiter und Psychologen Dr. Herbert Henschel. Ich assistierte ihm, weil die Griechen kein Deutsch verstanden und um sie vorzubereiten auf das Deutsche, langsam.
>
> Die Firma wollte, dass sie direkt ihre Vorgesetzten in der Fertigung verstehen. Nachmittags nach Feierabend haben sie das gut organisiert, und ich war auch immer dabei. Das haben sie gemacht. Es wurde aber kaum angenommen. Als da nur noch 4 Leute saßen, haben wir das wieder eingestellt. Was kann man da noch dazu sagen?«

Die Dolmetscher*innen, griechische Landsleute, die bei Olympia fest eingestellt wurden, besaßen eine Vermittlerfunktion. Sie hatten nicht nur die Aufgabe, die neuen ausländischen Arbeitskräfte an die »deutsche Arbeitskultur« heranzuführen, das heißt die Bedingungen und Anforderungen des Arbeitsplatzes in der Produktion anfangs zu begleiten, sondern auch, sozusagen außerbetrieblich, den griechischen Gastarbeiter*innen bei Behördengängen und Anträgen, zum Beispiel bei Aufenthalts- und Arbeitserlaubnissen, bei deren Verlängerungen, bei Kindergeldanträgen, aber auch bei ersten Arztbesuchen weiterzuhelfen.

Die Betreuung durch die Dolmetscher war eine hochgeschätzte Vertrauensposition, da diese, besonders in den Anfangsjahren, aufgrund fehlender staatlicher Anlaufstellen für Migrant*innen neben dem betrieblichen auch in den privaten Bereich miteinbezogen wurden.

> »Die waren nicht nur Übersetzer, sondern in vielen Fällen auch Sozialarbeiter, Psychologe und Familienberater für unsere Eltern. Das wurde aber in den Jahren weniger, da die Griechen besser Deutsch konnten und den Einsatz der Dolmetscher immer weniger benötigten.« Jannis A., zweite Generation (Olympianer-Kind)

Die meiste Zeit mussten sich die griechischen Landsleute auf sich alleine gestellt mit den Abläufen in der deutschen Fabrik zurechtfinden. Um nicht immer den Vorarbeiter oder den Meister kontaktieren zu müssen, fragte man zuerst einen Kollegen oder eine Kollegin aus der Schicht und versuchte so, sich selbst zu helfen. Nach der Einarbeitung mit der Hilfe eines Dolmetschers gab es in den ersten Jahren in einigen Hallen im Betrieb kleine Hinweistafeln auf Griechisch, die beispielsweise bei Maschinen auf Elektrizität hinwiesen.

> »Wenn irgendetwas an der Maschine und die Handhabung erklärt wurde, verstanden wir es oft nicht sofort am Anfang. Da es uns peinlich und unangenehm war, nickten wir und taten so, als hätten wir es verstanden.« Anastasia T.

Monika Fostiropoulos, die Ehefrau von Paul Fostiropoulos, beschreibt das Engagement ihres Mannes so:

> »Egal, was gewesen ist, er war immer für sie unterwegs. Paul war immer für seine Landsleute da. Auch später noch, als Dolmetscher außerhalb von Olympia. Da konnte kommen, wer wollte, er ist immer für die Landsleute dagewesen und hatte immer ein Ohr für sie.«

Feier im »Ausländer«-Wohnheim Middelsfähr von links nach rechts (2. von links Monika Fostiropoulos und außen Paul Fostiropoulos)

© Privatbesitz Familie Fostiropoulos

Paul Fostiropoulos selbst betonte, dass er sich als Sozialberater sah, der praxisnahe Hilfestellungen auch im Alltag gab und weitere Unterstützung, beispielsweise bei Fragen zu Aufenthalts- und Arbeitserlaubnissen, Wohnungs- und Rentenanträgen, aber auch schon mal bei Scheidungsfragen half. Im Lohnbüro gab es einen Ansprechpartner, der sich ausschließlich um die Kindergeldfragen deutscher Kolleg*innen kümmerte – auch diesbezüglich stand der griechische Dolmetscher seinen Landsleuten deshalb unterstützend zur Seite.

»Wir hatten unseren Dolmetscher ›Fosti‹, der hat dafür gesorgt, dass die Griechen hier mit allem, was neu war – und das war eigentlich alles –, zurechtkamen. Aber letztendlich sollten und wollten sie rasch arbeiten, genügend Geld verdienen, um dann wieder zurückzugehen nach Griechenland. Aber nur in den Anfangsjahren.« Antonios D.

Die Hauptaufgabe der Dolmetscher*innen bestand in den Anfangsjahren jedoch darin, jeder einzelnen ausländischen Arbeitskraft dabei behilflich zu sein, die zeitlich befristeten Aufenthaltserlaubnisse rechtzeitig vor deren Ablauf zu verlängern.

»Ich wollte unbedingt nicht nur die Probleme lösen, sondern die Verständigung schaffen und herstellen, mit den zuständigen Personen, den Ämtern und auch bei den Ärzten. Bei den griechischen Frauen ging Frau Mavridou (inzwischen verstorben) mit, wenn es zum Beispiel zu Frauenärzten ging; die brauchten immer und ständig Hilfe.

Als die Anzahl der ausländischen Arbeitnehmer zunahm, war es erforderlich, dass die anderen Dolmetscher – es waren zwei Männer und eine Frau – für die Fertigung zum festen Ansprechpartner für die Griechen wurden. Ich war für die Verwaltung zum Dolmetschen da, zuständig für Amts- und Behördengänge und Formalitäten für die Behörden. Auch bei der Bank habe ich mitgeholfen, wenn es um Sicherheitsfragen ging.« Paul Fostiropoulos

»Miteinander für Gerechtigkeit« – Plakat im Rahmen des »Tages des ausländischen Mitbürgers«, 12. Oktober 1975

© Privatbesitz Doris Semmler

Zugehörigkeit zu einer Gewerkschaft – ein Indikator für gesellschaftliche Integration

In ganz Westeuropa waren neben den deutschen Facharbeiter*innen immer auch angelernte ausländische »Massenarbeiter*innen« meist in der Industrie, der Landwirtschaft, aber auch im Bergbau tätig, die durchaus, wie ihre deutschen Gewerkschaftskolleg*innen auch, bei Arbeitsniederlegungen und Streiks aktiv mitwirkten – auch bei Olympia.

Obwohl das Bundesland Niedersachsen nicht zur Hauptzielregion der Arbeitsmigrant*innen in Deutschland zählte, stieg die Zahl von 5500 für das Jahr 1955[64] auf 91 584 ausländische Beschäftigte im Jahr 1969 an, davon 10 304 Griechischstämmige[65] für den Arbeitsamtsbezirk Bremen/Niedersachsen. Im Arbeitsamtsbezirk Wilhelmshaven, zu dem auch Roffhausen mit dem Standort der *Olympia Werke* gehörte, zählte man 1885 ausländische Arbeitskräfte im Jahr 1969, darunter waren insgesamt 687 Griech*innen, mit 453 überwiegend Frauen.[66]

Pause auf Olympia, Ende der 1960er

© Privatbesitz Werner Kunkel

Mit ihrer Arbeitskraft trugen die Gastarbeiter*innen für einen Teil der Bevölkerung zum Wirtschaftsaufschwung und somit zum Wohlstand in Deutschland bei. Aber auch ihr kämpferischer Geist[67] und ihre Bereitschaft, sich gegen tarifliche Ungleichbehandlungen zur Wehr zu setzen, stärkten den kollegialen Zusammenhalt bei Olympia.

»Mein Bruder verdiente im Jahr 1966 laut Vertrag aus Griechenland am Anfang als Ungelernter bei Olympia 3,20 DM pro Stunde, ich hatte eine Mark weniger. Das war ungerecht. Warum haben wir ungelernten Frauen weniger Geld bekommen als die ungelernten Männer? Er hatte kontrolliert, ich montierte in der Halle 12.

2,28 DM in der Stunde und den ersten Vertrag für ein Jahr: 328 DM im Monat. 1 DM war umgerechnet 7 Drachmen. Ich hatte am Tag 57 Drachmen – ca. 8 DM am Tag –,

64 Bade, Klaus-J./Oltmer, Jochen (Hg.): Zuwanderung und Integration in Niedersachsen seit dem Zweiten Weltkrieg. Begleitband zur Ausstellung »Hier geblieben«, Osnabrück 2002, S. 32f.

65 Griechische Arbeitnehmer*innen waren, mit einer Gesamtzahl von 10 304, niedersachsenweit die zweitstärkste Gruppe nach den italienischen mit 16 269.

66 Beschäftigte ausländische Arbeitnehmer nach Arbeitsamtsbezirken, Statistik 1969.

67 Widmann, Arno: »Vor sechzig Jahren«: Frankfurter Rundschau vom 21. April 2021.

Pause vor der Halle 12

© TCN Marketing GmbH

davon sind 80 DM abgegangen für das Wohnheim, inklusive Wäsche und Bettwäsche. Ein ganzes Brot kostete 1966 um die 90 Pfennige, damals.

Mein Gehalt ging dann später, nach den ersten Streiks, auf 3,70 DM hoch, dann 4,30 DM. In diesen Jahren habe ich zwei Streiks der Gewerkschaften erlebt und mich auch beteiligt. Da ich nur rosa Papier hatte, malte ich darauf die griechische Fahne und hielt sie stolz hoch!« Asimina Paradissa

Wie diese Aussage belegt, beteiligten sich durchaus auch die griechischen Olympianer*innen an dem Kampf der Gewerkschaften um die Sicherung tariflicher Löhne und Gleichstellung.

»Als ich 1954 bei der Firma Olympia anfing, bekam ich einen Stundenlohn von 1,30 DM, als ich 1961 mit der Ernennung zum Meister ins Angestelltenverhältnis übernommen wurde, ein Gehalt von 662 DM. Diese Löhne und Gehälter erklären sich im Grunde daraus, dass Wilhelmshaven mit der Vernichtung der Kriegsmarinewerft nach dem Kriege immer ein Notstandsgebiet war und sehr hohe Arbeitslosenquoten aufzuweisen hatte. Aufgrund dessen waren die Löhne immer ganz unten und sind es auch lange geblieben. Wir haben immer sehr, sehr viel weniger verdient, als es in anderen Regionen der Bundesrepublik der Fall war.«[68]

Nach Informationen des ehemaligen Olympia-Betriebsratsmitglieds und Vorsitzenden der Vertrauenskörperleitung (VKL) der IG Metall Ronald Smolawa wurden auch ausländische Kolleg*innen dazu motiviert, sich am Betriebsrat zu beteiligen und dort aktiv an

68 Bruno Tannhäuser: »… und schaffen treu mit fleiß'ger Hand« (ebd.), S. 84.

der Gestaltung der Arbeitsbedingungen sowie der Tarifpolitik mitzuwirken. Einige ausländische Beschäftigte folgten dem Aufruf: So waren unter anderem ein italienischer, eine jugoslawische und mehrere griechische Kolleg*innen im Betriebsrat der *Olympia Werke*.

Die Zugehörigkeit zu einer Gewerkschaft verstanden viele Griechinnen und Griechen nicht nur als Unterstützung, sondern ebenso als moralische Verpflichtung gegenüber den deutschen Kolleg*innen, sich gemeinsam gegen politische oder unternehmerische Willkür zu schützen und gezielt dagegen vorzugehen. So waren die ersten Organisationen in Deutschland, denen griechische Arbeitsmigrant*innen beitraten, Gewerkschaften des DGB.[69] Die befragten Olympia-Griech*innen schlossen sich in den ersten Jahren der Zuwanderung und nach Verlängerung ihres Aufenthaltsstatus der IG Metall an.

Besonders in der Zeit der Militärdiktatur in Griechenland (1967–1974) standen die griechischen Gewerkschaftsmitglieder unter besonderer Beobachtung der griechischen Junta; die Recherchen ergaben, dass von Regierungsseite aus Spitzel aus Griechenland nach Deutschland eingeschleust wurden. Da Gewerkschaftsmitglieder als staatsfeindlich und kommunistisch galten, wurde die Mitgliedschaft in einer Gewerkschaft seitens der griechischen Militärjunta als staatsfeindlicher Akt gegen die Regierung gesehen. In Zeiten der totalitären Obristenherrschaft betrachtete man Gewerkschaften praktisch als kommunistische Tarnorganisation. Insofern symbolisierte die Mitgliedschaft in einer Gewerkschaft nicht nur das Bekenntnis zu und die Solidarität gegenüber einem demokratischen und sozialen Rechtsstaat, sondern war politischer Ausdruck des Protests und der Auflehnung gegen das damalige Militärregime.[70]

> »Die Gewerkschaft habe ich gleich bei der Einstellung kennengelernt. Seit drei Jahren bin ich Vertrauensfrau.«[71] Sofia Grenzelos

1972 wurde im Betriebsverfassungsgesetz (BetrVG) eine weitere Aufgabe der bundesdeutschen Betriebsräte aufgenommen, durch die die Eingliederung »ausländischer« Arbeitnehmer*innen im Betrieb gefördert werden sollte. Vertreter*innen ausländischer Kolleg*innen wurden vermehrt in den Betriebsrat gewählt, um auch die Rechte »ihrer Landsleute wahrzunehmen und vertreten zu können«[72].

> »Als es Olympia schlechter ging, hat der Betriebsrat dafür gesorgt, dass ich eine Umschulung machen konnte. Nach einem Eignungstest konnte ich dann die Umschulung zur Industrieelektronikerin beginnen, die knapp 2 $\frac{1}{2}$ Jahre dauerte. Das war gut, ich wollte weg vom Band, das war sehr eintönig.« Maria T.

Ein griechisches Betriebsratsmitglied, gleichzeitig Vertrauensfrau, erzählt von dem Arbeiten im Akkord:

---

69 Panayotidis, Gregorios: Griechen in Bremen. Bildung, Arbeit und soziale Integration einer ausländischen Bevölkerungsgruppe. Münster 2001, S. 312.

70 Vgl. Der Spiegel, Nr. 18/1970, S. 98.

71 Zitat aus: »... und schaffen treu mit fleiß'ger Hand« (ebd.), S. 67f.

72 Vgl. Wilhelmshavener Zeitung, 05.02.1972.

Betriebsversammlung

© TCN Marketing GmbH

Streik der IG Metall in Bremen mit aktiver Unterstützung ausländischer Beschäftigter

© Privatbesitz

»Ich fing in der Vormontage an, mit einer Probezeit von einem halben Jahr. In diesem halben Jahr war ich im Akkord, das war ein sehr hartes Leben. Bei den Akkordarbeitern und Akkordarbeiterinnen kommt einfach Stress auf. Die Leute sind nur noch am Stückzahl-Pauken, so richtig, damit abends der Akkord stimmt. Über das Schwarze Brett habe ich mich auf eine andere Stelle innerhalb des Werks beworben. Daraufhin war ich eine Zeit lang als Einschreiberin tätig, kam aber wieder in die Endmontage, als das Modell auslief.«[73] Sofia Grenzelos

Arbeitgeber, die ausländische Arbeitskräfte rekrutierten, mussten sicherstellen, dass die gemeldeten (freien) Arbeitsplätze tatsächlich nicht mit deutschen Arbeitskräften gedeckt werden konnten. Dadurch sollte gewährleistet werden, dass keine billigen Arbeitskräfte aus dem Ausland den innerdeutschen Arbeitsmarkt und den Wettbewerb verzerrten. Vor diesem Hintergrund gab es für jedes Entsendeland im Rahmen des Anwerbeabkommens mit Deutschland vorgegebene, klar ausformulierte »Musterarbeitsverträge«, die neben den tariflichen Vorgaben auch »eine angemessene und menschenwürdige“[74] Unterkunft garantieren mussten. Auch stellte die Firmenleitung im Zuge der staatlichen Anwerbung Wohnraum für Einzelpersonen oder Familien in direkter Nähe des Werks zur Verfügung und baute, da der Bedarf an Wohnraum für ausländische Arbeitskräfte stetig stieg, drei Wohnheime in Roffhausen und drei in Middelsfähr. Erst nach erfolgreicher Prüfung all dieser Auflagen konnte vonseiten der Arbeitsagentur ein offizieller externer Vermittlungsauftrag gestellt werden, der dann zuerst ausländische Arbeitskräfte in Betracht zog.[75]

Zunächst standen die deutschen Gewerkschaften der Anwerbung von Arbeitskräften aus dem Ausland kritisch gegenüber. Man befürchtete eine Verschlechterung der Lohn- und Gehaltsstruktur durch »Billigkräfte aus dem Ausland«, die das Gehaltsgefüge negativ verändern könnten. So wurden schon ab Mitte der 1950er Jahre im Kontext des ersten deutsch-italienischen Anwerbeabkommens Vereinbarungen der Länder zur tarif-, arbeits- und sozialrechtlichen Gleichstellung mit deutschen Arbeitnehmer*innen getroffen.

73 Zitat aus: »... und schaffen treu mit fleiß'ger Hand« (ebd.), S. 67.

74 Erfahrungsbericht 1961, Bundesanstalt für Arbeit, S. 19.

75 Die Realität sah teilweise anders aus: Unternehmen umgingen die bürokratischen Hürden und akquirierten aus eigener Initiative.

Anwerbevertrag und Musterarbeitsvertrag mit Griechenland aus dem Jahr 1961 »Vereinbarung zwischen der Regierung der Bundesrepublik Deutschland und der Regierung des Königsreichs Griechenland über die Anwerbung und Vermittlung von griechischen Arbeitnehmern nach der Bundesrepublik Deutschland«

BArbBl. 3/1962 AMTLICHE NACHRICHTEN 77

Anlage 4 (Muster B)

Arbeitsvertrag
für die Beschäftigung eines italienischen landwirtschaftlichen Arbeiters

(Deutsch-italienische Vereinbarung über die Anwerbung und Vermittlung von italienischen Arbeitskräften nach der Bundesrepublik Deutschland vom 20. 12. 1955)

Zwischen dem / der .... (Arbeitgeber)
vertreten durch ....
und dem / der .... (Arbeitnehmer)
geb. am .... wohnhaft in ....
Familienstand: ledig / verheiratet / verwitwet *)
wird folgender Arbeitsvertrag geschlossen:

§ 1

Der Arbeitgeber verpflichtet sich, den Arbeitnehmer
als ....
(Bezeichnung der Tätigkeit)
in ....
(Ort der Beschäftigung)
vom ....
frühestens vom Tage des Eintreffens des Arbeitnehmers am Beschäftigungsort ab,
bis zum .... zu beschäftigen.

Der Arbeitnehmer verpflichtet sich, während der genannten Zeit bei dem Arbeitgeber eine Tätigkeit dieser Art auszuüben.

§ 2

Der Arbeitnehmer erhält hinsichtlich des Arbeitsentgelts, der sonstigen Arbeitsbedingungen und des Arbeitsschutzes keinesfalls eine ungünstigere Behandlung als die vergleichbaren deutschen Arbeitnehmer des Betriebes.

Im einzelnen finden die Bestimmungen des Tarifvertrages
zwischen ....
....
und ....
....
vom ....
oder des neuen Tarifvertrages, der etwa an die Stelle des früheren Tarifvertrages treten wird, Anwendung.

Der Lohn beträgt zur Zeit brutto / netto *) .... DM stündlich / monatlich *).

Im Falle einer Erhöhung des in dem deutschen Tarifvertrag vorgesehenen Lohnes wird diese auf den vereinbarten Lohn Anwendung finden, soweit der deutsche Tariflohn, der dem vereinbarten Lohn gleichkommt oder ihm zunächst liegt, über den vereinbarten Lohn hinaus erhöht wird.

Ferner wird geleistete Mehrarbeit für die Stunde vergütet mit .... DM.

Eine Mindestanzahl von 16 Stunden Mehrarbeit wird garantiert.

Bei Akkordarbeit wird die Stunde Normalleistung vergütet mit .... DM.

§ 3

Die Arbeitszeit richtet sich nach den für den Betrieb geltenden Bestimmungen. Die regelmäßige Arbeitszeit beträgt zur Zeit .... Stunden täglich / wöchentlich *)

§ 4

a) Der Arbeitgeber stellt von sich aus dem Arbeitnehmer eine vom zuständigen Arbeitsamt für angemessen befundene Unterkunft zur Verfügung. — Der Arbeitgeber verpflichtet sich, für eine vom zuständigen Arbeitsamt für angemessen befundene Unterkunft des Arbeitnehmers Sorge zu tragen *).
b) Als Unterkunft ist vorgesehen — ein Einzelzimmer — eine Gemeinschaftsunterkunft mit höchstens .... Betten *).
c) Für die Unterkunft hat der Arbeitnehmer .... DM täglich / wöchentlich / monatlich — kein Entgelt — zu zahlen.
d) Der Arbeitgeber stellt von sich aus dem Arbeitnehmer eine angemessene Verpflegung zur Verfügung, bestehend aus Frühstück / Mittagessen / Abendessen *).
e) Für die unter d) genannte Verpflegung hat der Arbeitnehmer täglich / wöchentlich / monatlich .... DM — kein Entgelt — zu zahlen.

*) Es sind die jeweils zutreffenden Angaben zu machen; Nichtzutreffendes ist zu streichen.

§ 5

Der Arbeitnehmer erhält einen bezahlten Erholungsurlaub nach den für den Betrieb geltenden Bestimmungen. Der Urlaub beträgt nach einer ununterbrochenen Beschäftigungsdauer von .... Monaten in dem Betrieb des Arbeitgebers für jeden angefangenen / vollen *) Monat der Beschäftigung .... Werktag(e).

§ 6

Der Arbeitgeber übernimmt / übernimmt nicht *) die Kosten der Rückreise des Arbeitnehmers von dem Beschäftigungsort bis nach ....
wenn der Arbeitnehmer den Arbeitvertrag erfüllt hat.

§ 7

Für das durch diesen Vertrag begründete Arbeitverhältnis gilt das deutsche Recht. Ansprüche aus diesem Vertrag können nicht gegen den bevollmächtigten Vertreter des Arbeitgebers, sondern nur gegen den Arbeitgeber selbst geltend gemacht werden. Für alle sich aus diesem Vertrag ergebenden Streitigkeiten sind die deutschen Gerichte für Arbeitssachen zuständig.

(Etwaige ergänzende Vereinbarungen) *)
....
....
....
....

Der Arbeitgeber wird dem Arbeitnehmer bei Beendigung des Beschäftigungsverhältnisses vor dessen Rückreise nach Italien behilflich sein, die nach dem deutsch-italienischen Abkommen über Arbeitslosenversicherung vom 5. Mai 1953 und den hierzu getroffenen Verwaltungsvereinbarungen zum etwaigen Bezug von Arbeitslosenunterstützung in Italien von dem zuständigen deutschen Arbeitsamt auszustellende Beschäftigungsbescheinigung (Muster Av/It 1) und die erforderliche Zustimmung zur Übersiedlung (Muster Av/It 6) zu beschaffen.

....	....
Ort und Datum	Ort und Datum
....	....
Unterschrift des Arbeitgebers	Unterschrift des Arbeitnehmers

Durchgangsvermerk der Deutschen Kommission in Italien
....
....
....

*) Es sind die jeweils zutreffenden Angaben zu machen; Nichtzutreffendes ist zu streichen.

Vereinbarung zwischen der Regierung der Bundesrepublik Deutschland und der Regierung des Königreichs Griechenland über die Anwerbung und Vermittlung von griechischen Arbeitnehmern nach der Bundesrepublik Deutschland

Bek. des BMAusw. und des BMA vom 6. Januar 1961

Bundesanz. Nr. 25 vom 4. Februar 1961

In Bonn ist am 30. März 1960 die Vereinbarung zwischen der Regierung der Bundesrepublik Deutschland und der Regierung des Königreichs Griechenland über die Anwerbung und Vermittlung von griechischen Arbeitnehmern nach der Bundesrepublik Deutschland unterzeichnet worden.

Die Vereinbarung ist nach ihrem Artikel 22 am 30. März 1960 in Kraft getreten. Ihr deutscher Wortlaut wird nachstehend veröffentlicht.

*

Vereinbarung zwischen der Regierung der Bundesrepublik Deutschland und der Regierung des Königreichs Griechenland über die Anwerbung und Vermittlung von griechischen Arbeitnehmern nach der Bundesrepublik Deutschland

Die Regierung der Bundesrepublik Deutschland und die Regierung des Königreichs Griechenland,

von dem Wunsch geleitet, die Beziehungen zwischen ihren Völkern im Geiste europäischer Solidarität zu beiderseitigem Nutzen zu vertiefen und enger zu gestalten sowie die zwischen ihnen bestehenden Bande der Freundschaft zu festigen, in dem Bestreben, einen hohen Beschäftigungsstand zu erreichen und die Produktionsmöglichkeiten voll auszunutzen,

in der Überzeugung, daß diese Bemühungen den gemeinsamen Interessen ihrer Völker dienen und ihren wirtschaftlichen und sozialen Fortschritt fördern,

haben die folgende Vereinbarung über die Anwerbung und Vermittlung von griechischen Arbeitnehmern nach der Bundesrepublik Deutschland geschlossen:

Artikel 1

Die beiden Regierungen werden die Wanderung von griechischen Arbeitnehmern, die in der Bundesrepublik Deutschland eine Beschäftigung aufnehmen wollen, nach den Bestimmungen dieser Vereinbarung regeln und erleichtern.

Artikel 2

(1) Die Durchführung der Anwerbung und Vermittlung griechischer Arbeitnehmer nach der Bundesrepublik Deutschland obliegt auf deutscher Seite der Bundesanstalt für Arbeitsvermittlung und Arbeitslosenversicherung (nachstehend Bundesanstalt genannt). Auf griechischer Seite ist für die Anwerbung und Vermittlung der griechischen Arbeitnehmer nach der Bundesrepublik das griechische Arbeitsministerium mit seinen regionalen Dienststellen zuständig.

(2) Die Bundesanstalt und das griechische Arbeitsministerium arbeiten zusammen und werden sich bemühen, das in dieser Vereinbarung geregelte Verfahren zu beschleunigen und — soweit es zweckmäßig und nach den Bestimmungen dieser Vereinbarung möglich erscheint — zu vereinfachen.

Artikel 3

(1) Die Bundesanstalt kann für die mit der Anwerbung und der Vermittlung der griechischen Arbeitnehmer verbundenen Aufgaben eine Kommission nach Griechenland entsenden (nachstehend Deutsche Kommission genannt), die ihren Sitz, ihre Tätigkeit und deren Dauer mit dem griechischen Arbeitsministerium vereinbart.

(2) Die Kosten der Tätigkeit der Deutschen Kommission gemäß dieser Vereinbarung werden von deutscher Seite getragen. Der Kommission werden die erforderlichen, mit den üblichen Büromöbeln eingerichteten Räumlichkeiten von dem griechischen Arbeitsministerium und seinen regionalen Dienststellen kostenlos zur Verfügung gestellt. Die zuständigen griechischen Behörden unterstützen die Deutsche Kommission bei der Durchführung ihrer Aufgaben in geeigneter Weise.

(3) Falls die beiden Regierungen es für zweckmäßig halten, kann auch das griechische Arbeitsministerium seinerseits eine Kommission in die Bundesrepublik entsenden. Die zuständigen deutschen Behörden werden die griechische Kommission bei der Durchführung ihrer Aufgaben in gleicher Weise unterstützen.

Artikel 4

(1) Die Bundesanstalt teilt jeweils dem griechischen Arbeitsministerium entweder über die Deutsche Kommission oder unmittelbar mit, in welchen Wirtschafts- und Berufsgruppen, für welche bestimmten Berufe und in welchem Umfange deutsche Arbeitgeber Bedarf an Arbeitskräften haben und bereit sind, geeignete griechische Arbeitnehmer einzustellen.

(2) Die Beschäftigungsangebote enthalten genaue Angaben über die geforderte berufliche Qualifikation der Bewerber, die Art und die etwaigen Besonderheiten der vorgesehenen Beschäftigung sowie ihre voraussichtliche Dauer. Sie enthalten ferner Angaben über die jeweils maßgebenden Lohn- und sonstigen Arbeitsbedingungen, die Möglichkeiten der Unterkunft und Verpflegung sowie alle anderen Einzelheiten, die für die Entscheidung des interessierten Arbeitsuchenden wesentlich sind.

Artikel 5

Die Bundesanstalt übermittelt ferner dem griechischen Arbeitsministerium eine zusammengefaßte Darstellung über die allgemeinen Arbeits- und Lebensbedingungen in der Bundesrepublik Deutschland zur Unterrichtung der interessierten griechischen Arbeitnehmer. Die Zusammenstellung enthält auch Angaben über die Höhe der Abzüge vom Arbeitslohn an Steuern und Beiträgen zur Sozialversicherung und Arbeitslosenversicherung sowie über die wichtigsten Vorschriften und Leistungen auf dem Gebiete der sozialen Sicherheit. Diese Angaben werden, soweit erforderlich, nach dem jeweiligen Stand berichtigt.

Artikel 6

(1) Das griechische Arbeitsministerium teilt jeweils der Bundesanstalt über die Deutsche Kommission oder unmittelbar so bald wie möglich mit, ob und inwieweit griechische Arbeitnehmer für die in Artikel 4 genannten Beschäftigungsangebote verfügbar sind.

(2) Besteht auf griechischer Seite die Möglichkeit, geeignete griechische Arbeitnehmer für die jeweiligen deutschen Beschäftigungsangebote vorzuschlagen, so trifft das griechische Arbeitsministerium die notwendigen Maßnahmen für die Verbreitung der ihm übermittelten Angebote und ergänzenden Auskünfte.

(3) Das griechische Arbeitsministerium kann seinerseits auch unabhängig von den ihm übermittelten Beschäftigungsangeboten deutscher Arbeitgeber der Bundesanstalt über die Deutsche Kommission oder unmittelbar Listen von griechischen Arbeitsuchenden übersenden, die eine Beschäftigung in der Bundesrepublik Deutschland anstreben, sofern es sich um beruflich ausgebildete oder erfahrene Fachkräfte handelt. In den Listen muß die Art der bisher ausgeübten und der angestrebten beruflichen Tätigkeit vermerkt sein. Die Bundesanstalt und die Deutsche Kommission werden in diesen Fällen prüfen und mitteilen, ob die Vermittlung einer geeigneten Beschäftigung möglich ist.

Artikel 7

(1) Das griechische Arbeitsministerium sorgt in Zusammenarbeit mit seinen regionalen Dienststellen für die Sammlung der eingegangenen Bewerbungen, für eine Vorauslese der Bewerber in bezug auf ihre körperliche und berufliche Eignung und übernimmt die Vorstellung der Bewerber bei der Deutschen Kommission.

(2) Die vom griechischen Arbeitsministerium bestimmten regionalen Dienststellen erteilen den von ihnen ausgewählten Bewerbern Bescheinigungen über ihre körperliche und berufliche Eignung, deren Form zwischen der Bundesanstalt und dem griechischen Arbeitsministerium vereinbart wird.

(3) Bewerber, für die im Strafregister eine Freiheitsstrafe von mehr als drei Monaten eingetragen ist, werden nicht vorgestellt. Das gleiche gilt für Bewerber, denen die zuständigen griechischen Behörden die Ausstellung eines Passes verweigern können.

Artikel 8

Das in dieser Vereinbarung festgelegte Verfahren für die Anwerbung und Vermittlung findet auch dann Anwendung, wenn deutsche Arbeitgeber in ihren Beschäftigungsangeboten griechische Arbeitnehmer auf Grund persönlicher Beziehungen namentlich anfordern. Das griechische Arbeitsministerium und die Deutsche Kommission werden prüfen, inwieweit das Verfahren in diesen Fällen vereinfacht und beschleunigt werden kann.

Artikel 9

Die von den regionalen Dienststellen des griechischen Arbeitsministeriums ausgewählten Bewerber haben der Deutschen Kommission bei ihrer Vorstellung folgende Dokumente vorzulegen:

1. den mit Lichtbild versehenen polizeilichen Personalausweis;
2. eine amtliche Bescheinigung ihres Familienstandes;
3. die in Artikel 7 Absatz 2 genannten Bescheinigungen.

Artikel 10

(1) Die Deutsche Kommission stellt ihrerseits fest, ob die von den griechischen Arbeitsbehörden ausgewählten Bewerber die Voraussetzungen für die Beschäftigung erfüllen, insbesondere ob ihre berufliche und gesundheitliche Eignung für die angebotene Arbeit gegeben ist.

(2) Nach Abschluß der Prüfung wird über die Einstellung der Bewerber entschieden. Diese Entscheidung treffen die deutschen Arbeitgeber; sie können die Entscheidung Beauftragten oder der Deutschen Kommission übertragen.

(3) Die Entscheidung wird von der Deutschen Kommission unverzüglich dem griechischen Arbeitsministerium mitgeteilt. Ist die Entscheidung ablehnend, so wird sich die Deutsche Kommission bemühen, den Bewerber für ein anderes Beschäftigungsangebot, für das er sich eignet, vorzuschlagen. Die Deutsche Kommission wird das griechische Arbeitsministerium hiervon in Kenntnis setzen. Die Bewerber werden in allen Fällen durch die griechischen Arbeitsbehörden über die Entscheidung unterrichtet.

Artikel 11

Für jeden angenommenen griechischen Arbeitnehmer wird ein schriftlicher Arbeitsvertrag entsprechend der *Anlage* zu dieser Vereinbarung in deutscher und griechischer Sprache ausgestellt. Dieser Arbeitsvertrag wird von dem deutschen Arbeitgeber oder dessen bevollmächtigtem Vertreter unterschrieben und von der Deutschen Kommission mit einem Durchgangsvermerk versehen. Die Deutsche Kommission übergibt die Arbeitsverträge den zuständigen Dienststellen des griechischen Arbeitsministeriums, die sie ebenfalls mit einem Durchgangsvermerk versehen und sie von den betroffenen Arbeitnehmern vor ihrer Ausreise aus Griechenland unterschreiben lassen.

Artikel 12

(1) Die zuständigen griechischen Behörden tragen dafür Sorge, daß der Arbeitnehmer einen Paß mit den erforderlichen Durchreisesichtvermerken von ausreichender Geltungsdauer besitzt und sich zum Abreiseort begibt. Übersteigt die Dauer der Arbeitserlaubnis die Gültigkeitsdauer des Passes, so werden die griechischen Konsulate in der Bundesrepublik Deutschland dafür sorgen, daß der Paß jeweils einen Monat vor Ablauf seiner Geltungsdauer um ein Jahr verlängert wird.

(2) Die Deutsche Kommission stellt dem vermittelten Arbeitnehmer kostenlos eine Legitimationskarte aus. Die Legitimationskarte ersetzt die nach den Vorschriften über die Ausübung einer Beschäftigung durch nichtdeutsche Arbeitnehmer erforderliche Arbeitserlaubnis für längstens ein Jahr, und sie befreit den Inhaber für die Dauer ihrer Gültigkeit vom Einreisesichtsvermerkszwang.

(3) Nach Ablauf der Gültigkeitsdauer der Legitimationskarte muß der Arbeitnehmer bei dem für seinen Aufenthaltsort zuständigen Arbeitsamt eine Arbeitserlaubnis beantragen, deren Erteilung sich nach den allgemeinen Vorschriften über die Ausübung einer Beschäftigung durch nichtdeutsche Arbeitnehmer richtet.

Artikel 13

(1) Die Deutsche Kommission organisiert in Zusammenarbeit mit dem griechischen Arbeitsministerium und seinen regionalen Dienststellen die Anreise der griechischen Arbeitnehmer von den im Einvernehmen mit den vorgenannten griechischen Behörden festgelegten Abreiseorten zu den jeweiligen Beschäftigungsorten in der Bundesrepublik Deutschland. Sie wird dafür Sorge tragen, daß die Arbeitnehmer eine nach der Reisedauer bemessene Reiseverpflegung oder einen entsprechenden Barbetrag erhalten.

(2) Die Reisekosten der Arbeitnehmer von der griechischen Grenze bis zum Beschäftigungsort, einschließlich der Kosten der Reiseverpflegung, werden von der Bundesanstalt vorgelegt und von den beteiligten Arbeitgebern durch Zahlung eines Unkostenpauschales an die Bundesanstalt getragen.

(3) Die Übernahme der Rückreisekosten des griechischen Arbeitnehmers ist der Vereinbarung zwischen dem Arbeitgeber und dem Arbeitnehmer vorbehalten. Wenn der Arbeitgeber bereit ist, diese Kosten zu übernehmen, sollen die Voraussetzungen und der Umfang der Kostenübernahme im Arbeitsvertrag festgelegt werden.

Artikel 14

Das griechische Arbeitsministerium oder seine regionalen Dienststellen unterrichten die griechischen Arbeitnehmer, daß sie sich unverzüglich nach ihrer Ankunft in dem Ort ihres gewöhnlichen Aufenthaltes in der Bundesrepublik Deutschland bei der örtlichen Meldebehörde anzumelden und spätestens innerhalb von drei Tagen, jedoch möglichst vor der Arbeitsaufnahme, bei der Ausländerbehörde die Aufenthaltserlaubnis zu beantragen haben.

Artikel 15

(1) Die Dienststellen der Bundesanstalt werden den griechischen Arbeitnehmern, besonders in der ersten Zeit der Eingewöhnung, durch Erteilung von Auskünften allgemeiner Art behilflich sein.

(2) Die zuständigen Behörden der beiden Länder werden wohlwollend prüfen, inwieweit Angehörige der griechischen sozialen und kirchlichen Organisationen in Zusammenarbeit mit Vertretern entsprechender deutscher Organisationen die Eingewöhnung der griechischen Arbeitnehmer erleichtern können.

Artikel 16

Die griechischen Arbeitnehmer können nach Maßgabe der jeweils geltenden deutschen devisenrechtlichen Bestimmungen ihre Arbeitsentgelte in voller Höhe aus der Bundesrepublik transferieren.

Artikel 17

(1) Griechische Arbeitnehmer, die ihre Familienangehörigen in die Bundesrepublik Deutschland nachkommen lassen wollen, können, wenn sie eine amtliche Bescheinigung darüber beibringen, daß für die Familienangehörigen ausreichender Wohnraum zur Verfügung steht, einen Antrag auf Gewährung der Aufenthaltserlaubnis für ihre Familienangehörigen bei der örtlich zuständigen Ausländerbehörde stellen. Die Ausländerbehörde wird den Antrag wohlwollend prüfen und so bald wie möglich darüber entscheiden. Die Deutsche Kommission teilt dem griechischen Arbeitsministerium die Namen der Familienangehörigen mit, denen die Erteilung der Aufenthaltserlaubnis zugesichert wird.

(2) Eine Förderung der Familienzusammenführung durch Hilfe bei der Wohnraumbeschaffung sowie durch Beteiligung an den Kosten der Nachführung der Familienangehörigen ist einer Regelung im Arbeitsvertrag oder späteren Abmachungen zwischen dem Arbeitgeber und dem Arbeitnehmer vorbehalten.

Artikel 18

Die griechische Regierung wird griechische Arbeitnehmer mit ihren Familien, die auf Grund dieser Vereinbarung in das Gebiet der Bundesrepublik einreisen, jederzeit formlos zurückübernehmen.

Artikel 19

(1) Auf Wunsch einer der beiden Regierungen kann eine Gemischte Kommission gebildet werden, die sich aus höchstens je fünf deutschen und griechischen Vertretern zusammensetzt; die Vertreter können von Sachverständigen unterstützt werden. Die Gemischte Kommission tritt entweder in der Bundesrepublik Deutschland oder in Griechenland zusammen.

(2) Die Gemischte Kommission kann

a) die Anwendung der Vereinbarung überprüfen und erforderlichenfalls eine Änderung der Vereinbarung oder ihrer Anlage vorschlagen,

b) Vorschläge unterbreiten, wie die Vorschriften dieser Vereinbarung mit mehrseitigen internationalen Verpflichtungen, die künftig von den beiden Regierungen übernommen werden, in Übereinstimmung zu bringen sind.

Artikel 20

Die Bestimmungen dieser Vereinbarung stehen günstigeren internationalen Regelungen zwischen den europäischen Staaten über eine freie Bewegung der Arbeitnehmer nicht entgegen, soweit diese für die Bundesrepublik Deutschland und das Königreich Griechenland verbindlich sind.

Artikel 21

Diese Vereinbarung gilt auch für das Land Berlin, sofern nicht die Regierung der Bundesrepublik Deutschland der Regierung des Königreichs Griechenland innerhalb von drei Monaten nach Inkrafttreten dieser Vereinbarung eine gegenteilige Erklärung abgibt.

Artikel 22

Diese Vereinbarung tritt mit dem Tage der Unterzeichnung in Kraft. Sie wird für ein Jahr abgeschlossen und verlängert sich stillschweigend jeweils um ein weiteres Jahr, falls sie nicht von einer der beiden Regierungen spätestens drei Monate vor Ablauf ihrer Gültigkeit gekündigt wird.

Geschehen zu Bonn am 30. März 1960

in vier Ausfertigungen, je zwei in deutscher und in griechischer Sprache, wobei der Wortlaut in beiden Sprachen verbindlich ist.

*

Arbeitsvertrag
für die Beschäftigung eines griechischen Arbeitnehmers

Zwischen .... (Arbeitgeber)
vertreten durch ....
und .... (Arbeitnehmer)
geboren im Jahre .... wohnhaft in ....
Familienstand: ledig / verheiratet / verwitwet / geschieden *)
wird folgender Arbeitsvertrag geschlossen:

*) Nichtzutreffendes streichen.

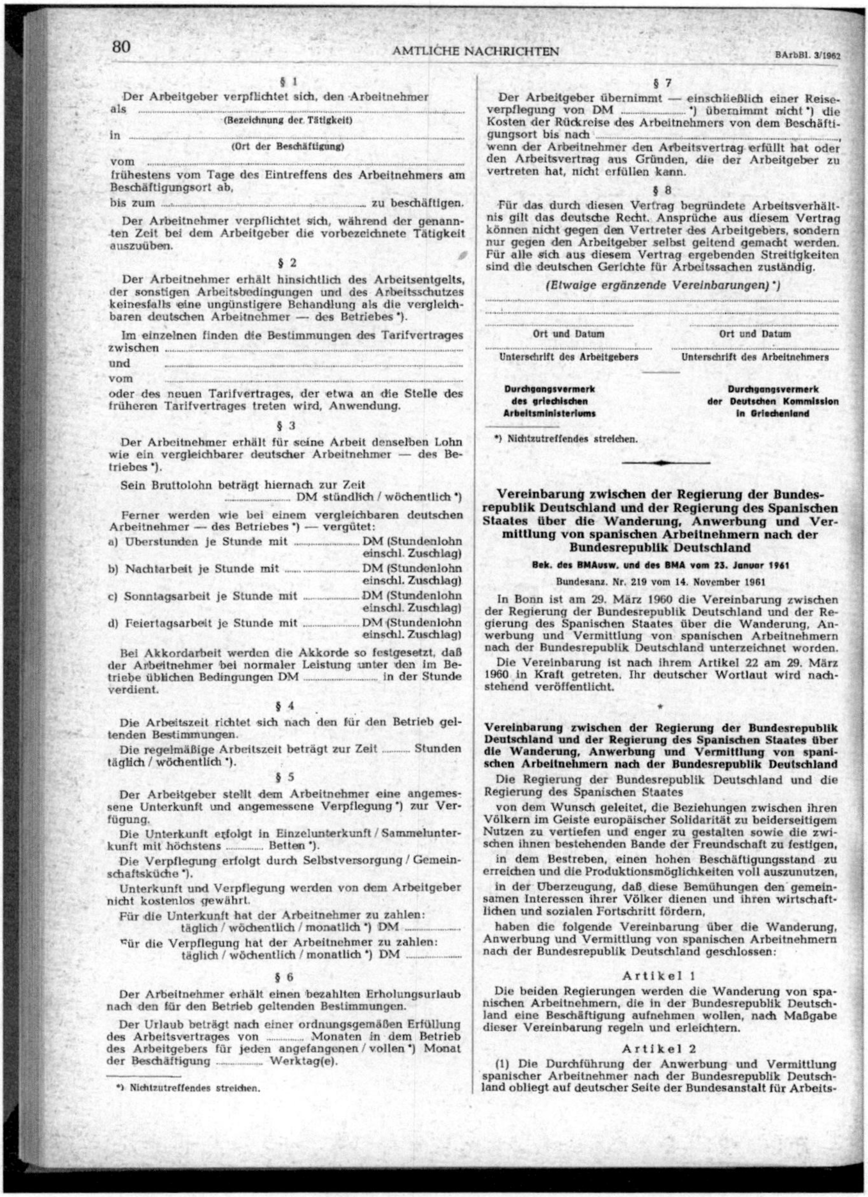

80 AMTLICHE NACHRICHTEN BArbBl. 3/1962

§ 1

Der Arbeitgeber verpflichtet sich, den Arbeitnehmer
als ……………………………………
(Bezeichnung der Tätigkeit)
in ……………………………………
(Ort der Beschäftigung)
vom ……………………………………
frühestens vom Tage des Eintreffens des Arbeitnehmers am Beschäftigungsort ab,
bis zum …………………………… zu beschäftigen.

Der Arbeitnehmer verpflichtet sich, während der genannten Zeit bei dem Arbeitgeber die vorbezeichnete Tätigkeit auszuüben.

§ 2

Der Arbeitnehmer erhält hinsichtlich des Arbeitsentgelts, der sonstigen Arbeitsbedingungen und des Arbeitsschutzes keinesfalls eine ungünstigere Behandlung als die vergleichbaren deutschen Arbeitnehmer — des Betriebes *).

Im einzelnen finden die Bestimmungen des Tarifvertrages
zwischen ……………………………………
und ……………………………………
vom ……………………………………
oder des neuen Tarifvertrages, der etwa an die Stelle des früheren Tarifvertrages treten wird, Anwendung.

§ 3

Der Arbeitnehmer erhält für seine Arbeit denselben Lohn wie ein vergleichbarer deutscher Arbeitnehmer — des Betriebes *).

Sein Bruttolohn beträgt hiernach zur Zeit
…………… DM stündlich / wöchentlich *)

Ferner werden wie bei einem vergleichbaren deutschen Arbeitnehmer — des Betriebes *) — vergütet:

a) Uberstunden je Stunde mit …………… DM (Stundenlohn einschl. Zuschlag)
b) Nachtarbeit je Stunde mit …………… DM (Stundenlohn einschl. Zuschlag)
c) Sonntagsarbeit je Stunde mit …………… DM (Stundenlohn einschl. Zuschlag)
d) Feiertagsarbeit je Stunde mit …………… DM (Stundenlohn einschl. Zuschlag)

Bei Akkordarbeit werden die Akkorde so festgesetzt, daß der Arbeitnehmer bei normaler Leistung unter den im Betriebe üblichen Bedingungen DM …………… in der Stunde verdient.

§ 4

Die Arbeitszeit richtet sich nach den für den Betrieb geltenden Bestimmungen.

Die regelmäßige Arbeitszeit beträgt zur Zeit …… Stunden täglich / wöchentlich *).

§ 5

Der Arbeitgeber stellt dem Arbeitnehmer eine angemessene Unterkunft und angemessene Verpflegung *) zur Verfügung.

Die Unterkunft erfolgt in Einzelunterkunft / Sammelunterkunft mit höchstens …… Betten *).

Die Verpflegung erfolgt durch Selbstversorgung / Gemeinschaftsküche *).

Unterkunft und Verpflegung werden von dem Arbeitgeber nicht kostenlos gewährt.

Für die Unterkunft hat der Arbeitnehmer zu zahlen:
täglich / wöchentlich / monatlich *) DM ……………

Für die Verpflegung hat der Arbeitnehmer zu zahlen:
täglich / wöchentlich / monatlich *) DM ……………

§ 6

Der Arbeitnehmer erhält einen bezahlten Erholungsurlaub nach den für den Betrieb geltenden Bestimmungen.

Der Urlaub beträgt nach einer ordnungsgemäßen Erfüllung des Arbeitsvertrages von …… Monaten in dem Betrieb des Arbeitgebers für jeden angefangenen / vollen *) Monat der Beschäftigung …… Werktag(e).

*) Nichtzutreffendes streichen.

§ 7

Der Arbeitgeber übernimmt — einschließlich einer Reiseverpflegung von DM …………… *) übernimmt nicht *) die Kosten der Rückreise des Arbeitnehmers von dem Beschäftigungsort bis nach ……………………………………, wenn der Arbeitnehmer den Arbeitsvertrag erfüllt hat oder den Arbeitsvertrag aus Gründen, die der Arbeitgeber zu vertreten hat, nicht erfüllen kann.

§ 8

Für das durch diesen Vertrag begründete Arbeitsverhältnis gilt das deutsche Recht. Ansprüche aus diesem Vertrag können nicht gegen den Vertreter des Arbeitgebers, sondern nur gegen den Arbeitgeber selbst geltend gemacht werden. Für alle sich aus diesem Vertrag ergebenden Streitigkeiten sind die deutschen Gerichte für Arbeitssachen zuständig.

*(Etwaige ergänzende Vereinbarungen) *)*

……………………………………
……………………………………

…………………… Ort und Datum	…………………… Ort und Datum
…………………… Unterschrift des Arbeitgebers	…………………… Unterschrift des Arbeitnehmers
Durchgangsvermerk des griechischen Arbeitsministeriums	**Durchgangsvermerk der Deutschen Kommission in Griechenland**

*) Nichtzutreffendes streichen.

Vereinbarung zwischen der Regierung der Bundesrepublik Deutschland und der Regierung des Spanischen Staates über die Wanderung, Anwerbung und Vermittlung von spanischen Arbeitnehmern nach der Bundesrepublik Deutschland

Bek. des BMAusw. und des BMA vom 23. Januar 1961

Bundesanz. Nr. 219 vom 14. November 1961

In Bonn ist am 29. März 1960 die Vereinbarung zwischen der Regierung der Bundesrepublik Deutschland und der Regierung des Spanischen Staates über die Wanderung, Anwerbung und Vermittlung von spanischen Arbeitnehmern nach der Bundesrepublik Deutschland unterzeichnet worden.

Die Vereinbarung ist nach ihrem Artikel 22 am 29. März 1960 in Kraft getreten. Ihr deutscher Wortlaut wird nachstehend veröffentlicht.

*

Vereinbarung zwischen der Regierung der Bundesrepublik Deutschland und der Regierung des Spanischen Staates über die Wanderung, Anwerbung und Vermittlung von spanischen Arbeitnehmern nach der Bundesrepublik Deutschland

Die Regierung der Bundesrepublik Deutschland und die Regierung des Spanischen Staates

von dem Wunsch geleitet, die Beziehungen zwischen ihren Völkern im Geiste europäischer Solidarität zu beiderseitigem Nutzen zu vertiefen und enger zu gestalten sowie die zwischen ihnen bestehenden Bande der Freundschaft zu festigen,

in dem Bestreben, einen hohen Beschäftigungsstand zu erreichen und die Produktionsmöglichkeiten voll auszunutzen,

in der Überzeugung, daß diese Bemühungen den gemeinsamen Interessen ihrer Völker dienen und ihren wirtschaftlichen und sozialen Fortschritt fördern,

haben die folgende Vereinbarung über die Wanderung, Anwerbung und Vermittlung von spanischen Arbeitnehmern nach der Bundesrepublik Deutschland geschlossen:

Artikel 1

Die beiden Regierungen werden die Wanderung von spanischen Arbeitnehmern, die in der Bundesrepublik Deutschland eine Beschäftigung aufnehmen wollen, nach Maßgabe dieser Vereinbarung regeln und erleichtern.

Artikel 2

(1) Die Durchführung der Anwerbung und Vermittlung spanischer Arbeitnehmer nach der Bundesrepublik Deutschland obliegt auf deutscher Seite der Bundesanstalt für Arbeits-

In Kooperation mit dem Verband der Metallindustriellen des Nordwestlichen Niedersachsens e. V. und den Vertretern der IG Metall (Bezirksleitung Hamburg) Heinz Scholz und Otto vom Steeg wurde am 30. Juni 1971 ein separater Tarifvertrag über das »Arbeitsbewertungsverfahren der Olympia Werke AG Wilhelmshaven« abgeschlossen.[76]

76 Vgl. Tarifvertrag über das Arbeitsbewertungsverfahren vom 30. Juni 1971.

Nach Mitteilung des früheren Gewerkschaftssekretärs gab es so unabhängig vom IG-Metall-Manteltarifvertrag einen eigenen maßgeblichen »Olympia-Rahmenvertrag« mit speziellen »Arbeitswertgruppen« (AWG[77]), die sich positiv vom IG-Metall-Manteltarif unterschieden.

Olympia-Tarifvertrag von 1971

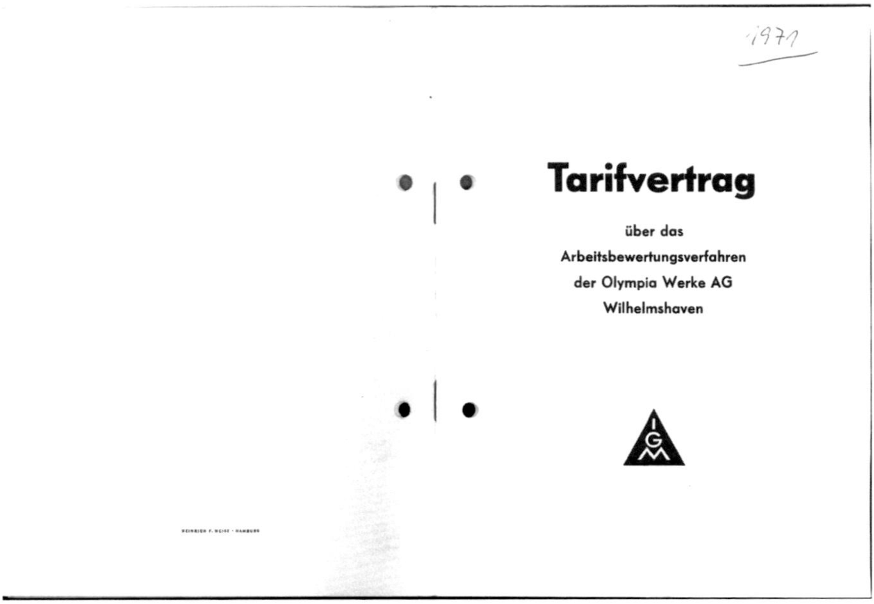
1971

Tarifvertrag

über das
Arbeitsbewertungsverfahren
der Olympia Werke AG
Wilhelmshaven

© Archiv der sozialen Demokratie der Friederich-Ebert-Stiftung Bonn (AdsD)

77 Anmerkung: Hartmut Tammen-Henke: »Wie man im Tarifvertrag ›Arbeitsbewertungsverfahren‹ in § 6 Pkt. 2 [Anlage, Seite 8] sehen kann, gab es bis dahin ja einen Vertrag aus dem Jahre 1960, der mit diesem außer Kraft gesetzt wurde. Das könnte durchaus interessant sein, wie das bis dahin geregelt war.«

Inhaltsverzeichnis

1

Tarifvertrag

über das Arbeitsbewertungsverfahren
der Olympia Werke AG, Wilhelmshaven

Zwischen dem

Verband der Metallindustriellen des Nordwestlichen Niedersachsens e. V.
Wilhelmshaven

und der

Industriegewerkschaft Metall für die Bundesrepublik Deutschland
Bezirksleitung Hamburg

wird gemäß § 3 Ziffer 5 und 6 des Lohnrahmentarifvertrages für die Metallindustrie des Nordwestlichen Niedersachsens vom 1. April 1971 folgender Tarifvertrag über ein Arbeitsbewertungsverfahren vereinbart:

3

§ 1

Geltungsbereich

1. räumlich und fachlich:

   für die Betriebe der Olympia Werke AG in Wilhelmshaven und Leer einschließlich ihrer Betriebsstätten;

2. persönlich:

   für die in diesen Betrieben beschäftigten gewerblichen Arbeitnehmer, mit Ausnahme derjenigen, die außerhalb der Arbeitsbewertung entlohnt werden.

§ 2

Allgemeine Bestimmungen

Arbeitsaufgabe

1. Bewertet wird die Arbeitsaufgabe. Sie ist der arbeitsorganisatorisch festgelegte Umfang der einem Arbeitnehmer übertragenen Arbeiten. Diese Arbeitsaufgabe kann entweder ein einem Arbeitnehmer übertragener Aufgabenbereich oder eine Einzelaufgabe (Gesamtheit ihrer Teilvorgänge) sein. Die Persönlichkeit oder die individuellen Leistungsfaktoren der ausführenden Personen werden hierbei nicht berücksichtigt.

Arbeitsbeispiele

2. Die Einordnung der Arbeitsaufgaben erfolgt gemäß der Sammlung betrieblicher Arbeitsbeispiele.

   Soweit keine betrieblichen Arbeitsbeispiele für die Bewertung vorhanden sind oder die vorliegenden nicht ausreichen, ist ein neues betriebliches Arbeitsbeispiel für die Sammlung nach den Vorschriften dieses Tarifvertrages zu erstellen.

Verfahrensvorschriften

3. Es wird eine paritätische Arbeitsbewertungskommission gebildet. Sie setzt sich aus je drei Vertretern der Geschäftsleitung und der Arbeitnehmer zusammen. Die Arbeitnehmervertreter ernennt der Betriebsrat. Aufgaben und Verfahren regelt eine Geschäftsordnung.

   Kann in der Paritätischen Kommission keine Einigung erzielt werden, so ist eine Klärung durch Geschäftsleitung und Betriebsrat herbeizuführen. Gelingt auch dann eine Einigung nicht, so ist nach § 3 des Tarifvertrages über Schieds- und Einigungsstellen für die Metallindustrie des Nordwestlichen Niedersachsens vom 21. April 1965 zu verfahren.

   Bis zur endgültigen Entscheidung gilt die bestehende Bewertung weiter.

Arbeitsbeschreibungsbogen

4. Anlage 1 dieses Tarifvertrages ist der Arbeitsbeschreibungsbogen.

4

§ 3

Bewertung

a) Aktive Anforderungen

Durchführung der Bewertung

1. Die Bewertung geht von den sachlichen Anforderungen aus, die die Arbeitsaufgabe an den ausführenden Arbeitnehmer bei menschlicher Normalleistung stellt.

   Sie erfolgt auf Grund einer Arbeitsbeschreibung und Bewertungsbegründung, wie sie sich aus dem Arbeitsumfang, den technischen Voraussetzungen, dem betriebs- und arbeitsorganisatorischen Arbeitsablauf, dem Zustand des Arbeitsraumes und den daraus auftretenden Belastungen ergibt.

Bewertungsmerkmale

2. Die sachlichen Anforderungen werden durch Bewertungsmerkmale erfaßt; diese sind im Arbeitsbewertungsbogen mit den zugehörigen Teilarbeitswerten aufgeführt (vgl. Anlage 2).

Definitionen

3. Die Definitionen der Bewertungsmerkmale ergeben sich aus der Anlage 3.

Ermittlung des Arbeitswertes

4. Für jedes Bewertungsmerkmal eines Arbeitsbeispiels sind auf der Grundlage der Arbeitsbeschreibung und Bewertungsbegründung nach dem Arbeitsbewertungsbogen die Teilarbeitswerte und danach für das Arbeitsbeispiel der Arbeitswert zu ermitteln.

Änderung der Bewertung

5. Eine Änderung der Bewertung kann erfolgen, wenn offenbare Unrichtigkeiten festgestellt werden, oder sich die in Ziffer 1, Absatz 2 genannten Voraussetzungen verändern.

b) Passive Anforderungen (Umgebungseinflüsse)

Beurteilungstabelle

1. Die Umgebungseinflüsse sind nach der Beurteilungstabelle zu erfassen (Anlage 4 dieses Tarifvertrages).

Änderung der Umgebungseinflüsse

2. Ändern sich die Umgebungseinflüsse für eine Arbeitsaufgabe, so sind sie den Änderungen entsprechend neu zu erfassen.

Definitionen

3. Die Definitionen der Umgebungseinflüsse ergeben sich aus Anlage 5 dieses Tarifvertrages.

5

§ 4

Entlohnung

Grundsätze

Tabelle A

1. Der Ausgangslohn und die Geldbeträge für die aktiven Anforderungen sind in der Tabelle A aufgeführt.

   Dazu werden die Arbeitswerte in zwölf Arbeitswertgruppen gemäß nachstehender Tabelle zusammengefaßt:

Arbeitswertgruppe	Arbeitswerte
1	0—6
2	7—9
3	10—12
4	13—15
5	16—18
6	19—21
7	22—24
8	25—27
9	28—30
10	31—33
11	34—36
12	37—39

   Die zugeordneten Geldwerte liegen auf einer geraden Lohnlinie. Sie gelten als Tarifgrundlohn bzw. Akkordrichtsatz im Sinne des Lohnrahmentarifvertrages für die Metallindustrie des Nordwestlichen Niedersachsens. Jedem über 39 Arbeitswerten liegenden Arbeitswert ist sein eigener Geldbetrag zuzuordnen.

   Für Zeitlohnarbeiten in den Altersgruppen unter 21 Jahren sind für die Arbeitswertgruppen 1—5 die Geldbeträge gemäß den im jeweiligen Lohnrahmentarifvertrag für die Metallindustrie des Nordwestlichen Niedersachsens bestimmten Relationen festzulegen.

Tabelle B

2. Den nach der Beurteilungstabelle erfaßten passiven Anforderungen werden die Geldbeträge der Tabelle B zugeordnet. Sie sind nicht Bestandteil des Tarifgrundlohnes und nicht akkordfähig. Die Tabelle B ersetzt die Bestimmungen über Erschwerniszuschläge im Lohnrahmentarifvertrag für die Metallindustrie des Nordwestlichen Niedersachsens (z. Z. § 12).

Tabelle

3. Entlohnung der passiven Anforderungen:

Stufe	DM
0	—
1	0,05
2	0,10
3	0,20
4	0,30

6

Lohntafel

4. Die Tabellen A und B sind im Anhang zur Lohntafel I der Metallindustrie des Nordwestlichen Niedersachsens aufgeführt. Sie unterliegen der Laufzeit dieser Lohntafel.

§ 5

Rahmenbestimmungen

Geltung der Tarifverträge

1. Soweit in diesem Tarifvertrag nichts anderes bestimmt ist, gelten für alle Arbeitnehmer, die nach diesem Tarifvertrag entlohnt werden, die tariflichen Bestimmungen für die Metallindustrie des Nordwestlichen Niedersachsens.

Einstufung

2. Alle Arbeitnehmer sind gemäß ihrer Arbeitsaufgaben in eine Arbeitswertgruppe der Tabelle A einzustufen (persönliche Arbeitswertgruppe).

   Wird ein Akkordarbeiter vorübergehend mit Arbeiten betraut, deren Arbeitswert unter seiner persönlichen Arbeitswertgruppe liegt, so ist die Arbeitsleistung mit dem Akkordrichtsatz seiner persönlichen Arbeitswertgruppe abzurechnen.

   Durch Arbeitsvertrag kann geregelt werden, daß Akkordarbeit in zwei aufeinanderfolgenden Arbeitswertgruppen vergeben und entsprechend entlohnt werden kann.

Einstufung von Schwerbeschädigten

3. Schwerbeschädigte im Sinne des § 1 des Gesetzes über die Beschäftigung Schwerbeschädigter in der Fassung vom 14. August 1961 haben einen Mindestanspruch auf den Tarifgrundlohn der Arbeitswertgruppe 4.

Änderung der Arbeitsaufgabe

4. Ändert sich die zu verrichtende Arbeitsaufgabe auf Dauer so, daß eine andere Einstufung erforderlich wird, so ist diese vorzunehmen.

   Beruht die Änderung auf betrieblichen Erfordernissen und führt sie zu einer Einstufung in eine niedrigere Arbeitswertgruppe auf Dauer, so ist eine Änderungskündigung auszusprechen. Die neue Arbeitsaufgabe kann vor Ablauf der Kündigungsfrist zugewiesen werden.

   Führt die Änderung zu einer Einstufung in eine höhere Arbeitswertgruppe auf Dauer, so ist vom Zeitpunkt der Änderung die höhere Einstufung vorzunehmen.

Änderung der passiven Anforderungen

5. Ändern sich die passiven Anforderungen bei gleicher Arbeitsaufgabe oder bei Zuweisung einer neuen Arbeitsaufgabe, so ist die Entlohnung nach der Tabelle B entsprechend zu ändern. Diese Änderung ist dem Arbeitnehmer mitzuteilen. Änderungskündigungen sind nicht erforderlich.

7

Leistungszulagen

6. Die z. Z. im Lohnrahmentarifvertrag (§ 4, Ziffer 2) für Zeitlohnarbeiter festgelegte Leistungszulage wird zusammengefaßt gerechnet für die Arbeitswertgruppen 1 bis 4, 5 bis 8 sowie 9 bis 12 und ebenfalls zusammengefaßt für alle Arbeitswerte, die oberhalb der Arbeitswertgruppe 12 liegen.

Arbeitsrechtliche Streitigkeiten

7. Führt die Anwendung dieses Tarifvertrages zu Meinungsverschiedenheiten, so ist nach den Bestimmungen des Tarifvertrages über Schieds- und Einigungsstellen für die Metallindustrie des Nordwestlichen Niedersachsens vom 21. April 1965 zu verfahren.

   Wegen Meinungsverschiedenheiten über Anwendung dieses Tarifvertrages darf die zugewiesene Arbeit nicht verweigert werden.

§ 6

Inkrafttreten und Ubergangsbestimmungen

Dieser Tarifvertrag tritt mit folgender Maßgabe in Kraft:

Vorweganhebung

1. Mit Wirkung vom 1. April 1972 werden die Tarifgrundlöhne für Zeitlohnarbeiten (höchste Altersgruppe) und die Akkordrichtsätze der Lohngruppe 1 um 4 Pf, der Lohngruppe 2 um 6 Pf, der Lohngruppe 3 um 8 Pf vorweg angehoben. Für Zeitlohnarbeiter in den Altersgruppen unter 21 Jahren ändern sich die Tarifgrundlöhne der Lohngruppen 1 bis 3 den Relationen entsprechend. Die am 31. März 1972 geltende Lohntabelle für die Olympia Werke AG ist entsprechend neu zu fassen. Diese Vorweganhebung ist mit zwischenzeitlich eingetretenen oder eintretenden Lohnerhöhungen aus veränderten Lohnrelationen zu verrechnen.

Einführung der neuen Arbeitsbewertung

2. Frühestens mit Wirkung vom 1. September 1972, spätestens mit Wirkung vom 1. Oktober 1972, möglichst zugleich mit einem neuen Lohntarifvertrag, tritt die in diesem Tarifvertrag vorgesehene Arbeitsbewertung in Kraft. Gleichzeitig tritt außer Kraft der Tarifvertrag über die analytische Arbeitsbewertung vom 15. Mai 1960 einschließlich der Tarifvereinbarung Ziffer I vom 2. Januar 1968.

   Die Lohntabelle für die Olympia Werke AG (Anhang zur Lohntafel I) wird durch die Tabellen A und B dieses Vertrages ersetzt.

   In der Lohntafel I für die Metallindustrie des Nordwestlichen Niedersachsens ist die Bezugnahme auf die Olympia Werke AG diesem Vertrag gemäß neu zu fassen.

   Die Geld- und Steigerungsbeträge der Tabelle A werden bei Inkrafttreten der neuen Arbeitsbewertung zwischen den Tarifvertragsparteien im Jahre 1972 vereinbart.

   Die Lohnlinie soll etwa in der Mitte zwischen der Lohnlinie vor dem Herbst 1972 und der für das zweite Halbjahr 1973 vorgesehenen geraden Lohnlinie liegen.

8

Lohnlinie 1973

3. Im zweiten Halbjahr 1973, spätestens am 1. Oktober 1973, möglichst zugleich mit einem neuen Lohntarifvertrag erhält Tabelle A folgende Fassung:

Arbeitswertgruppe	Arbeitswerte	Tarifgrundlohn (über 21 J.)	Akkordrichtsatz
1	0— 6	3,80	3,68
2	7— 9	4,03	3,91
3	10—12	4,25	4,13
4	13—15	4,48	4,36
5	16—18	4,70	4,58
6	19—21	4,93	4,81
7	22—24	5,15	5,03
8	25—27	5,38	5,26
9	28—30	5,60	5,48
10	31—33	5,83	5,71
11	34—36	6,05	5,93
12	37—39	6,28	6,16

   Der Steigerungsbetrag für jeden oberhalb von 39 Arbeitswerten erzielten Arbeitswert beträgt 8 Pf.

Lohntarifänderungen

4. Die Geld- und Steigerungsbeträge in Ziffer 3 beziehen sich auf den Stand der Lohntafel I für das Nordwestliche Niedersachsen per 30. Sept. 1971. Danach eintretende Änderungen dieser Lohntafel sind zu berücksichtigen. Änderungen der Tätigkeitsgruppen und Lohnrelationen bleiben außer Betracht.

Besitzstandsklausel

5. Sollte für einzelne Arbeitnehmer nach Einführung dieses Tarifvertrages der Mindestgeldbetrag pro Stunde der neuen persönlichen Arbeitswertgruppe zuzüglich des Geldbetrages für Umgebungseinflüsse niedriger liegen als der bisherige Mindestlohn pro Stunde, so ist eine objektiv zumutbare Arbeitsaufgabe anzubieten, die unter Berücksichtigung der Umgebungseinflüsse den bisherigen Mindestlohn pro Stunde gewährleistet.

   Ist ein derartiges Angebot nicht möglich oder wird es abgelehnt, so ist der Unterschiedsbetrag zwischen altem und neuem Mindesteinkommen pro Stunde stufenweise auf die neue Bewertung umzustellen.

   Das Nähere wird zwischen den Tarifvertragsparteien vereinbart und ist in die Geschäftsordnung nach § 2 Ziffer 3 dieses Vertrages aufzunehmen.

§ 7

Schlußbestimmungen

Zum Geltungsbereich

1. Dieser Vertrag ist auf die Betriebe der Olympia Werke AG im Nordwestlichen Niedersachsen abgestellt.

9

Tarifbindungsklausel

2. Ändern sich die Tariflöhne der Lohntafel I für die Metallindustrie des Nordwestlichen Niedersachsens, so ändern sich die Geldwerte der Tabelle A entsprechend.

Tarifgrundlohn

3. Ändern sich die tarifrechtlichen Bestimmungen über Tarifgrundlohn und Akkordrichtsatz, so werden die Tarifvertragsparteien unverzüglich überprüfen, welche Wirkungen sich auf diesen Tarifvertrag ergeben und Entsprechendes vereinbaren.

Kündigung

4. Dieser Tarifvertrag kann mit einer Frist von sechs Monaten zum Jahresende, erstmals zum 31. Dezember 1977, gekündigt werden.

   Sofern eine Tarifvertragspartei dies wünscht, werden die Tarifvertragsparteien nach dem 31. Dezember 1975 zusammentreten, um evtl. sich aus der Anwendung dieses Tarifvertrages ergebende Schwierigkeiten zu bereinigen.

Wilhelmshaven/Hamburg, den 30. Juni 1971

Verband der Metallindustriellen des Nordwestlichen Niedersachsens e. V.
Wilhelmshaven

gez. Büsser gez. Janss

Industriegewerkschaft Metall für die Bundesrepublik Deutschland
Bezirksleitung Hamburg

gez. Heinz Scholz gez. Otto vom Steeg

10

Anlage 1

17 09 1970

Olympia — Analytische Arbeitsbewertung in Kst.-St.: ______
Beschreibung einer Arbeitsaufgabe

AWG
AW

Arbeitsbeispiel:

Kenn-Nr
Datum

I. Arbeitsaufgabe:
a) bewertungstypischer Arbeitsinhalt:

b) Sachhinweise:

Erfassg. unter Zeichn.-Nr. Ind

II. Arbeitsunterlagen:

III. Betriebsmittel, Werkzeuge:

IV. Arbeitsbereich:

V. Fertigungsart:

Skizze oder Abbildung:

VI. Betreuungsart:

VII. Prüfungsart:

FAV 15 Form 2035

Olympia-Rahmenverträge von 1974 über die Arbeit mit »Prämienentlohnung«

Tarifvertrag

über eine
Rahmenregelung für Arbeit im Prämienlohn
bei den Olympia Werken AG, Wilhelmshaven

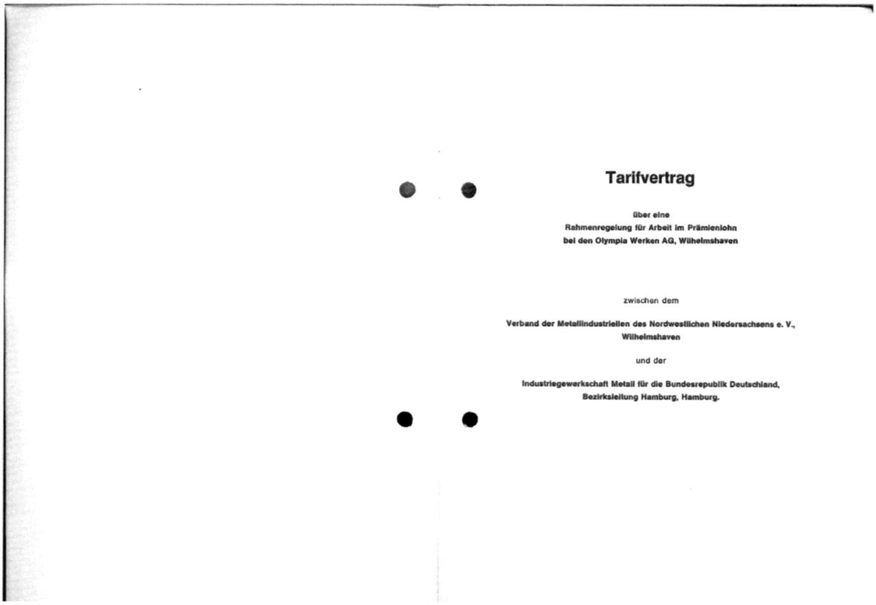

Tarifvertrag

über eine
Rahmenregelung für Arbeit im Prämienlohn
bei den Olympia Werken AG, Wilhelmshaven

zwischen dem

Verband der Metallindustriellen des Nordwestlichen Niedersachsens e. V.,
Wilhelmshaven

und der

Industriegewerkschaft Metall für die Bundesrepublik Deutschland,
Bezirksleitung Hamburg, Hamburg.

Im Vorgriff auf § 13 Ziffer 2 des Lohnrahmentarifvertrages für die Metallindustrie im Nordwestlichen Niedersachsen vom 28. 12. 1973 / 31. 3. 1974 wird folgende Rahmenregelung für Arbeit im Prämienlohn vereinbart:

I. Geltungsbereich

1. Für die Betriebe der Olympia Werke AG in Wilhelmshaven und Leer einschließlich ihrer Betriebsstätten.
2. Für die in diesen Betrieben beschäftigten gewerblichen Arbeitnehmer.

II. Verfahrensregelungen

1. Arbeit im Prämienlohn wird zwischen Geschäftsleitung und Betriebsrat in einer Betriebsvereinbarung geregelt.
2. Die Betriebsvereinbarung muß mindestens enthalten:
   a) den räumlichen und persönlichen Geltungsbereich,
   b) die Prämienart, Bezugsmerkmale und Bezugsgrößen. Bezugsmerkmale für das Leistungsergebnis sind Menge, objektiv feststellbare Qualität, Zeit, Nutzung.
   Werden mehrere Bezugsmerkmale in einer Prämienregelung verwandt, so ist für jedes Bezugsmerkmal der Verlauf der Prämienlohnlinie gesondert darzustellen.
   c) Bei Verwendung von Meßdaten oder Zähldaten: die statistische Wahrscheinlichkeit und Genauigkeit.
   d) Die Prämienausgangsleistung und die Prämienlohnlinie.
   e) Den Prämienberechnungszeitraum.
   f) Bei Prämienlohnarbeiten in Gruppen: die Art der Verteilung des Mehrverdienstes.
   g) Einführungszeitpunkt und Kündigungsfrist.

III. Grundsätze für die Entlohnung

1. Der Prämienlohn setzt sich zusammen aus dem Prämienausgangslohn und der Prämie.
2. Die Prämienausgangsleistung wird mit dem Akkordrichtsatz der jeweiligen Arbeitswertgruppe abgegolten (Prämienausgangslohn). Der Prämienausgangslohn wird mindestens garantiert.
   Jede Vereinbarung nach II, Ziffer 1, hat – auf die zu regelnde Prämienlohnarbeit abgestellt – für die Arbeitnehmer des jeweiligen Geltungsbereichs eine Garantiegeldgröße zu enthalten, die in Prozent festzulegen ist.*
   Wird die vereinbarte Garantiegeldgröße bzw. der Prozentsatz nicht erreicht, so haben die Betriebsparteien die Ursachen zu prüfen und Maßnahmen zu deren Beseitigung einzuleiten.
3. Die Prämie wird für ein über der Prämienausgangsleistung liegendes Arbeitsergebnis bezahlt. Die Höhe der Prämie wird durch den Verlauf der Prämienlohnlinie bestimmt. Die Prämienlohnlinie kann auch tabellarisch dargestellt werden.
4. Vor Einführung der Arbeit in Prämienlohn sind die betroffenen Arbeitnehmer in geeigneter Form zu unterrichten.
5. Ändern sich Sachvoraussetzungen einer Prämienlohnregelung nach II, Ziffer 1, so müssen die Betriebsparteien unverzüglich über eine Anpassung verhandeln (Fortfall der Geschäftsgrundlage).

   Kommen die Betriebsparteien zu keiner Einigung, so ist der Tarifvertrag über „Tarifschiedsgericht und Einigungsstelle" vom 14. 6. 1972 / 20. 9. 1973 anzuwenden.
6. Offensichtlich sachliche Irrtümer in der Prämienlohnregelung nach II, Ziffer 1, sind durch die Betriebsparteien unverzüglich zu berichtigen.
7. Prämienentlohnung im Sinne dieses Tarifvertrages liegt nicht vor, wenn der Arbeitnehmer an dem wirtschaftlichen Ergebnis des Betriebes (Gewinn, Umsatz, Produktion) beteiligt wird, ohne Rücksicht auf dessen Beeinflußbarkeit. Kennzeichen dieser betrieblichen Leistungen (Vergütungen) ist, daß das wirtschaftliche Ergebnis meist in größeren Zeiträumen (Quartal, Jahr) gemessen wird.
   Prämienentlohnung im Sinne dieses Tarifvertrages liegt ebenfalls nicht vor, wenn vom Arbeitgeber zum Zeit- oder Akkordlohn Zusatzprämien gewährt werden.

* siehe Protokollnotiz

IV. Sonstige Bestimmungen

Entsprechende Anwendung finden die Bestimmungen des Lohnrahmentarifvertrages für die Metallindustrie im Nordwestlichen Niedersachsen vom 28. 12. 1973 / 31. 3. 1974.
§ 5 Ziff. 2 – Akkordarbeit
§ 6 Ziff. 3, Abs. 1 u. 2 – Behinderung im Arbeitsablauf
§ 8 Ziff. 2–6 – Wechsel von Akkord- u. Zeitlohnarbeit.

V. Schlußbestimmungen

1. Bestehende betriebliche Prämienlohnregelungen bleiben von diesem Tarifvertrag unberührt.
2. Dieser Tarifvertrag tritt mit Wirkung vom 1. November 1974 in Kraft.
   Er tritt zu dem Zeitpunkt außer Kraft, in dem im Lohnrahmentarifvertrag für die Metallindustrie im Nordwestlichen Niedersachsen eine Rahmenregelung für Arbeit im Prämienlohn eingeführt wird.

Protokollnotiz (zu III, Ziff. 2, Abs. 3):

1. Die Garantiegeldgröße kann dem Wert des Prämienausgangslohnes entsprechen.
2. § 2 Ziffer 4 des Lohnrahmentarifvertrages (Minderleistungsklausel) bleibt unberührt.

Wilhelmshaven, den 8. November 1974

Verband der Metallindustriellen des Nordwestlichen Niedersachsens e. V.

Dr. Meyerhoff Janss

Industriegewerkschaft Metall für die Bundesrepublik Deutschland
Bezirksleitung Hamburg

Otto vom Steeg L. Mathis

Übersicht
Gewerkschaftsarchiv der IG Metall: Betriebliche Tarifpolitik der Olympia Werke AG, Wilhelmshaven, 1953–1974[78]

- Tarifverträge mit (Manteltarif-)Rahmenverträgen zu Lohn- und Gehaltsgruppen (»Lohnrahmentarifvertrag«) aus den Jahren 1960–1972.
- Lohn- und Gehaltstarifverträge, in denen die Geldbeträge enthalten sind. Dabei wurden auch die Unterschiede der AWG-Beträge zu den im Flächentarif enthaltenen Beträgen deutlich.
- Tarifvertrag von 1960 und die Tarifvereinbarung vom 02.01.1968, die sich nicht explizit auf die *Olympia Werke* beziehen, sondern generell auf das Tarifgebiet Nordwestliches Niedersachsen, Wilhelmshaven.
- Tarifvertrag Prämie und Tarifvertrag über das Arbeitsbewertungsverfahren der Olympia Werke AG, Wilhelmshaven, 1971.

Die Ausbildung in den *Olympia Werken*

»Schritt für Schritt teile ich ihm alles mit,
lasse ihn selbst versuchen,
hilf ihm Erfolg zu buchen.«
Überliefertes Zitat des Olympia-Ausbildungsleiters Dr. Herbert Hentschel aus den 1960er Jahren[79]

In puncto Auszubildendenzahlen waren die Jahrgänge 1970 und 1971 absolute Spitzenreiter. So verzeichnete man im gesamten Konzern im Inland für das Jahr 1970 1313 Auszubildende, 1971 waren es sogar 1323.[80] Nach 1971 ist ein deutlicher Abwärtstrend festzustellen: 1984 wurden nur noch 336 Lehrlinge ausgebildet.

Ehemalige Ausbilder wie Winfried Bornschier bestätigen die anspruchsvolle Ausbildung, die vielerorts als Gütesiegel galt. Wer von Olympia kam, wer dort gelernt hatte, der hatte überall Chancen auf einen Arbeitsplatz – wenn er nicht blieb, wie es die meisten taten. So berichtet der frühere Vertriebschef Hermann Tietken, der im Jahr 1965 bei Olympia eine Industriekaufmannslehre begann und damit den Grundstein für seine erfolgreiche Karriere bei Olympia legte:

> »Das war eine der besten Ausbildungen, die man sich vorstellen kann. Die Firma hat jedes Jahr so um die 20 Industrie- und Bürokaufleute ausgebildet, darunter auch viele Damen. Auch im gewerblichen Bereich gab es Lehrlingsstellen mindestens in der gleichen Größenordnung, wie Feinmechaniker und ähnliche Berufe. Und man muss

78 Freundliche Leihgabe der Friedrich-Ebert-Stiftung e. V., Archiv der sozialen Demokratie, Aktenbestände der IG Metall, Bonn.

79 Zitat Dr. Herbert Hentschel, überliefert von Winfried Bornschier.

80 Vgl. Personalentwicklungsdaten: Statistik »Auszubildende Konzern Inland« (Privatbesitz), o.J.

Lageplan

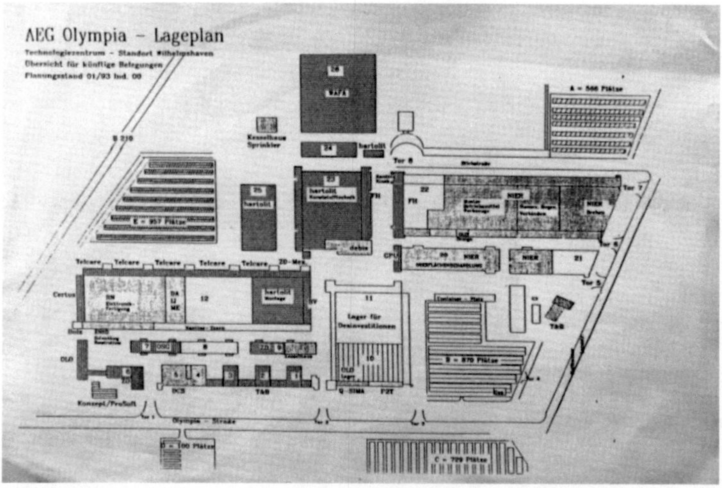

© Olympia Museum/Heimatverein Schortens von 1929 e.V. (Stadt Schortens)

sagen, die Lehrlingsausbildung wurde sehr, sehr professionell betrieben. Es gab Lehrlingsausbilder, die extra abgestellt wurden. Das waren ganz, ganz feine, hervorragende Leute, die sich wirklich um ihre Auszubildenden gekümmert haben. Auch die Ausbilder in der Produktion haben ihre Lehrlinge als ihre Schützlinge angesehen. Normalerweise ist es ja so, dass heutzutage die Auszubildenden, wie soll ich sagen, preiswerte Arbeitskräfte sind. Mit dieser Philosophie ist man hier nicht rangegangen.«

12-tägiges Junglehrlingslager (»Einführungslager«) in der Syker Jugendherberge, 1967

© Olympia Ring Nr. 4, 1967

Das Olympia-Ausbildungsprofil enthielt sehr hohe Praxisanteile, die angelehnt waren an einige Ausbildungskriterien der ehemaligen Wilhelmshavener Kriegsmarinewerft. Die Unternehmensleitung achtete darauf, dass ausschließlich moderne Ausbildungsinhalte übernommen wurden, die ihrerseits an die neuen Technologien und Entwicklungen angepasst und ständig aktualisiert wurden, um die Auszubildenden zu »selbstbewussten und selbstständigen Menschen heranzubilden«[81].

Unterweisung der Lehrlinge während des Einführungslagers in die Organisationsstruktur von Olympia, 1967

© Olympia Ring Nr. 4, 1967

Die Firmenleitung legte besonderen Wert auf eine qualifizierte wie auch praxisbezogene Ausbildung. Die Lehrlinge bekamen die Möglichkeit, auch andere Abteilungen und deren Abläufe kennenzulernen und so interdisziplinär die Zusammenhänge aller Abteilungen in einem Unternehmen zu verstehen. Die Ausbildung war nicht nur breit gefächert, sondern für die damalige Zeit auch außerordentlich fortschrittlich. Die Lehrlinge schauten »über den Tellerrand« und bekamen auch in andere Bereiche des Unternehmens Einblicke. So erhielten beispielsweise die kaufmännischen Auszubildenden auch konkreten Werksunterricht in der Produktion, um firmenspezifische Belange und Problematiken überhaupt erkennen und ganzheitliche Zusammenhänge verstehen zu können.

Als übergeordnetes Ziel wollte man den Lernenden eine sehr umfassende Ausbildung vermitteln. Blieben die Auszubildenden der Firma anschließend treu, was in der überwiegenden Zahl der Fälle geschah, konnte Olympia später selbst von dem zuvor vermittelten Know-how profitieren. Für einige der Interviewpartner*innen wurde der Grundstein ihrer Karriere in Roffhausen gelegt. Sie stiegen zu späteren Führungskräften auf, die teilweise sogar weltweit in der Olympia-Organisation oder bei Tochtergesellschaften im Ausland Karriere machten oder dort zumindest ein gutes Auskommen fanden.

81 Bruno Tannhäuser, »und schaffen treu mit fleiß'ger Hand«, S. 84.

Ausbildung 1960

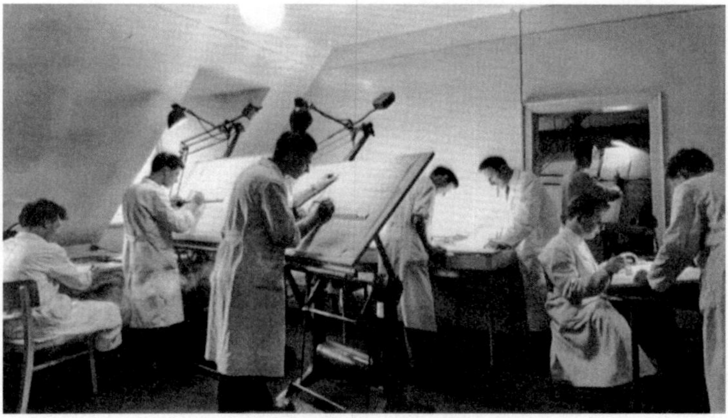

Technischer Zeichner; Labormitarbeiterin

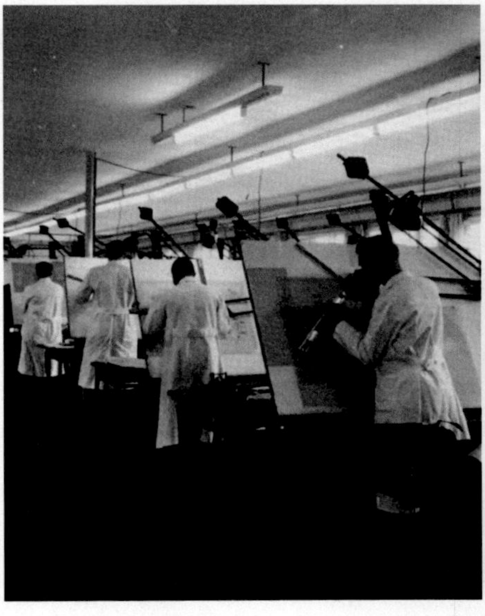

»Die Ausbildung war so angelegt – das kann ich beispielsweise von den Industriekaufleuten berichten, die nämlich das gesamte Unternehmen kennengelernt haben und in allen wichtigen Bereichen eine Zeit verbracht haben, somit also auch einen Zusammenhang herstellen konnten, wie ein Unternehmen funktioniert. Die Ausbildung war nicht nur die praktische, sondern auch die theoretische. Wir hatten zuletzt drei Tage Werksunterricht gehabt. Sowohl in Industriebetriebslehre als auch in Volkswirtschaft, in Mathematik als auch Englisch und Datenverarbeitung. Es kam praktisch einem Fachhochschulstudium ähnlich. Das war eine hervorragende Geschichte. Ich

> profitiere heute noch von meiner damals sehr guten Ausbildung.« Hermann Tietken, ehemaliger Olympia-Vertriebschef

Hervorzuheben ist, dass die guten Arbeits- und Ausbildungsbedingungen »auf Olympia« auch von den Kindern der ausländischen Beschäftigten geschätzt wurden und diese alles dafür taten, einen der qualitativ hochwertigen Olympia-Ausbildungsplätze zu erhalten.

> »Ich habe die Schule mit der 10. Klasse mit der Mittleren Reife beendet und habe dann eine Ausbildung angefangen bei AEG Olympia als Werkzeugmechaniker. Das waren so die letzten Tage von AEG Olympia. Da habe ich die Ausbildung 1991 abgeschlossen. Das war last minute. Danach gab es noch einen Jahrgang. Und danach war Schluss. Die Ausbildung war wirklich grandios. Sehr organisiert. Alles. Wie man sich das vorstellt, Facharbeiter auszubilden. Die Ausbildungen bei Olympia waren top. Da habe ich eine gute Basis mitbekommen.
>
> Ich konnte dann trotzdem noch einen Job ergattern, bei einer Firma, die haben den ehemaligen Werkzeugbau übernommen, also das war auch das eigentliche Herzstück von AEG Olympia, der Werkzeugbau, weil der vielseitig einsetzbar war. Alle anderen Abteilungen hatten schon dichtgemacht, aber der Werkzeugbau, der lief halt immer weiter. Weil du kannst ja Werkzeuge herstellen für verschiedene Firmen. Muss ja nicht für die Schreibmaschine sein. Tatsächlich kamen für VW und BMW Aufträge rein, Werkzeuge herzustellen. Ich bin direkt nach meiner Ausbildung zu einem Festvertrag rübergegangen. Das war auf dem Olympia-Gelände. Ja, hab aber gesehen, dass das jetzt eigentlich auch nicht sicher für die Zukunft ist. Also viele Möglichkeiten hatte ich nicht, Meister machen oder so, aber das war so ein bisschen unsicher, du hattest ja nicht mehr AEG Olympia als Arbeitgeber, sondern ein mittelständisches Unternehmen. Und da ist es halt immer hopp oder top. Und dann habe ich mir gesagt, komm, mach den zweiten Bildungsweg, mach Abitur. Das habe ich auch gemacht und habe mich in einer Fachhochschule eingeschrieben in Wilhelmshaven bei Maschinenbau, Wirtschaftsingenieurwissenschaften, habe das dann auch abgeschlossen und bin jetzt bei Airbus als Flugzeugbauingenieur in Bremen tätig.« Emmanuel T., zweite Generation

Die Arbeitsmigration im deutschen *Olympia Werk* Roffhausen als Kernobjekt dieser Untersuchung kann hierbei durchaus als positives Beispiel einer gelungenen Integration im Rahmen der Erwerbstätigkeit gewertet werden. Den dort arbeitenden ausländischen Kräften, Frauen wie Männern, wurden keine aufwendigen bürokratischen Hürden in den Weg gelegt. Sie bekamen ohne Ausnahme das gleiche Gehalt nach Tarif für die gleiche geleistete Arbeit wie ihre deutschen Kolleg*innen; außerdem wurde ihnen im Zuge der staatlichen Anwerbung neuer Wohnraum für Einzelpersonen oder Familien in direkter Nähe des Werks zur Verfügung gestellt. Kinderbetreuungsangebote für berufstätige Eltern, die in Wechselschicht arbeiteten, konnten überdies über die Kindergärten am Werk wahrgenommen werden.

Pausenraum auf Olympia, Ende 1970er; vorne links: der Vater von Janni Chrissochoidis, Ilias Chrissochoidis

© Janni Chrissochoidis

Wären diese Integrationsangebote nicht den Arbeitskontext beschränkt geblieben, sondern auch auf die konsequente Vermittlung der deutschen Sprache und die Förderung von Berufsabschlüssen der vorwiegend ungelernten »Gastarbeiter*innen« ausgedehnt worden, so hätte das den Verlauf der Integration für alle Seiten noch weiter vereinfacht und beschleunigt.

Als Unternehmen profitierte Olympia in hohem Maße von den ausländischen Arbeiter*innen. Auch sie waren maßgeblich daran beteiligt, dass aus den *Olympia Werken* Deutschland einer der führenden Schreibmaschinenhersteller weltweit wurde. Das Aufeinandertreffen zugewanderter »Mehr-heimischer« und aus der Region stammender »Ein-heimischer« prägt so bis heute den Alltag der Menschen im Bundesland Niedersachsen.

4. »In Deutschland wartet das Paradies auf uns«
Geschichten von Heimat, vom »Ankommen« und Bleiben

»Ich kam nach mehreren Tagen Anreise 1969 mit einem kleinen Koffer von Griechenland nach München, Bahnhof, Gleis 11. Dort wurden wir aufgeteilt in A- und B-Gruppen. Ich war in der B-Gruppe, und wir sollten in einen Zug in Richtung Wilhelmshaven umsteigen. Am Bahnhof in Wilhelmshaven empfing uns der Dolmetscher Paul Fostiropoulos, der uns in eine Unterkunft brachte. Hier wohnten nur Männer, alles Griechen. Alles Gastarbeiter. Ich wohnte mit mehreren in einem kleinen Zimmer, arbeitete im ersten Jahr alle Schichten, die ich machen konnte.

Eigentlich wollte ich nur 1–2 Jahre hier sein, um meine Familie zu unterstützen, die ich zurücklassen musste. Aber dann blieb ich, holte meine Frau und Kinder nach. Nun sind wir fast 50 Jahre in Deutschland! Wer hätte damals gedacht, dass sich in meinem kleinen Koffer von damals viele Kinder und über 10 Enkelkinder versteckten, die nach und nach in Deutschland ihre Augen öffneten. Wer hätte das gedacht!« Dimitrios K., 78 Jahre

*Bahnhof Wilhelmshaven mit griechischen Gastarbeiter*innen, 1960er Jahre*

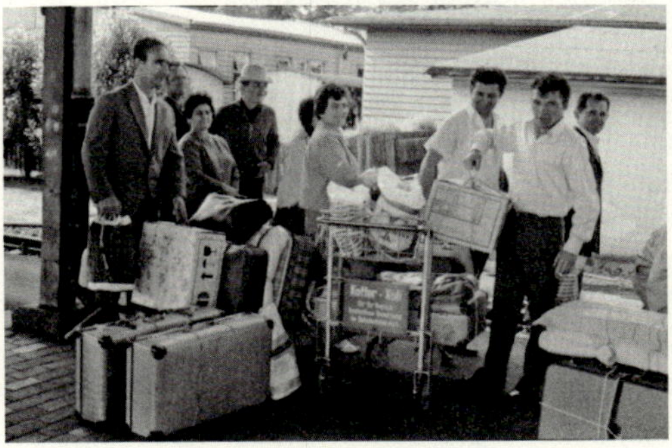

*Gastarbeiter*innen am Bahnhof Wilhelmshaven, 1970*

© Stadtarchiv Wilhelmshaven – Sammlung WZ-Bilddienst

Exkurs – Deutschland verstand sich über Jahrzehnte nicht als Einwanderungsland

Die Weigerung Deutschlands, sich bereits Mitte des 20. Jahrhunderts als Einwanderungsland[1] zu betrachten, stand einer Bedeutungszunahme des Themas Integration im Weg. Dies hatte zur Folge, dass wichtige und notwendige Maßnahmen nicht ergriffen wurden, beispielsweise bildungsrelevante Angebote zum Spracherwerb. Man ging damals davon aus, mit dem ursprünglich zeitlich befristeten Aufenthaltsstatus der Arbeitsmigrant*innen, der einer bloßen Duldung gleichkam, gehe eine Nichtteilnahme am gesellschaftlichen Leben einher. *Die »Neuen« waren zwar als Arbeitskräfte erwünscht, sollten sich der Aufnahmegesellschaft jedoch anpassen und unauffällig verhalten.* Erst ab der Wende zum neuen Jahrtausend begann sich Deutschland in seiner sozialen und gesellschaftlichen Selbstwahrnehmung immer mehr als ein modernes, weltoffenes Einwanderungsland zu begreifen. In Zeiten von Globalisierung und Internationalisierung ist die Bedeutung des Erwerbs mehrerer Sprachen und interkultureller Kompetenzen längst kein Geheimnis mehr.

Menschen, die aus Südeuropa in den Norden Deutschlands »wanderten« und somit migrierten, machten sich auf den Weg in eine andere Gegend, einen anderen Staat. Der Begriff der Migration ist tief verwurzelt in dem der räumlichen Mobilität.

---

1 Das änderte sich in den 1990er Jahren im Zuge geopolitischer Umwälzungen wie der Osterweiterung der Europäischen Union, der Balkankriege und der Implosion des Sozialismus, in deren Folge sich komplexe Migrationsbewegungen entwickelten. Im Jahr 2000 trat ein neues Staatsangehörigkeitsgesetz in Kraft, dem fünf Jahre später ein neues Zuwanderungsgesetz folgte. 2005 wurde zum ersten Mal über das Mikrozensusgesetz der sogenannte Migrationshintergrund erhoben und somit der Bezug zur Zuwanderung auch für die Folgegeneration transparent gemacht.

*»Alles muss mit« – Bahnhof Wilhelmshaven mit griechischen Gastarbeiter*innen, 1960er Jahre*

© Stadtarchiv Wilhelmshaven – Sammlung WZ-Bilddienst

Migration ist ein Phänomen, das seit dem Beginn der Menschheitsgeschichte existiert und das seitdem »Motor gesellschaftlicher Veränderung und Modernisierung« ist.[2] Hierbei agieren Migrant*innen als Vermittler*innen von neuem Wissen, neuen Sprachen und neuen Erfahrungen. Auch die gezielte Anwerbung von Arbeitsmigrant*innen aus ökonomischen Beweggründen führte nicht selten in Gesellschaften zu steigendem Wohlstand. So wäre auch der sogenannte Wirtschaftsboom, der in Deutschland ab den 1950er Jahren einsetzte, ohne die vielen, überwiegend aus Südeuropa stammenden »Gastarbeiter*innen« nicht denkbar gewesen.

Wie sich das soziale Ankommen der Anfangsjahre gestaltete, war besonders im ersten Jahrzehnt der Zuwanderung den Ankömmlingen selbst überlassen. Sich einzugewöhnen in Norddeutschland fiel den meisten schwer. Schließlich mangelte es nicht nur an der entsprechenden Infrastruktur mit Angeboten zur Bildung und zum Spracherwerb, auch an den vertrauten Dingen des täglichen Lebens wie Schafskäse, Oliven, Knoblauch, Olivenöl und bekannten alkoholischen Getränken fehlte es.[3]

Sie ließen Familie, ihr Land, ihre Heimat hinter sich, um der Armut zu entkommen. Einige Jahre im erhofften »Paradies Deutschland« arbeiten, genügend Geld verdienen, um sich dann in Griechenland eine eigene berufliche Existenz aufzubauen, so hofften sie. Die meisten Griech*innen blieben bis zur Rente in Deutschland, in Friesland – auch bei Olympia. Was fehlte, war die Heimat, die Menschen, ihr Land und *»das Licht. Es ist ein ganz anderes Licht in Griechenland. Das fehlt.«* (Argiry, 76 Jahre)

---

2 Mecheril, Paul: Migrationspädagogik, S. 8f.

3 Die steigende Nachfrage vonseiten griechischer Olympianer*innen ließ einen findigen Roffhausener Kaufmann die Gunst der Stunde erkennen: Er spezialisierte sich auf griechische Lebensmittel, die er gegenüber dem Tor 1 im »Konsum« mit großem Erfolg anbot.

Heimat – dieses Wort ist als ein komplexer Begriff zu verstehen, der sich – wie die Menschen, die ihn verwenden – in Veränderung befindet. Heimat ist ein immer in Bewegung befindlicher Prozess, der aus der Geschichte und den Geschichten der Erinnerung gespeist wird. »Heimat« schließt so auch immer die Möglichkeit neuer »*Beheimatungen*« ein.

> »Heimat ist ein Gefühl, das ich mit Worten nicht exakt beschreiben kann. Heimat – ein einfaches Wort, doch voller Bedeutung. Für mich ist Heimat dort, wo mein Herz ist. Dort, wo mich die Menschen verstehen, wo ich mich nicht verstellen muss, wo Leute sind, die ich mag und die mich mögen, da bin ich daheim.« Christos P., 55 Jahre

Bei der Frage nach der Ausgestaltung des »Ankommens«, dem »Ver-orten«, also dem Finden des Ortes, an dem gelebt und gearbeitet wird, fiel bei den griechischen Interviewpartner*innen immer wieder der Begriff der Heimat: *»Da, wo meine Familie und ich sind, ist auch ein bisschen Heimat. Heute ist das Wilhelmshaven.«* (Artemis Z., 67 Jahre)

Heimat wurde auch als eine Art Platzhalter in den Zusammenhang mit Familie und Arbeit gestellt:

> »Heimat ist da, wo meine Familie ist.« Eleni T., 79 Jahre, erste Generation

> »Deutschland, Griechenland – egal. Für uns Griechen ist wichtig: die Familie. Wenn meine Kinder und Enkelkinder in Deutschland leben, bleiben wir natürlich hier, auch wenn das Herz in Griechenland hängt.« Gianoula G., 76 Jahre

> »Familie, Kinder – die sind immer Nummer eins. Egal, in welchem Land. Dann kommt alles andere.« Maria K., 63 Jahre

»... ein Hund, der sich immer dort niederlässt, wo du gerade bist«

Was die Ausgestaltung der kulturellen Identität und des Sehnsuchts- und Erinnerungsortes *Heimat* angeht, gibt es bei den in Norddeutschland angekommenen Griechinnen und Griechen auch Zwischenformen. So berichten die sich bereits im Ruhestand befindlichen Griech*innen, dass sie Heimat »immer im Gepäck mitnehmen«, wie »ein[en] Hund, der sich immer dort niederlässt, wo du gerade bist« (Georgios C., 79 Jahre).

Im dritten Lebensabschnitt wurde Griechenland, über einen verlängerten Sommerurlaub, der sich über Monate hinzieht, wieder vorübergehend zur erfahrenen und gelebten Heimat – genauso wie anschließend Deutschland wieder zum Lebensmittelpunkt wird.

> »Wir haben ja beides in uns. Wir haben mittlerweile mehr als die Hälfte unseres Lebens in Wilhelmshaven verbracht. Natürlich wächst einem auch das Deutsche irgendwie ans Herz.« Vasilki T., 69 Jahre

Aus der zeitlich befristeten Arbeitsmigration entwickelte sich das Zielland Deutschland zu einem Zuhause und auch zur zweiten Heimat: Die erste »Gastarbeitergeneration« schuf sich in der Diaspora ein Zuhause, doch bei vielen blieb im Herzen das Geburtsland der »Sehnsuchtsort« (auch und besonders mit Blick auf die Zeit nach dem Arbeitsleben). Bis heute pendeln insbesondere die ersten »Gastarbeiter*innen« regelmäßig zwischen der Heimat Griechenland und ihrer zweiten Heimat Deutschland hin und her, um sich so mit ihrem Lebenstraum und dem gleichzeitigen Wunsch, bei ihren Kindern und Enkelkindern zu sein, zu arrangieren. Man ließ sich nieder und schlug Wurzeln in der Fremde – aus der Arbeitsmigration auf Zeit entwickelte sich das Aufnahmeland langsam zu einem Zuhause. Interessant ist hier, dass bei den Befragungen immer wieder der Wunsch geäußert wurde, am Ende des langen Lebens am eigenen Geburtsort beigesetzt zu werden. *Heimat als »sozialer Nahraum«[4] ist so mit einer Art symbolischer Ortverbundenheit verknüpft – dort kam man her und dorthin wollte man am Lebensende wieder zurück.*

»Griechischer Gastarbeiter schlägt Wurzeln in Deutschland«

© Leitfaden für die Beratung von griechischen Rückkehrern, Diakonisches Werk der EKD Stuttgart, Ende der 1970er Jahre

»Wir dachten, in Deutschland wartet das Paradies auf uns«
Die Vorstellungen, die Wünsche und die Lebensgegenwart im Norden Deutschlands

»Wir dachten, in Deutschland wartet das Paradies auf uns. Das wurde uns im Dorf so erzählt. Dann kamen wir im Winter am kalten Bahnhof in Wilhelmshaven an. Es war

4 Antweiler, Christoph: Heimat Mensch. Was uns alle verbindet, Hamburg 2009, S. 52.

dunkel, kalt, wir froren – nicht schön. *Das Paradies war dann doch wohl in Griechenland.*« Anastasios T., Olympianer, 82 Jahre

»Wir waren allein, Fremde unter Fremden, Unbekannte unter Unbekannten. Das Leben hatte uns des Luxus beraubt, einen richtigen Abschied am Bahnhof zu erleben. Auch dort, wohin wir wollten, wartete niemand auf uns [...]. Eine Reise ins Unbekannte in Begleitung von nur wenigen Träumen und einer Hoffnung. Wo würden wir ankommen, was würde auf uns zukommen? Wir hatten keine Ahnung.« Asimina P., 75 Jahre, Auszug aus ihrer unveröffentlichten Biographie »*Jenseits der Grenzen*«

Asimina Paradissa vor dem Olympia-Wohnheim in Middelsfähr, 19. Februar 1967

Die Befragungen griechischer Gastarbeiter*innen im Raum Friesland ergaben, dass sie – mit ihren Hoffnungen auf eine bessere Zukunft, den Vorstellungen von Wohlstand und den Verhältnissen der 1960er Jahre im Raum Friesland mit fehlenden Sprach- und Bildungsangeboten – dennoch versuchten, sich rasch »einzuleben«, »anzukommen« und ihren Platz in der Gesellschaft zu finden. Ein beachtlicher Kraftakt, da die Neuankömmlinge Mitte des 20. Jahrhunderts mit befristeten Aufenthalts- und Arbeitsverträgen de facto keine Möglichkeit hatten, sich gesellschaftlich zu integrieren. Die sogenannte Willkommensgesellschaft der 1960er Jahre erschöpfte sich in rein formalen Abläufen, in denen der Arbeitskontext immer im Vordergrund stand: Begrüßung und Betreuung durch einen griechischen Dolmetscher der *Olympia Werke*, der die neuen ausländischen Arbeitskräfte über das Notwendigste informierte und ihnen ihren neuen Schlafplatz in einem der Gastarbeiter-Wohnheime von Olympia zuwies. Zeit für ein richtiges Ankommen blieb ihnen nicht: In jedem einzelnen Interview wurde berichtet, dass die gerade Angekommenen gleich am nächsten Tag in die Fabrik mussten, wo sie vom Vorarbeiter zusammen mit dem Dolmetscher eingewiesen wurden.

> »Als wir in Roffhausen ankamen, holte uns Paul Fostiropoulos vom Bahnhof ab. Am Anfang waren wir immer auf den Dolmetscher angewiesen. Er war für mehrere Hundert Griechen zuständig. Das war viel; dann holten sie von Olympia noch eine Frau und zwei andere griechische Männer dazu, die uns auf der Arbeit, auf Ämtern halfen und übersetzten. Die waren ständig im Einsatz. Das war eine Vertrauensstellung – man durfte es sich mit denen nicht verscherzen, wir brauchten sie. Sonst hatten wir keinen in Deutschland. Wir mussten uns schnell einleben und das Wichtigste besonders auf der Arbeit verstehen.« Christos K., 73 Jahre

> »Dass jemand allein lebt, fremd unter Fremden, ist hart und schwierig. Aber ohne das Gefühl einer Heimat ist es unerträglich. Und obwohl die Vision der Rückkehr in die geliebte Heimat sich immer mehr entfernt, kann mich nichts dazu bringen, mein liebes Land aus meinen Erinnerungen zu löschen.« Asimina Paradissa, Auszug aus *»Jenseits der Grenzen«*

Heimat *setzen* – ein erster integrativer Prozess des Ankommens

Man lässt sich nieder, setzt bewusste, sichtbare Zeichen: Man nimmt eine Arbeit auf oder gründet eine Familie. Diese wesentlichen Schritte des Ankommens können als »kleine Heimatsetzungen«[5] verstanden werden. Dies alles sind wesentliche Schritte im Zuge des Heimischwerdens. Gleichzeitig liegt darin auch eine Chance in der Emigration und im Prozess der Integration, denn, so betrachtet, kann »Heimat« an jedem Ort geschaffen und auf den individuellen Lebenswegen der Emigration neu ausgestaltet und somit möglich werden. Interessant ist dies vor dem historischen Hintergrund, dass im 16. bis 18. Jahrhundert in Deutschland mit dem sogenannten Heimatrecht ein Recht und auch eine Verpflichtung auf Verortung festgeschrieben waren (die bestimmte Vorteile, wie das Recht auf Unterstützung im Alter, bei Krankheit und Mittellosigkeit enthielten). Diese auferlegte Lokalisierung bedeutete allerdings für »nicht Sesshafte« auch, dass die damaligen Tagelöhner und Gelegenheitsarbeiter noch bis in das 16. Jahrhundert hinein als Heimat- und Besitzlose galten und kein Anrecht auf »Heimatrecht« und somit auch keinen Anspruch auf fürsorgerische Leistungen hatten.[6]

---

5 Vgl. Joisten, Karen: Philosophie der Heimat – Heimat der Philosophie, Berlin 2003. Anmerkung: Nach Ansicht von Joisten ist Heimat aufgrund der Vielzahl von kleinen Heimatsetzungen bereits entstanden.

6 Dies änderte sich erst im Zuge der Reformation, als man begann, sich verstärkt für Arme und Besitzlose einzusetzen, und mit Einzug einer »Armenpflege« auch das »Heimatrecht« gewährt wurde.

Männer in Tracht in Nordgriechenland, 1960er Jahre

© Privatbesitz Familie Tassis

»Heimat verstehe ich als einen Prozess. Diese Definition passt sehr gut zu dem Verständnis von Migration als prozesshaftem Geschehen in der Zeit. Und in diesem Sinne haben die ehemaligen griechischen Zuwanderer sicherlich in Deutschland eine ›Heimat‹ gefunden, zumindest aber einen Ort, wo sie sich zu Hause fühlen. Und Migration lehrt uns ja auch, dass ein ›unbewegliches‹ Leben schnell dazu führt, den Anschluss zu verlieren und zum Verlierer zu werden.« Theo Lampe, ehemaliger für die Griech*innen zuständiger »Griechenbetreuer« der Diakonie für den Raum Oldenburg und Friesland (damit auch für die Olympianer*innen zuständig)

Männertanz in der Nähe von Kastoria, 1963

Erinnerungsorte

Der Begriff »Erinnerungsort« ist nicht nur topographisch, sondern, in diesem Forschungskontext, auch metaphorisch zu verstehen, zum Beispiel auf die jeweilige Wahrnehmung des Einzelnen bezogen: Wie ist das Licht in meinem Heimatort? Wie duftet das Meer? Aber auch hinsichtlich des ersten Eindrucks beim Ankommen in Deutschland: »*Dunkle Dächer, alles grau, kalt.*« (Katharina T., 68 Jahre)

In diesen persönlich erlebten und übermittelten »Erinnerungsorten« offenbart sich auch das kulturelle Gedächtnis der Zuwanderergeneration. Die Kinder und Kindeskinder begreifen sich im Aufarbeiten der familiären Erinnerungskultur als Teil eines kollektiven Gedächtnisnetzwerks.

Ländliches Nordgriechenland, 1960er Jahre

© Privatbesitz

Diese Erinnerungen verhalten sich wie ein Transfer durch die Generationen – vermittelnd, aufklärend und auch identitätsbildend. Gleichzeitig führt dies auch zu einer Auseinandersetzung mit der eigenen und der Kultur des Ankunftslandes.

Wie die verschiedenen Migrationsphasen verändert sich auch der Begriff »Heimat«, er ist längst nicht mehr nur auf einen bestimmten statischen, geografischen Ort festlegbar. Vielmehr umfasst er in hohem Maße Erinnerungsorte, aber auch konstruierte Sehnsuchtsprojektionen, die sich, wie die Menschen, die in der Diaspora in »Erinnerungsorten« leben, in ständigem Wandel befinden.

Bemerkenswert ist, dass durch die aktiv erlebte Migrationserfahrung der ersten Generation der jeweilige Herkunftsbezug im Sinne eines kulturellen Gedächtnisses auch Jahrzehnte nach der Emigration aktiv bestehen bleibt – emotional war er an die Option einer Rückkehr gekoppelt. Dieses Phänomen nimmt bei der Folgegeneration stetig ab.

Das Leben in der Diaspora

Diese Chance der flexiblen Verortung und »Ver-heimatung« im anfangs fremden Deutschland und in der Diaspora muss als wesentlicher Bestandteil einer hohen Integrationskompetenz gedeutet werden. Erinnerungen an die Heimat Griechenland finden auch im fernen Norddeutschland einen Ort und einen konstruierten Raum durch das Aufrechterhalten herkömmlicher Traditionen.[7] Ritualisierte religiöse Handlungen und Feste, das Lernen und Beibehalten der griechischen Sprache, auch die Pflege griechischer Speisetraditionen tragen so zu einer Weitergabe der Herkunftskultur an die Folgegeneration bei. Durch die gemeinschaftliche Ausübung entsteht eine Art sozialer Schutzraum, der Sicherheit in der Diaspora bietet, die Mitglieder der Community aber auch stärkt. Informelle familiäre soziale Strukturen (Familienfeste mit

7 Vgl. Eric Hobsbawm/Terence Ranger, The Invention of Tradition, New York 1983.

griechischer Musik, gegenseitige Besuche der Familien, Tanzveranstaltungen in den Olympia-Wohnheimen, Treffen der Männer in ihrem *Kafenion*[8] – zum Beispiel das Wilhelmshavener Bahnhofs-Café) stehen in engem Verbund mit formellen Strukturen wie der Zugehörigkeit zu griechischen Organisationen, Parteien und Vereinen, aber auch zur griechisch-orthodoxen Kirche und deren Pfarrgemeinden in Deutschland. Die alle verbindende Gemeinsamkeit ist die Zugehörigkeit zu einer Sprachgruppe und die Erfahrung des Fremdseins[9].

Alle befragten griechischen Emigrant*innen, meist aus agrarischen Regionen aus dem Norden Griechenlands, sprachen in den Interviews von der Fremdheit und dem Befremden, als sie das erste Mal in den 1960er Jahren deutschen Boden betraten – obwohl dieses Ereignis zumeist bis zu 50 Jahre und länger zurückliegt. Die Gewöhnung an die norddeutsche Landschaft erleichterte den Ausreisenden aus den ländlichen Regionen das Ankommen.

»Uns gefiel Friesland. Viel Land, so wie bei uns im Norden von Thessaloniki.

Als ich morgens die Fenster öffnete, fragte ich meine Mutter: ›Sind wir schon in Deutschland? Wo sind die Hochhäuser?‹ Selbst als wir später eine größere Wohnung in Wilhelmshaven in Aussicht hatten, wollte ich lieber mit der Familie in Roffhausen wohnen bleiben.« Katarina T., 68 Jahre, Ex-Olympianerin und, bis heute, Gastronomin

»Wir kamen abends im kalten Winter nach langer, langer Reise am Bahnhof in Wilhelmshaven an. Dort holte uns der Dolmetscher Fostiropoulos ab. Ich habe nur die Kälte in Erinnerung. Ich wollte wieder zurück, auch nach Monaten.« Eleni G., 77 Jahre

»Alles, alles war fremd. Die Menschen waren fremd, die Musik war fremd, alles war ganz fremd.« Vasilki K., 74 Jahre

»Mein Vater war schon bei Olympia. 1972 holte er mich mit meiner Mutter und mit meinem jüngeren Bruder von Peloponnes im Sommer nach Deutschland. Es war keine schöne Erinnerung, nein. Zuhause in Griechenland habe ich viel geheult, mich gewehrt. Ich habe meine Großmutter gebeten, dass sie mich weiter bei sich behält. Das war ja Hochsommer in Griechenland, da kamen wir mit dünnen Sachen hier an, in München hat es so gegossen, mit dem Zug damals in München, von da aus mussten wir einen anderen Zug nehmen. Es hat die ganze Zeit geregnet, die trockenen Sachen waren im Koffer, die verstaut waren. Meine Mama musste erst mal die Koffer aufmachen und uns andere Sachen anziehen und so. Ja, das war unser Ankommen.« Argiry K., 76 Jahre, Olympianerin

»Wir kamen spät in der Nacht am Bahnhof in Wilhelmshaven an. Der Dolmetscher brachte uns nach Middelsfähr in das Ausländerwohnheim. Morgens machte ich das

8 Das Kafenion, das griechische Kaffeehaus, ist bis heute Treffpunkt, vor allem der griechischen Männer. Die junge Generation schuf ihre eigenen kleinen Kafenia, besonders in den bundesdeutschen Großstädten. Hier treffen sich Frauen und Männer mit griechischem Migrationshintergrund.

9 Lauth Bacas, Jutta: Fremder Frauen Wege. Eine ethnologische Fallstudie mit griechischen Migrantinnen, Zürich/Lesbos 1994, S. 286.

Winter in Roffhausen, 1966

© Stadtarchiv Wilhelmshaven/Sammlung Arbeiterarchiv – Dr. Hartmut Büsing

Fenster auf und dachte: Ich will wieder zurück nach Argos. Ich hörte nur von den anderen: Hier ist jetzt dein Zuhause.« Katarina T., 65 Jahre, Olympianerin

»Alles war schwarz hier in Deutschland«

Dimitrios Danidis, der bis zur Schließung des Roffhausener Werks als IG-Metaller gewerkschaftlich aktiv war, beschreibt seine ersten Eindrücke in Deutschland:

»Schwarze Dächer. Das habe ich noch so im Auge gehabt, als ich mit dem Zug von München nach Wilhelmshaven fuhr. Die Häuser, die damals um die Bahnhöfe waren, die waren alle ohne Dachpfannen, nur mit dieser Teerpappe, und alles schwarz, alles schwarz. Wieso war alles schwarz hier, fragte ich mich. Später war mir klar, wo es dunkel ist und die Schornsteine rauchen, da gibt es Arbeit, und das war Deutschland damals.«

»Ich bin meinem Mann mit 17 Jahren nach Deutschland gefolgt. Vollkommen unvorbereitet, konnte kein Wort Deutsch. Ich erinnere mich an das dunkle Licht in Norddeutschland, obwohl es August war.« Eleni C., 72 Jahre

»Ich muss heute noch weinen, wenn ich an die Auswanderung denke. Ich war 17! Seid mir nicht böse, wenn ich dann weine. Ich weiß noch, dass ich mit meinem Mann mit einem roten Opel Olympia aus Serres nach Deutschland kam. Natürlich mit dem Auto, nicht mit dem Flugzeug oder so. Und dann habe ich bei jedem größeren Berg zu

Schichtwechsel 1963

© Stadtarchiv Wilhelmshaven/Sammlung Arbeiterarchiv – Dr. Hartmut Büsing

meinem Mann gesagt: Nach diesen Bergen, ist da drüben nun Deutschland? Und wir waren immer noch in Griechenland. Das dauerte fast 3 Tage. Und immer haben wir so ein Ziel gehabt, nach diesem Berg – da kommt endlich Deutschland.« Katarina Z., 64 Jahre

Insofern entwickelten sich die informellen Strukturen über die eigenen griechischen Netzwerke als wertvolle soziale Ressource und Haltepunkt der Ausgewanderten, besonders in den Anfangsjahren. Der Isolierung und Vereinzelung in Bezug auf die individuelle Migrationserfahrung im Norden Deutschlands setzten sie ihre eigenkulturellen Sozialbezüge entgegen – hier erlebten sie ein Wir-Gefühl.

»Egal, wie süß das Brot war, es war bitter. Alles war bitter.«

»Wir haben, als wir in München mit dem Auto ankamen, ich weiß noch genau ... meine erste Wurst habe ich da gegessen. Ausgerechnet Weißwurst. Ich habe gesagt, ist das Souvlaki, so wie unseres? Und dann bekommst du diese weißen Würstchen da, mit so einem Toastbrot, und das war süß, dieses Brot. Das war schrecklich. Mein Gott, machen sie das aus Kartoffeln, oder warum ist das so weiß und süß? Egal, wie süß das Brot war, es war bitter. Alles war bitter. Das Ankommen war nicht schön.« Eleni M., 66 Jahre

Deutschland wird zur zweiten Heimat

Der Mensch verändert sich im Laufe seines Lebens und somit auch die Vorstellung von dem individuellen, auf die Heimat bezogenen Erinnerungsort. Die Erinnerung an das Griechenland, das man zurückgelassen hat, deckt sich nicht mehr mit dem realen Ort, der Jahre später mit den gleichen Hoffnungen, Wünschen und Erwartungen wieder auf-

»Knigge« – Umgang mit ausländischen Mitarbeitern, 1965

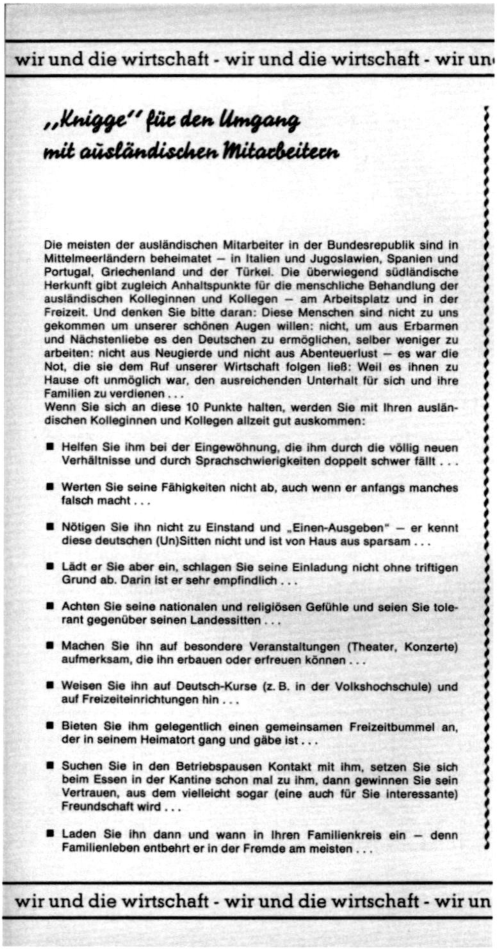

wir und die wirtschaft - wir und die wirtschaft - wir un

„Knigge" für den Umgang mit ausländischen Mitarbeitern

Die meisten der ausländischen Mitarbeiter in der Bundesrepublik sind in Mittelmeerländern beheimatet – in Italien und Jugoslawien, Spanien und Portugal, Griechenland und der Türkei. Die überwiegend südländische Herkunft gibt zugleich Anhaltspunkte für die menschliche Behandlung der ausländischen Kolleginnen und Kollegen – am Arbeitsplatz und in der Freizeit. Und denken Sie bitte daran: Diese Menschen sind nicht zu uns gekommen um unserer schönen Augen willen: nicht, um aus Erbarmen und Nächstenliebe es den Deutschen zu ermöglichen, selber weniger zu arbeiten: nicht aus Neugierde und nicht aus Abenteuerlust – es war die Not, die sie dem Ruf unserer Wirtschaft folgen ließ: Weil es ihnen zu Hause oft unmöglich war, den ausreichenden Unterhalt für sich und ihre Familien zu verdienen ...
Wenn Sie sich an diese 10 Punkte halten, werden Sie mit Ihren ausländischen Kolleginnen und Kollegen allzeit gut auskommen:

- Helfen Sie ihm bei der Eingewöhnung, die ihm durch die völlig neuen Verhältnisse und durch Sprachschwierigkeiten doppelt schwer fällt ...
- Werten Sie seine Fähigkeiten nicht ab, auch wenn er anfangs manches falsch macht ...
- Nötigen Sie ihn nicht zu Einstand und „Einen-Ausgeben" – er kennt diese deutschen (Un)Sitten nicht und ist von Haus aus sparsam ...
- Lädt er Sie aber ein, schlagen Sie seine Einladung nicht ohne triftigen Grund ab. Darin ist er sehr empfindlich ...
- Achten Sie seine nationalen und religiösen Gefühle und seien Sie tolerant gegenüber seinen Landessitten ...
- Machen Sie ihn auf besondere Veranstaltungen (Theater, Konzerte) aufmerksam, die ihn erbauen oder erfreuen können ...
- Weisen Sie ihn auf Deutsch-Kurse (z. B. in der Volkshochschule) und auf Freizeiteinrichtungen hin ...
- Bieten Sie ihm gelegentlich einen gemeinsamen Freizeitbummel an, der in seinem Heimatort gang und gäbe ist ...
- Suchen Sie in den Betriebspausen Kontakt mit ihm, setzen Sie sich beim Essen in der Kantine schon mal zu ihm, dann gewinnen Sie sein Vertrauen, aus dem vielleicht sogar (eine auch für Sie interessante) Freundschaft wird ...
- Laden Sie ihn dann und wann in Ihren Familienkreis ein – denn Familienleben entbehrt er in der Fremde am meisten ...

wir und die wirtschaft - wir und die wirtschaft - wir un

© Werkszeitschrift Nr. 4, 1965/Schott AG

gesucht wird. Bilder der Erinnerung verblassen, verändern sich, werden durch Neues geprägt.

»Also ich muss sagen, ich fühl mich jetzt nicht mehr fremd. Nicht mehr fremd in Deutschland, nein. Jetzt fühle ich mich nicht mehr fremd, also ich würde bis zum Schluss bleiben, es sei denn, es kommt der Punkt, wo man dann weg muss hier. Aus irgendeinem Grund. Sprich, es bricht ein Krieg aus oder so. Sonst würde ich nicht weggehen. Dann bleibe ich. Da könnte ich sagen, es ist meine zweite Heimat hier. Wenn ich jetzt sagen würde, es ist meine Heimat hier geworden, ich würde ein bisschen lügen. Ich bin ehrlich und sage so: Es ist meine zweite Heimat. Ich kann mir vorstellen, bei den meisten Griechen oder Türken oder Italienern ist es auch so. Und wenn einer

*Gemeinsame Wohnküche für Gastarbeiter*innen*

© Nordwestdeutsches Museum für IndustrieKultur, Delmenhorst

Endmontage von Saldiermaschinen in der Halle 10

© Stadtarchiv Wilhelmshaven – Sammlung WZ-Bild-dienst

sagt, Deutschland ist meine Heimat geworden, ich glaube ihm das nicht so richtig. Aus Erfahrung jetzt. Die zweite Heimat, ja. Ich spreche jetzt von Menschen, die als Erwachsene nach Deutschland gekommen sind. Nicht die, die hier geboren sind, da sieht das anders aus. Wie ich, mit 23 hierhergekommen. Für die ist dann Deutschland die zweite Heimat.« Dimitrios D., 71 Jahre

»Ja, wie gesagt, ich habe mich auch richtig dagegen gewehrt. Für mich war das alles nicht schön, alles. Auch wenn irgendwas schön war, ich wollte das nicht. Das fing ja schon in München an, mit dem kalten Wetter, nass und was weiß ich. Und dann nach Hause, ich hatte ja noch keine Freunde und kannte niemanden. Mein Vater hat dann ein bisschen versucht – er hat dann Fahrräder gekauft – auf seine Art dann versucht, es uns ein bisschen leichter zu machen. Wochenende dann ein bisschen wohin fahren. Oder wir sind auch an jedem Wochenende, samstags, immer eine Kleinigkeit draußen essen, auch zu den Landsleuten in die Lokale, oder so ein bisschen raus. Also unsere Eltern haben schon so weitergemacht, dass es für uns nicht so schwer ist. Aber es war schwer, ich habe eine Zeit gebraucht. Es war wirklich für mich schwer, mir fehlte meine schöne griechische Heimat. Ja, mit der Sprache ging es dann so besser, und dann, man konnte sich auch manchmal wehren, wenn es sein musste, und da fing es dann langsam an. Man hatte in der Zwischenzeit ja auch deutsche Freunde.« Artemis O., 66 Jahre

Erlebte Heimatgefühle als eine Art Fern- und Nahweh, das nie ganz zu stillen ist: Hat man das eine, fehlt wieder das andere – ein Charakteristikum der (griechischen) Emigrant*innen der ersten Generation.

»Wo ist meine Heimat? Niemals in Deutschland, aber auch nicht mehr in Griechenland!« Paul Fostiropoulos, erster Dolmetscher der Olympianer*innen

Griechische Schule, Deutschland 1970er

© Privatbesitz

Die Möglichkeit der variablen Beheimatung und unterschiedlicher »Orte des Ankommens« spricht für eine hohe Flexibilität und soziale Anpassung der Arbeitsmigrant*innen.

»Ich bin hier, mein Herz in Griechenland. Geistig bin ich hier. Aber ich liebe auch diesen Ort hier. Komischerweise, wenn ich in Griechenland bin, nach ein paar Tagen, wenn ich mich ausgeruht hab, gibt es was, was mich nach Norddeutschland zieht. Vielleicht ist es normal. Meine Kinder sind hier. Ich komme besser klar hier. Man muss beides lieben. Man ist da und hier.« Katarina G., 67 Jahre

»Wo ist meine Heimat? Beides ist meine Heimat: Griechenland und Wilhelmshaven. Wenn ich in Deutschland bin, vermisse ich Griechenland – bin ich wieder in Griechenland, vermisse ich die Ordnung, das Geregelte, das Typische in Deutschland. Ich mag aber auch die norddeutsche Landschaft. Die vermisse ich auch, schließlich habe ich ja die meiste Zeit meines Lebens, nämlich 50 Jahre, hier gelebt und gearbeitet. Eigentlich ist Wilhelmshaven mehr Heimat geworden.« Stavros T., 77 Jahre

»Da kommt Christos« und nicht: »Da kommt der Grieche!«

*Die Offenheit und Bereitschaft der zugewanderten Arbeitsmigrant*innen, diesem (anfangs) neuen Deutschland gegenüber, das sich allein mit seiner ungewohnten Sprache, dem ungewohnten Berufs- und Lebensalltag, aber auch mit rauem Klima präsentierte, machte es möglich, sich auf Norddeutschland einzulassen und somit einen Prozess der Migration in Gang zu setzen.*

»Wir Griechen sind immer offen. Auch meine Eltern. Sie konnten nicht gut Deutsch und blieben so unter sich. Ich habe dann hier in Wilhelmshaven eine deutsche Frau geheiratet. Deutsch und griechisch – das ist für mich sehr ähnlich. Eigentlich sind unsere Kulturen für mich gleich. Ich sage ja auch: ›Da kommt Christos‹ und nicht ›Da kommt der Grieche‹!« Christos, 54 Jahre, zweite Generation

»Also für mich war das so, eigentlich ist alles so weitergelaufen mit unseren Traditionen. Wir haben unser Leben fast weiter so wie zuhause geführt. Also alles, was wir als Familie sonst da gemacht haben, religiöse oder wie unsere Familienfeiern sonst so waren. Wichtig war der Zusammenhalt und dass wir gemeinsam diese Sachen unternommen haben, das ist dann die Jahre so weitergelaufen. Mittlerweile feiern wir Weihnachten und Ostern fast wie die Deutschen.« Artemis K., 68 Jahre

Aus den Interviews ging hervor, dass – vor dem Hintergrund des Lebens in einer »deutsch« geprägten Gesellschaft – in den Sozialräumen griechischer Familien neue, multiethnische Formen des kulturellen Lebens und Alltags entstanden und praktiziert wurden.

Kultur ist ein in sich heterogener Begriff, der als »Wissensvorrat von kulturellen Deutungsmustern«[10] verstanden wird. Diese kulturellen Deutungsmuster prägen eine Gruppe – durch diese interpretieren und rekonstruieren deren Mitglieder ihre Wirklichkeit (als soziales und diskursiv gedeutetes Konstrukt, das immer wieder individuell »hergestellt« wird und nicht objektiv der Realität entsprechen muss). Dementsprechend versteht auch die Autorin den Begriff *Kultur* nicht als objektiv gegebene Realität, sondern als eine, die individuell und sozial von Menschen ausgehandelt wird. Das, was wir Wirklichkeit nennen, ist keine objektive, sondern eine individuell gedeutete Wirklichkeit, die mehrere Ebenen umfassen kann. Gegenstand des kulturwissenschaftlichen

10 Altmayer, Claus: Kulturelle Deutungsmuster als Lerngegenstand. Zur kulturwissenschaftlichen Transformation der Landeskunde. In: Fremdsprachen Lehren und Lernen (FLuL) 35, 2006, S. 51.

Vor dem Olympia Werk Roffhausen, Ende 1960

Forschungsansatzes ist daher nicht das Land, sondern »die diskursiven Prozesse der Bedeutungszuschreibung und Bedeutungsaushandlung in der fremden Sprache«.[11]

> »Ich bin wirklich hier deutsch aufgewachsen, hier geboren, hier zur Schule gegangen und alles. Ich weiß nicht, wie ich in Griechenland sein würde. Ich kenne es ja nur im Sommer, im Urlaub, und da ist alles Friede, Freude, Eierkuchen. Deutschland hat mich und meine Familie schon verändert.« Maria-Anastasia P., 28 Jahre

Insofern wird im vorliegenden Kontext nicht von in sich geschlossenen, nationalen kulturellen Zuschreibungen ausgegangen. Vielmehr lässt sich am Beispiel der griechischen Community beobachten, wie eine Gruppe von Menschen eine gewisse Schnittmenge an diskursiven Traditionen und subjektiven kulturellen Deutungen teilt. Deren Mitglieder greifen auf bestimmte Ordnungen, »kulturelle Muster«, zurück (die sie sich im Laufe der Migration und Sozialisierung angeeignet haben) und die ihr Handeln, ihre Wahrnehmungen und Sinnzuschreibungen beeinflussen. Dieses Gedächtnis einer Gruppe unterliegt im Laufe der Migration ständigen Veränderungen, und insbesondere im Familienverbund werden kulturelle Zuschreibungen immer wieder neu verhandelt.

Deutlich wurde dies vor allem in Gesprächen mit Vertreter*innen der Folgegeneration ehemaliger griechischer Olympianer*innen. Bei ihnen war die Verbundenheit mit der griechischen Kultur und den Traditionen fest im Leben und im Alltag verankert, war es doch noch bis zur zweiten Generation üblich, die Kinder nach dem Regelunterricht nachmittags ein- bis zweimal pro Woche für jeweils zwei bis drei Stunden in die griechische Schule zu schicken. Hier lernten sie nicht nur die griechische Sprache, sondern auch historische Fakten und Heimatkundliches über Griechenland und dessen Bräuche und Traditionen kennen. Das Angebot besteht bis heute, allerdings in geringerem Stundenumfang.

11 Altmayer, Claus, ebd., S. 52

Feier im Rahmen des griechischen Nationalfeiertags in Deutschland

© Privatbesitz

Gottesdienst in der Banter Kirche, Wilhelmshaven (2021)

© Privatbesitz Familie Delias

»Ja, ich habe mich trotzdem immer bemüht, auch alles auf Griechisch zu sagen und unsere griechische Sprache aufrechtzuerhalten. Hab aber 50 % griechisch und 50 % deutsch gesprochen. Dass wirklich beide Kulturen hier im Haus leben, sag ich mal.«
Maria-Anastasia P., 28 Jahre

Jede gesellschaftliche Ordnung wird geprägt von fortlaufenden Handlungen und Praktiken (kulturell, aber auch politisch und juristisch). Gesellschaft und das »Dazugehören« werden insofern ständig ausgehandelt und konstituiert. Was sich in diesen sozialen Abläufen aber ebenfalls ausdrückt, ist die Zugehörigkeit oder Nichtzugehörigkeit zur Gruppe: auf diese Weise schaffen sie eine »Ordnung des Miteinanders«.

> »Meine Eltern lernten über Nachbarn die norddeutsche Küche kennen. Meine Mutter kocht mittlerweile den besten Grünkohl und Pinkel in der Gegend. Das bestätigten uns deutsche Kollegen und Nachbarn. Trotzdem kochten wir auch weiterhin griechische Gerichte. Das führen wir jetzt bis zur dritten Generation fort.« Emanuel T., 49 Jahre

> »Weihnachten hörten wir von dem norddeutschen Brauch von Bockwurst und Kartoffelsalat. In Griechenland lachten sie uns aus, als wir im Urlaub dort erzählten, dass wir Weihnachten wie die Deutschen feiern und auch so essen wie sie.« Maria Z., 77 Jahre

Erinnerungsträger wie Relikte aus der Zeit der Eltern und Großeltern haben neben ihrer Funktion der Erinnerung auch die der Vermittlung. Sie verbinden zeitlich und räumlich getrennte Gemeinschaften und geben der Nachfolgegeneration die Möglichkeit, auch an in die Vergangenheit zurückreichenden kulturellen Gedächtnissen anderer teilzuhaben.

> »Wenn wir in Griechenland sind, für drei Wochen, um die Familie zu sehen und auch Urlaub zu machen, dann sind meine Eltern und ich, um ganz ehrlich zu sein, auch wieder froh, irgendwann wieder nach Hause zu kommen. Und »zuhause« ist dann tatsächlich hier in Wilhelmshaven. Ich würde in dem Fall, weil wir ja gar keinen festen Wohnsitz in Griechenland haben, sagen: Für mich ist wirklich mein Zuhause im Moment auch Wilhelmshaven. Eigentlich freue ich mich ja doch wieder, nach Hause zu kommen. Zuhause ist es ja doch am schönsten.« Eleni Z., 27 Jahre

Griechischer Imbiss

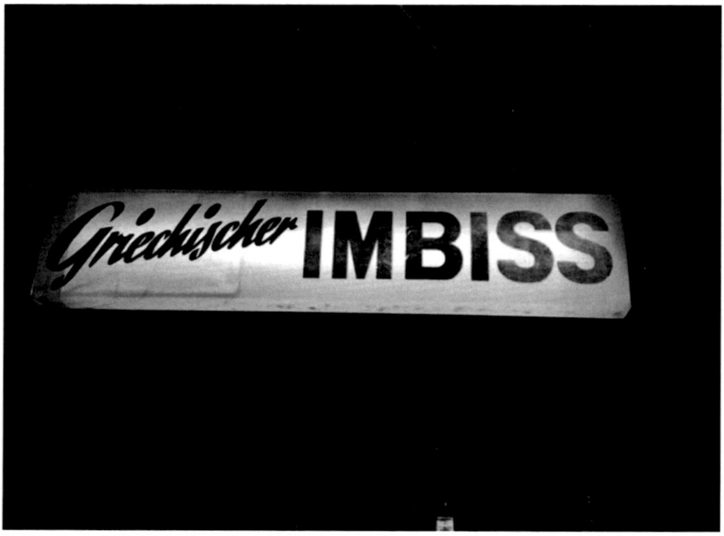

© Maike Wöhler

Traditionen – wie die griechische Esskultur, besonders sichtbar an den zahlreichen griechischen Restaurants in Wilhelmshaven und im Landkreis Friesland – bereicherten die karge norddeutsche Region ab den 1960er Jahren und prägen bis heute das kulturelle und gesellschaftliche Leben. Zu Spitzenzeiten gab es nach Mitteilung ehemaliger griechischer Olympianer*innen bis zu 20 griechische Lokale und Gaststätten in Wilhelmshaven und Umgebung, die von ehemaligen Gastarbeiter*innen gegründet wurden. Noch heute werden diese Restaurants von ehemaligen Olympianer*innen, mittlerweile in der zweiten und dritten Generation, geführt.

»Wer sind wir jetzt?«

> »Aber ich kann nicht sagen, dass dann Deutschland meine Heimat geworden ist. Wir fuhren jedes Jahr als Familie nach Griechenland. Wir haben versucht, so einen Monat in den Urlaub zu fahren. Wir haben versucht, die Kontakte nicht ganz zu unterbrechen. Und irgendwann, nach 10 Jahren zum Beispiel, da haben wir so gefühlt, dass wir in Deutschland Griechen sind, also Ausländer, und in Griechenland sind wir Deutsche, also auch Ausländer. Und da fing das Problem an. Wir hängen irgendwo in der Mitte, in der Luft. Hier werden wir nicht 100 % anerkannt und dort auch nicht. Da fing das Problem an: Wer sind wir jetzt? Gott sei Dank haben wir unsere Familie in Deutschland.« Elias T., 75 Jahre

»Heimat« ist kein feststehender Begriff – im griechischen Familienverbund wird ein Stück Heimat gelebt: Man isst griechisch, spricht die Muttersprache und hält die griechisch-orthodoxe Religion aufrecht. Dies führt nicht nur zur Verbundenheit in der Diaspora, sondern stärkt auch die Mitglieder einer griechischen Familie untereinander, da so durch den Erhalt der kulturellen Identität Sicherheit und Vertrauen im deutschen Zielland vermittelt werden.

> »Im Herzen würde ich auf jeden Fall sagen: 100 % griechisch. Aber so als Mensch, würde ich sagen, habe ich mehr die deutsche Kultur angenommen und bin in dem Fall mehr deutsch.« Christos T., 38 Jahre

Kultur ist kein geschlossenes, homogenes Gebilde (keine auf eine Nation bezogene Sprachgemeinschaft); kulturelle Phänomene sind weitaus komplexer und heterogener. Dieser Komplexität wird man mit einer Einordung in homogene Nationalkulturen nicht gerecht, weil sie in dieser (Rein-)Form nicht existieren.

»Ich bin genauso ein Grieche wie ihr. Ich lebe halt nur im Ausland!«

> »Unser Freundeskreis in Griechenland hat immer gesagt: Ach, da ist die Deutsche wieder. Da habe ich immer gesagt: ›Leute, ich bin keine Deutsche, ich bin genauso ein Grieche wie ihr. Ich lebe halt nur im Ausland!‹ Mich hat das immer verletzt, weil ich mich als Griechin sehe – sogar von beiden Elternteilen als Griechin, und das hat mich immer verletzt in meinem Stolz. Da war ich halt auch ein bisschen gekränkt. Aber wie ein schönes griechisches Lied sagt: In Griechenland ist man Ausländer und im Ausland ist man der Grieche. Egal, wie man es dreht und wendet, man ist und bleibt ein Ausländer.« Maria-Anastasia P., 28 Jahre

»Ich habe zwei Heimatländer: Griechenland und Deutschland«

»Als Kind war Griechenland meine Heimat. Nun, nach den vielen Jahren in Deutschland, habe ich zwei Heimatländer: Griechenland und Deutschland, wobei genau genommen Wilhelmshaven meine Heimat ist. Ja, Wilhelmshaven ist meine Heimat. Im Gegensatz zu meinen Eltern, die noch leben und nicht nach Griechenland zurückgekehrt sind – für beide ist und bleibt Griechenland immer die Heimat.« Angelos C., 58 Jahre

»Das Ankommen« ähnelt einem »Sprung ins Leere« oder einer »Fortbewegung zwischen Fallen und Fliegen«

»Also, Heimat ist mein wichtigster Punkt, in Form der Familie. Und meine Familie, meine Eltern sind hier. Das heißt: Heimat ist somit auch Deutschland für mich. Ganz klar. Weil ich auch hier geboren und aufgewachsen bin. Aber Heimat bedeutet für mich auch Griechenland, dort sind auch meine anderen Familienmitglieder, Tanten, Onkel, Cousinen und so weiter. Und unsere Oma war bis vor kurzem ja auch noch da, und das bedeutet für mich Heimat. Heimat heißt wirklich in der Hauptsache Familie.« Eleni T., 40 Jahre

Heimat ist da, wo die Familie ist

Wenn wir über das Thema Integration sprechen, ist es wichtig, sich im Besonderen mit dem Prozess des Ankommens, der Historie und den Biographien der ersten Gastarbeiter*innen auseinanderzusetzen und sich tiefergehend mit den Prozessen der Migration zu beschäftigen.

Ein Mensch, der auswandert, ist nicht nur einfach plötzlich im Aufnahmeland, sondern er verlässt heimatliche Erde, Familie, Verwandte und Freunde und trägt in seinem Gepäck eine Menge an individuell und kulturell geprägten Lebenszeiten und Lebenserinnerungen mit sich.

Das Ankommen mit einer anfänglichen Euphorie des Neuen und Unbekannten und auch die Arbeitsaufnahme in Deutschland ist wie *»ein Sprung ins Leere oder eine Fortbewegung zwischen Fallen und Fliegen«*[12].

Eine Person, die auswandert, ist in erster Linie Mensch, also Teil der Menschheitsfamilie. Sie ist darauf angewiesen, beachtet und in der Öffentlichkeit der Aufnahmegesellschaft respektiert zu werden. Auch bedarf es eines kultursensiblen beiderseitigen Aufeinander-Zugehens. Die innere Zerrissenheit, das Heimweh und die Sehnsucht nach dem Geburtsland wiederholen sich nun auch in der neueren Geschichte. Damit sich die negativen, schmerzvollen Erlebnisse der Angehörigen der ersten Generation nicht ebenfalls wiederholen, bedarf es vor allem eines von Offenheit geprägten wechselseitigen Dialogs. Damit verbindet sich das Ziel einer wertfreien Begegnung unterschiedlicher Lebenswelten, die ohne kulturelle Stereotypisierungen und Zuschreibungen auskommt. *Gleichzeitig kommt es darauf an, offen zu*

12 Zitat des emigrierten irakischen Schriftstellers Usama Al Shahmani. »Ankommen bedeutet, dass man die Heimat und ihren Widerspruch unter einen Hut bringt«, so Al Shahmani. Deutschlandfunk Kultur, Essay. https://www.deutschlandfunkkultur.de/leben-im-exil-der-sprung-ins-leere.1005.de.html?dram:article_id=484172, 17. September 2020. Letzter Zugriff am 05.09.2022.

bleiben und teilzunehmen an den Diskursen eines Landes, die ausschlaggebend sind für die Sinnzuschreibungen bestimmter Begriffe. Voraussetzung für einen Dialog ist die Kenntnis von und das Interesse an den kulturellen Mustern eines (anderen) Landes.

Tanz, 1980er

© Privatbesitz Doris Semmler

»Wer ich bin? Weder Grieche noch Deutscher. Ich sehe mich einfach so, wie ich bin. Ein Mensch, ein Teil dieser Welt.« Emanuel T., 49 Jahre

5. »Ich bin friesischer Grieche!«
Leben und Alltag der griechischen Olympianer*innen

Die griechische Olympianerin Asimina Paradissa in ihrem Gemeinschaftszimmer im Olympia-Wohnheim Middelsfähr 1967

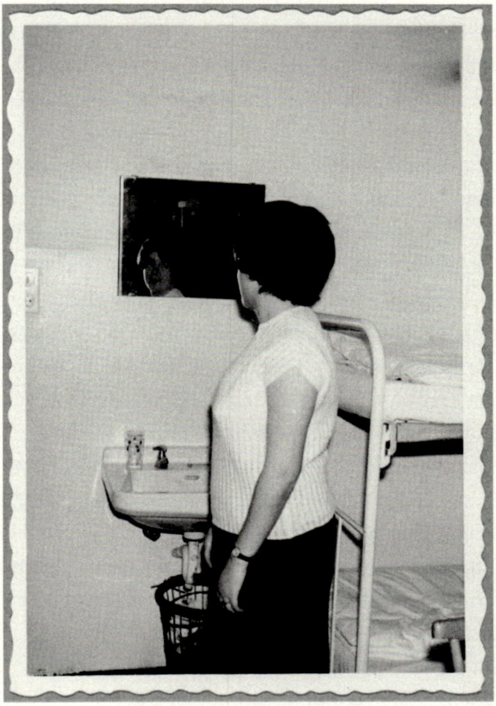

> »Deutschland! Wenn ich die 48 Jahre zurückdenke, als ich zum ersten Mal hierherkam, ich glaube, ich hatte alles nur durch eine rosa Brille gesehen! Ein unbekanntes Land [...] Ein Land, in dem man sitzend das Geld verdienen kann, im Gegensatz zu der Arbeit auf dem Land, dort, wo man hart arbeiten muss. Ein reiches Land! Gewiss, nur das wird oft mit harter Arbeit und sogar mit der Gesundheit bezahlt. [...] Und nach Menschlichkeit und Gastfreundlichkeit kann man lange suchen ...«[1] Asimina Paradissa

Das Ankommen in Deutschland gestaltete sich für die angeworbenen Gastarbeiter*innen strapaziös. Über den beschwerlichen Seeweg, in Bussen, mit dem Zug (oft eingesetzte, überfüllte Sonderzüge) waren sie mehrere Tage von Griechenland nach Deutschland unterwegs. Erschöpft, aber voller Hoffnung auf ein gutes, finanziell ertragreiches Leben kamen sie in der Bundesrepublik an. Auf dem berühmten Gleis 11 am Münchner Hauptbahnhof endete die Anreise zunächst mit einem ersten Zwischenstopp. Beamte der Arbeitsagentur empfingen die Neuankömmlinge und versorgten sie mit weiteren Informationen, unter anderem der Angabe der Fahrtroute und der genauen Destination des künftigen Arbeits- und Wohnortes.

Die kräftezehrende Anreise und das Aufnahmeprozedere blieben vielen Ausreisenden in unangenehmer Erinnerung, da das erste Kennenlernen des »gelobten Landes Deutschland« sich auf einen ehemaligen Bunker aus dem Zweiten Weltkrieg beschränkte, der sich unter dem Gleis 11 befand. Hier wurden die Ankömmlinge registriert und erhielten von der Caritas vor Ort immerhin eine erste warme Mahlzeit, bis sie dann von Mitarbeiter*innen der vermittelnden Arbeitsbehörden nach Nummern aufgerufen und mit Zügen und Bussen an die nahen oder entfernt liegenden Einsatzorte befördert wurden.

Die von der Bundesanstalt für Arbeit anfangs provisorisch eingerichtete Anlauf- und Weiterleitungsstelle für alle zugereisten ausländischen Arbeitskräfte, die sich am Drehkreuz München in dem ehemaligen Luftschutzbunker befand, wurde rasch modernisiert und mit Ruhe-, Sanitär- und Waschräumen ausgestattet. Vonseiten der Politik bestand die Sorge, dass in der Öffentlichkeit – angesichts der Bilder von übervollen Bahnsteigen, extrem beengten Verhältnissen der zahlreichen wartenden fremden Menschen und der Arbeitskräfte ausrufenden Arbeitgeber – der Eindruck eines »Sklavenhandels« aufkommen könnte. »Die Leute sollten möglichst schnell vom Bahnsteig verschwinden.«[2]

Die Arbeitsmigrant*innen aus den Anwerbeländern, wie Italien, Griechenland, Spanien, Türkei, Marokko, Portugal, Tunesien und Jugoslawien, trafen in der Nachkriegszeit auf eine urbane Industriegesellschaft, die geprägt war von großen industriellen Veränderungen, auch in der bundesdeutschen Arbeitswelt. Eine verstärkte Rationalisierung und Automatisierung von Fertigungsprozessen in der Industrie und der intensive Einsatz von leistungsfähigeren Maschinen führten zu einer Umgestaltung und Beschleunigung von Arbeitsgängen.

Das Gros der Befragten wanderte vorwiegend aus agrarischen, strukturschwachen Gebieten Nordgriechenlands in die Bundesrepublik ein, mit großen Hoffnungen auf ei-

---

1 Paradissa, Asimina: Jenseits der Grenzen. Unveröffentlichtes Manuskript, o.J.

2 Yildiz, Erol/Hill, Marc: Nach der Migration. Postmigrantische Perspektiven jenseits der Parallelgesellschaft, Bielefeld 2015, S. 50.

ne bessere Zukunft.[3] Die ökonomischen Unterschiede zwischen dem Herkunfts- und dem Zielland waren besonders in den Anfangsjahren der Arbeitsmigration enorm. Die prekären Lebensverhältnisse in den verarmten Nordgebieten, unter anderem in Makedonien und Thrakien, führten in den frühen 1960er Jahren dazu, dass aufgrund der anhaltenden Wanderbereitschaft der Bevölkerung ganze Landstriche verödeten. Junge Arbeitskräfte, die nach Deutschland transferiert wurden, fehlten bald im eigenen Land, und nach jahrelangen Abwanderungswellen traten in einigen Regionen personelle Verknappungserscheinungen[4] auf dem griechischen Arbeitsmarkt auf.[5]

Der Höhepunkt der griechischen Zuwanderung war das Jahr 1973: man zählte 408 000 emigrierte Griech*innen, und die Bundesrepublik avancierte zum Hauptzielland der Arbeitsmigration. Die meisten Olympia-Griech*innen kamen aus Epirus, Nordgriechenland und Makedonien, Peloponnes, Piräus, Athen und Samos. **1966 arbeiteten nach Mitteilung von Zeitzeug*innen um die 700 Griechen bei Olympia.**[6]

Wanderschema und Migrationsverläufe griechischer Arbeitsmigration

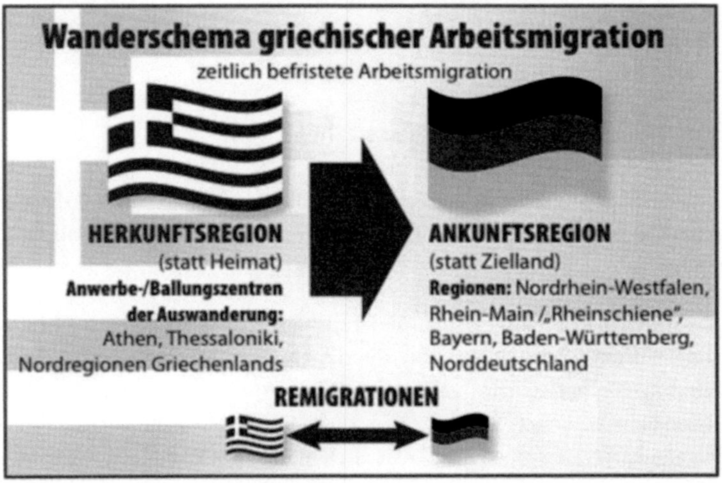

© Maike Wöhler

3 Vgl. Wöhler, Maike (2020): »Man ist nur so lange fremd, bis man sich kennt«, S. 28f.

4 Trotz Wirtschaftswachstum und einem großen Bedarf an Arbeitskräften stand die Bundesrepublik einer gezielten Anwerbung von Gastarbeiter*innen anfangs zögerlich gegenüber, richtete dann aber, ab 1960, auf Drängen der griechischen Regierung sogenannte Anwerbebüros ein. Ziel war auch, durch die Geldüberweisungen nach Griechenland die Wirtschaft und Kaufkraft des Entsendelandes zu stärken. Außerdem wurden der Arbeitsmarkt und die Sozialkassen in Griechenland entlastet, denn viele Arbeitssuchende drängten aufgrund der wirtschaftlich angespannten Lage darauf, im Ausland zu arbeiten.

5 Im Frühjahr 1972 stellte die griechische Partnerverwaltung in den Anwerbebüros nur eine begrenzte Zahl von Arbeitskräften für die Auslandsvermittlung zur Verfügung.

6 »Ich erinnere mich noch an fünf Serben, vier bis fünf Spanier. Keine Türken, sie arbeiteten in der Garnfabrik Wilhelmshaven, in der Kammgarnspinnerei und in den Außenstellen von Olympia.« (Asimina Paradissa)

Die Aufnahme einer neuen, befristeten (Hilfs-)Tätigkeit und gleichzeitig auch das Arbeiten in der Fabrik sahen die Arbeitssuchenden als Neuanfang, der allerdings auch als »schwieriger Start in ein anderes Leben«[7] bezeichnet wurde. Vorhandene Kenntnisse aus der Landwirtschaft waren nicht mehr erforderlich und wurden auch nicht mehr benötigt, vielmehr ging es darum, sich rasch an den ungewohnten Rhythmus von Fließband und Akkordarbeit anzupassen sowie an die von den Arbeitgebern geforderte Produktivität. Die elektrotechnische Industrie mit den Sparten der Bürotechnik erlebte durch die Produktinnovationen einen ökonomischen Aufschwung, der auch weibliche Beschäftigte für die Produktion als un- und angelernte Arbeiterinnen nötig machte.

Dabei ist es interessant, dass griechische ausreisende Arbeitssuchende den höchsten Frauenanteil aufwiesen. Griechinnen stellten so gleich zu Beginn der Unterzeichnung des deutsch-griechischen Anwerbeabkommens im Jahr 1960 bis zur Rezession 1966/67 absolut und relativ die stärkste Gruppe vermittelter weiblicher Arbeitskräfte aller Entsendestaaten nach Deutschland.

Ende der sechziger Jahre konnte dann ein vermehrter Zuzug türkischer Arbeitsmigrantinnen in die Bundesrepublik festgestellt werden. In den Folgejahren machten türkische Einwanderinnen (wie im Jahr 1970 mit 20 624) die stärkste Gruppe aus (im Vergleich zu den Griechinnen im selben Jahr mit 19 931).[8]

Der private Raum – Freizeit und soziales Leben

> »Zur Sicherung des Vermittlungserfolges ist die Bundesanstalt für Arbeit daran interessiert, dass die ausländischen Arbeitskräfte nicht nur arbeiten, sondern sich auch wohlfühlen.«[9]

In den Gesprächen ehemaliger Olympianer*innen wurde stets darauf hingewiesen: Neben dem »öffentlichen« Raum, der überlagert wurde von Erwerbsarbeit, oft im Akkord und in Wechselschicht, gab es den Rückzugsort in den privaten, familiären und sozialen Lebensbereich.

In den eigenen Netzwerken und Anlaufstellen über die Wohlfahrtsverbände fanden die Neuankömmlinge Schutz, Rat und Unterstützung. In den 1960er Jahren betreuten der Deutsche Caritasverband (DCV) und der Verband Katholischer Mädchenschutzvereine nicht nur katholische neu Zugezogene, sondern, in der Anfangszeit, auch griechisch-orthodoxe Frauen – obwohl eigentlich das Diakonische Werk für griechische Zugewanderte zuständig war.[10] Auch der Deutsche Gewerkschaftsbund (DGB) übernahm eigene Betreuungsaufgaben für ausländische Arbeitskräfte und richtete in den 1960er Jahren das Referat »Ausländische Arbeitnehmer« ein. Griechische Arbeitsmigrant*innen im Nordwesten Deutschlands waren Pioniere der Zuwanderung und

---

7 Vgl. Lauth Bacas, Jutta: Fremder Frauen Wege. Eine ethnologische Fallstudie mit griechischen Migrantinnen, Zürich/Lesbos 1994S. 335.

8 Vgl. Mattes, Monika: Gastarbeiterinnen in der Bundesrepublik. Anwerbepolitik, Migration und Geschlecht in den 50er bis 70er Jahren, Frankfurt a.M., New York 2005, S. 41ff.

9 Erfahrungsbericht 1961, S. 22.

10 Für zugewanderte türkische Arbeitskräfte war die AWO seit 1961 zuständig, ab 1968 auch für jugoslawische Menschen.

Vorreiterinnen einer künftigen Zuwanderungsgesellschaft. In anderen europäischen Ländern wie Frankreich und Großbritannien hatten sich schon Jahrzehnte zuvor heterogene Communitys von Einwanderern ehemaliger Kolonialgebiete aus Afrika, Indien oder der Karibik formiert. Einmal etabliert, waren solche Netzwerke oft der Auftakt für weitere Einwanderungswellen, da die ersten Stationen für Migrant*innen fast immer Verwandte, Freunde und Bekannte, Dorfbewohner*innen wie auch karitative Anlaufstellen sind – allen voran die kirchlichen Einrichtungen.

Die Olympianer*innen fanden, auch in rechtlichen Fragen, insbesondere in den regionalen Angeboten vor Ort Unterstützung (anfangs waren es die Innere Mission und die Diakonie Oldenburg-Wilhelmshaven). Zuständig war der griechische Sozialberater **Charalambos Papadimitriou (»Babis«).** Dieser war ab 1965, anfangs ehrenamtlich, dann, ab 1967, fest angestellt und in regionaler Zuständigkeit für Bremen und das Oldenburger Land der Ansprechpartner, auch für die griechischen Olympianer*innen (siehe auch Kapitel: »Einsichten und Erfahrungen aus der Zeit als Griechenberater der Diakonie Oldenburg«).

Organisiert wurde auch über die Wohlfahrtsverbände und die Leitung der Wohnheime, dass ein griechisch-orthodoxer Pfarrer regelmäßig vor Ort war, seine Predigten halten konnte, Taufen, Hochzeiten und Ölungen durchführte, aber auch für seelsorgerische Fragen zur Verfügung stand (siehe auch Kapitel: »Ich bin verliebt in Deutschland, sehr verliebt. Wir sind alle eine große Familie – Europäer!«).

Einsichten und Erfahrungen aus der Zeit als »Griechenberater« der Diakonie Oldenburg

Interview mit Theo Lampe

Theo Lampe, gebürtiger Südoldenburger, war ab 1980 für viele Jahre als Sozialarbeiter beim Diakonischen Werk der Evangelisch-Lutherischen Kirche in Oldenburg für die Aufgabenbereiche »Griechenbetreuung/-beratung im Rahmen der Sozialberatung für ausländische Arbeitnehmer und ihre Familien« sowie »Flüchtlingsberatung« mit wöchentlichen Sprechstunden in Delmenhorst, Oldenburg und Wilhelmshaven tätig. In dieser Eigenschaft war er auch für die griechischstämmigen Olympianer*innen in Roffhausen und Umgebung zuständig.

Die »Griechenbetreuung/-beratung« war ein bundesweites Angebot, jeweils in Trägerschaft der regionalen Diakonieverbände, und wurde zum überwiegenden Teil aus Mitteln des Bundesarbeitsministeriums finanziert. Die Durchführung wurde aber auch aus kirchlichen Mitteln der Diakonie mit ermöglicht. Charakteristisch für dieses Hilfsangebot war, dass diese Arbeit von griechischen Landsleuten geleistet wurde, die bei der Diakonie angestellt waren und durch Fortbildungen auf ihre Tätigkeit vorbereitet wurden. Eine berufliche Qualifikation aus dem sozialen Bereich war hier keine Voraussetzung. Vielmehr lautete der Grundansatz: »Landsleute helfen Landsleuten«. Im Vordergrund stand dabei das Zurechtkommen im Arbeitsleben und die »kulturelle« Betreuung.

Dadurch, dass in den 1970er Jahren mittlerweile immer mehr griechische Familien in Deutschland lebten, veränderten sich die Schwerpunkte der Griechenberatung. Beraten werden musste nun zunehmend auch bei familiären, sozialen und individuellen Problemlagen. Auch durch die Einschulung von griechischen Kindern in deutschen Schulen rückten die Integrationsfragen stärker in den gesellschaftspolitischen Fokus.

Dienstausweis des ersten deutschen »Griechenbetreuers« und Sozialarbeiters Theo Lampe, Diakonisches Werk der Evangelisch-Lutherischen Kirche in Oldenburg

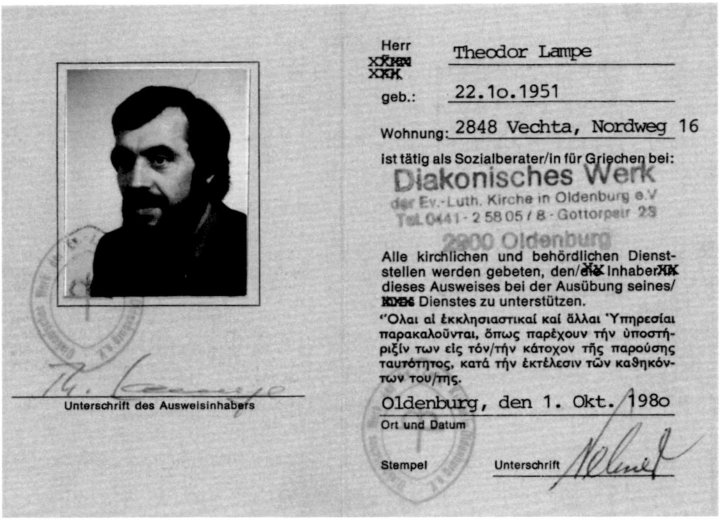
Herr Theodor Lampe
geb.: 22.1o.1951
Wohnung: 2848 Vechta, Nordweg 16
ist tätig als Sozialberater/in für Griechen bei:
Diakonisches Werk der Ev.-Luth. Kirche in Oldenburg e.V Tel. 0441 - 2 58 05 / 8 · Gottorpstr. 25 2900 Oldenburg
Alle kirchlichen und behördlichen Dienststellen werden gebeten, den/~~die~~ Inhaber~~in~~ dieses Ausweises bei der Ausübung seines/~~ihres~~ Dienstes zu unterstützen.
Ὅλαι αἱ ἐκκλησιαστικαί καί ἄλλαι Ὑπηρεσίαι παρακαλοῦνται, ὅπως παρέχουν τήν ὑποστήριξίν των εἰς τόν/τήν κάτοχον τῆς παρούσης ταυτότητος, κατά τήν ἐκτέλεσιν τῶν καθηκόντων του/της.
Unterschrift des Ausweisinhabers
Oldenburg, den 1. Okt. 198o
Ort und Datum
Stempel
Unterschrift

© Privatbesitz Theo Lampe

Vor diesem Hintergrund entschied sich das Diakonische Werk im Oldenburger Land 1980, die »Griechenberatung« mit einem oder einer durch ein entsprechendes Studium ausgebildeten Sozialarbeiter*in zu besetzen. Diese Aufgabe wurde Theo Lampe zum 1. Oktober 1980 übertragen: Als Deutschstämmiger war er damit bundesweit der erste »Griechenberater«, der nicht griechischer Herkunft war.

In den Anfangsjahren der Gastarbeiteranwerbung kümmerten sich evangelische und katholische Kirchengemeinden um die angeworbenen Menschen vor Ort. Daraus entwickelte sich später, auf Initiative der Caritas hin, die Sozialberatung für katholische Arbeitnehmer*innen aus Italien und Spanien sowie, durch das Engagement der Diakonie, die Sozialberatung für griechische Arbeitnehmer*innen. Erst Mitte der 1960er Jahre finanzierte das Bundesministerium für Arbeit dieses Hilfsangebot; zusätzlich wurde die Arbeiterwohlfahrt beauftragt, die Sozialberatung für türkische Arbeitnehmer*innen durchzuführen. Ziel dieser muttersprachlichen Sozialberatung sollte es weiterhin sein, die Arbeitskraft der Menschen zu erhalten, unter anderem, indem man ihnen eine herkunftsbezogene Kulturbetreuung zuteilwerden ließ. Dazu zählten die Vorführung griechischer Filme an den Wochenenden, die Förderung von Folkloregruppen, Gemeinschaftsveranstaltungen an bestimmten Feiertagen sowie Begegnungsaktivitäten. Folgende Begriffe machen die Vielfalt der mit der Sozialberatung verknüpften Tätigkeiten deutlich: beraten, vermitteln, übersetzen, organisieren, Lobbyist sein, aber auch das gemeinsame Feiern oder Beten mit den eigenen Landsleuten oder das Debattieren mit ihnen über die Politik in der Heimat und in Deutschland.

Das Erlernen der deutschen Sprache war damals nicht vorgesehen, ebenso nicht die Integration. In den Betrieben sollten die ausländischen Arbeitskräfte die deutsche Sprache nur insoweit lernen, als es für die richtige, effektive und unfallfreie Erledigung ihrer Arbeit erforderlich war. Die großen Industriebetriebe beschäftigten deshalb auch eigene Werksdolmetscher*innen, die ihre jeweiligen Landsleute im Betrieb als Sprachvermittler*innen unterstützten, so auch die *Olympia Werke* durch die Beschäftigung mehrerer griechischer Landsleute, die auch die Funktion als Sozialberater*innen erfüllten. Außerhalb der Betriebe sollten die Sozialbetreuer*innen den angeworbenen Arbeitskräften durch Sprachvermittlung, auch bei Behördenangelegenheiten, helfen und sie beim Eingewöhnen unterstützen.

1973 beschloss die Bundesregierung den sogenannten Anwerbestopp, das bedeutete, dass keine ausländischen Arbeitskräfte neu angeworben werden durften. In der Anwerbeepoche zwischen 1955 und 1973 kamen knapp 14 Millionen ausländische Arbeitskräfte nach Deutschland, von denen etwa 11 Millionen nach einigen Jahren als »Gastarbeiter« wieder in ihre Heimat zurückkehrten.[11] Nicht wenige kamen nur für eine gewisse Zeit, verließen Deutschland dann wieder, kamen jedoch erneut wieder – sie remigrierten. Diese Möglichkeit war mit dem Anwerbestopp vorbei, durch diese Maßnahme wurde Deutschland letztlich zu einem Einwanderungsland. Denn ab diesem Zeitpunkt ließen sich viele der noch anwesenden ausländischen Arbeitnehmer und Arbeitnehmerinnen auf Dauer hier nieder, holten ihre Familien nach Deutschland und wurden nach und nach Teil der deutschen Gesellschaft. Es war dies die Zeit, in der das Thema Integration, besonders durch die Einschulung der Kinder, eine zunehmende gesellschaftspolitische Bedeutung bekam. Und so wurden aus Gastarbeiter*innen – politisch ungewollt – »Bürgerinnen und Bürger« dieses Landes.

Die »erste Gastarbeitergeneration« schuf sich in Deutschland ein Zuhause, doch bei Vielen blieb im Herzen die Heimat der »Sehnsuchtsort« für die Zeit nach dem Arbeitsleben. Aber die Kinder und Enkelkinder lebten weiterhin in Deutschland, und ohne die Familie wollte man auch nicht sein. Etliche versagten sich deshalb den Lebenstraum von der Rückkehr und wurden beziehungsweise werden hier in Deutschland alt. Andere pendeln regelmäßig zwischen der Heimat und Deutschland hin und her, um sich so mit ihrem Lebenstraum und dem gleichzeitigen Wunsch, bei den Kindern und Enkelkindern zu sein, zu arrangieren. Aus der geplanten Arbeitsmigration auf Zeit wurde so Deutschland zum Zuhause, und es sind spannende menschliche Lebenswege, die es wert sind, erzählt und wahrgenommen zu werden. Für Theo Lampe sind seine Kontakte zu den »Gastarbeiter*innen« bis heute eine wertvolle Lebenserfahrung, und aus beruflichen Begegnungen wurden freundschaftliche Beziehungen. Nach seiner Erfahrung verdienen die so oft übersehenen Lebensleistungen der »Gastarbeiter*innen« größten Respekt und menschliche Hochachtung. Es sind Erfahrungen, von denen er gerne berichtet.

---

11 Vgl. Wöhler, Maike (2020), S. 33.

Dienstausweis

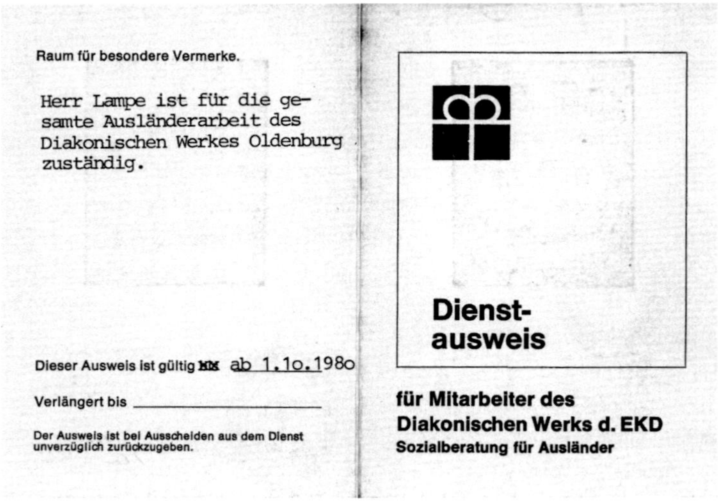
Raum für besondere Vermerke.

Herr Lampe ist für die gesamte Ausländerarbeit des Diakonischen Werkes Oldenburg zuständig.

Dieser Ausweis ist gültig ab 1.10.1980

Verlängert bis ____________

Der Ausweis ist bei Ausscheiden aus dem Dienst unverzüglich zurückzugeben.

Dienst-
ausweis

für Mitarbeiter des
Diakonischen Werks d. EKD
Sozialberatung für Ausländer

© Privatbesitz Theo Lampe

Wie sind Sie zur Tätigkeit des »Griechenbetreuers/-beraters« gekommen?

1979 lernte ich im Rahmen meines Anerkennungsjahres die Tätigkeit von »Babis« Papadimitriou, dem ersten »Griechenbetreuer/-berater« für die Olympianer*innen, kennen. Der Kollege »Babis« war auch Mitarbeiter des Diakonischen Landesverbands und seit Mitte der 1960er Jahre zuständig für das gesamte Oldenburger Land mit den Schwerpunkten Delmenhorst, Oldenburg und Wilhelmshaven/Friesland sowie, zusätzlich, noch für das Land Bremen – eine regionale Zuständigkeit, die ihm einiges abverlangte.

Als »Babis« im Laufe des Jahres 1980 in Rente ging, wurde ich gefragt, ob ich nach meinem Berufsanerkennungsjahr ab 1980 seine Nachfolge für das Oldenburger Land mit drei kreisfreien Städten und sechs Landkreisen übernehmen und gleichzeitig eine Flüchtlingsbetreuung neu aufbauen wolle. Für beide Tätigkeiten stand jeweils eine halbe Personalstelle zur Verfügung. Auch in Ermangelung anderer beruflicher Alternativen aufgrund einer angespannten Arbeitsmarktlage für Sozialarbeiter habe ich zugesagt. Entscheidend waren für mich vor allem auch die positiven Eindrücke von der Arbeit von »Babis«, obwohl mir gleichzeitig bewusst war, dass er mir »große Fußspuren« hinterlassen würde. Zu dieser Zeit lebten noch 1300 Griechinnen und Griechen im Oldenburger Land, davon etwa 620 Personen in Wilhelmshaven und circa 420 in Delmenhorst.

Hatten Sie schon Vorerfahrungen oder Fachkenntnisse im Hinblick auf die Aufgabe?

Im Studium der Sozialarbeit war »Ausländerpädagogik« gegen Ende der 1970er Jahre noch kein Thema, da es nicht als relevant für die Praxis angesehen wurde, und auch in den Sozialwissenschaften spielte es damals keine Rolle. Es war ein absolutes Randthema und nur aufgrund der Beschulung der »Ausländerkinder« kam dem Thema eine gewisse Relevanz zu. Und da auch die »Sozialbetreuung/-beratung für Ausländer« außerhalb der etablierten Felder der sozialen Arbeit stattfand, wurde sie auch nicht wahrgenommen.

»An die griechischen Freunde« – Deutschsprachige Information des Vorgängers von Theo Lampe, Charalambos Papadimitriou, für die griechischen Neuankömmlinge in Nordwestniedersachsen/Friesland

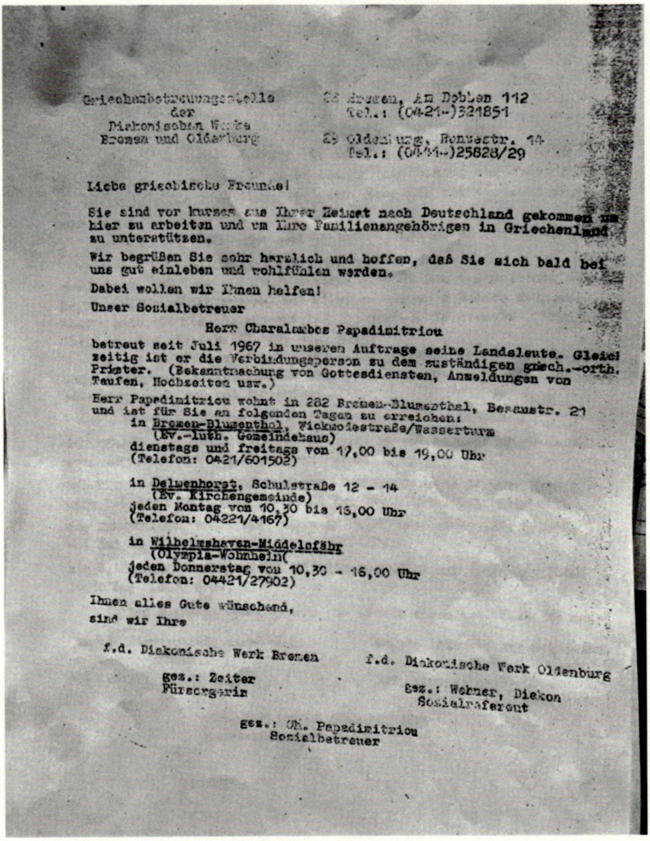

Griechenbetreuungsstelle
der
Diakonischen Werke
Bremen und Oldenburg

28 Bremen, Am Dobben 112
Tel.: (0421-)321851

29 Oldenburg, Ronnestr. 14
Tel.: (0441-)25828/29

Liebe griechische Freunde!

Sie sind vor kurzem aus Ihrer Heimat nach Deutschland gekommen um hier zu arbeiten und um Ihre Familienangehörigen in Griechenland zu unterstützen.

Wir begrüßen Sie sehr herzlich und hoffen, daß Sie sich bald bei uns gut einleben und wohlfühlen werden.

Dabei wollen wir Ihnen helfen!

Unser Sozialbetreuer

Herr Charalambos Papadimitriou

betreut seit Juli 1967 in unseren Auftrage seine Landsleute. Gleichzeitig ist er die Verbindungsperson zu dem zuständigen griech.-orth. Priester. (Bekanntmachung von Gottesdiensten, Anmeldungen von Taufen, Hochzeiten usw.)

Herr Papadimitriou wohnt in 282 Bremen-Blumenthal, Besanstr. 21 und ist für Sie an folgenden Tagen zu erreichen:

in Bremen-Blumenthal, Wickmoiestraße/Wasserturm
(Ev.-luth. Gemeindehaus)
dienstags und freitags von 17,00 bis 19,00 Uhr
(Telefon: 0421/601502)

in Delmenhorst, Schulstraße 12 - 14
(Ev. Kirchengemeinde)
jeden Montag von 10,30 bis 15,00 Uhr
(Telefon: 04221/4167)

in Wilhelmshaven-Middelsfähr
(Olympia-Wohnheim(
jeden Donnerstag von 10,30 - 16,00 Uhr
(Telefon: 04421/27902)

Ihnen alles Gute wünschend,
sind wir Ihre

f.d. Diakonische Werk Bremen
gez.: Zeiter
Fürsorgerin

f.d. Diakonische Werk Oldenburg
gez.: Wehner, Diakon
Sozialreferent

gez.: Ch. Papadimitriou
Sozialbetreuer

© Privatbesitz Theo Lampe

So war es auch nicht verwunderlich, dass es seinerzeit noch so gut wie keine Fachliteratur zum Thema gab.

Vor diesem Hintergrund habe ich damals als frisch ausgebildeter Sozialarbeiter die übernommene Aufgabe schon als eine große Herausforderung wahrgenommen. Doch meine fehlenden Kenntnisse hatten den Vorteil, dass ich die Arbeit unvoreingenommen und mit einer großen Portion Neugier angehen konnte. Gleich in den ersten Tagen war ich im Zusammenhang mit dem tödlichen Verkehrsunfall einer griechischen Familie in Delmenhorst herausgefordert, als Sozialberater tätig zu werden. Durch diese schicksalhafte Situation bekam ich dann in kürzester Zeit sehr viele Kontakte zur griechischen Gemeinschaft. Gerade in diesem Fall konnte ich besonders auf Kenntnisse aus meinem früheren kaufmännischen Beruf zurückgreifen (wie zum Beispiel bei rasch zu klärenden Versicherungsangelegenheiten), und ich erlebte, dass ich von den griechischen Mit-

»An die griechischen Freunde« – Griechische Information von Charalambos Papadimitriou für die griechischen Neuankömmlinge in Nordwestniedersachsen/Friesland

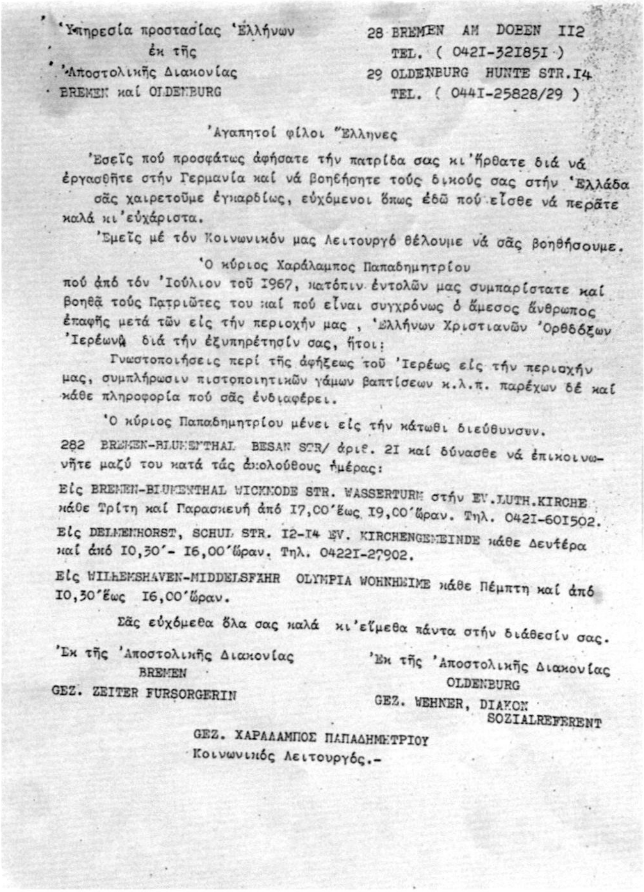

'Υπηρεσία προστασίας 'Ελλήνων
ἐκ τῆς
'Αποστολικῆς Διακονίας
BREMEN καί OLDENBURG

28 BREMEN AM DOBEN II2
TEL. (042I-32I85I)
29 OLDENBURG HUNTE STR.I4
TEL. (044I-25828/29)

'Αγαπητοί φίλοι Ἕλληνες

'Εσεῖς πού προσφάτως ἀφήσατε τήν πατρίδα σας κι'ἤρθατε διά νά ἐργασθῆτε στήν Γερμανία καί νά βοηθήσητε τούς δικούς σας στήν 'Ελλάδα σᾶς χαιρετοῦμε ἐγκαρδίως, εὐχόμενοι ὅπως ἐδῶ πού εἶσθε νά περᾶτε καλά κι'εὐχάριστα.

'Εμεῖς μέ τόν Κοινωνικόν μας Λειτουργό θέλουμε νά σᾶς βοηθήσουμε.

'Ο κύριος Χαράλαμπος Παπαδημητρίου πού ἀπό τόν 'Ιούλιον τοῦ Ι967, κατόπιν ἐντολῶν μας συμπαρίστατε καί βοηθᾶ τούς Πατριῶτες του καί πού εἶναι συγχρόνως ὁ ἄμεσος ἄνθρωπος ἐπαφῆς μετά τῶν εἰς τήν περιοχήν μας , 'Ελλήνων Χριστιανῶν 'Ορθδόξων 'Ιερέων διά τήν ἐξυπηρέτησίν σας, ἤτοι:

Γνωστοποιήσεις περί τῆς ἀφήξεως τοῦ 'Ιερέως εἰς τήν περιοχήν μας, συμπλήρωσιν πιστοποιητικῶν γάμων βαπτίσεων κ.λ.π. παρέχων δέ καί κάθε πληροφορία πού σᾶς ἐνδιαφέρει.

'Ο κύριος Παπαδημητρίου μένει εἰς τήν κάτωθι διεύθυνσυν.
282 BREMEN-BLUMENTHAL BESAN STR/ ἀριθ. 2Ι καί δύνασθε νά ἐπικοινωνῆτε μαζύ του κατά τάς ἀκολούθους ἡμέρας:

Εἰς BREMEN-BLUMENTHAL WICKMODE STR. WASSERTURM στήν EV.LUTH.KIRCHE κάθε Τρίτη καί Παρασκευή ἀπό Ι7,00'ἕως Ι9,00'ὥραν. Τηλ. 042Ι-60Ι502.

Εἰς DELMENHORST, SCHUL STR. Ι2-Ι4 EV. KIRCHENGEMEINDE κάθε Δευτέρα καί ἀπό Ι0,30'- Ι6,00'ὥραν. Τηλ. 0422Ι-27902.

Εἰς WILHEMSHAVEN-MIDDELSFAHR OLYMPIA WOHNHEIME κάθε Πέμπτη καί ἀπό Ι0,30'ἕως Ι6,00'ὥραν.

Σᾶς εὐχόμεθα ὅλα σας καλά κι'εἴμεθα πάντα στήν διάθεσίν σας.

'Εκ τῆς 'Αποστολικῆς Διακονίας
BREMEN
GEZ. ZEITER FURSORGERIN

'Εκ τῆς 'Αποστολικῆς Διακονίας
OLDENBURG
GEZ. WEHNER, DIAKON
SOZIALREFERENT

GEZ. ΧΑΡΑΛΑΜΠΟΣ ΠΑΠΑΔΗΜΗΤΡΙΟΥ
Κοινωνικός Λειτουργός.-

© Privatbesitz Theo Lampe

bürger*innen akzeptiert wurde. Es entstanden sehr schnell tragfähige Beziehungen und menschliche Begegnungen auf Augenhöhe.

Im Laufe der Anfangszeit kamen mir auch meine Erfahrungen aus der Jugendarbeit zugute, vor allem bei der Organisation von Veranstaltungen. Und eine gute Handlungsbasis war für mich insgesamt auch das vertraute pfadfinderische Prinzip *Learning by Doing* sowie das Verständnis von Sozialarbeit als einer lernenden Tätigkeit.

Wie gelang die sprachliche Verständigung?

Das war in der Tat zu Beginn die größte Herausforderung, denn ich konnte kein Griechisch, weder sprechen noch verstehen oder lesen. Es war nur gut, dass zu der Zeit schon etliche Griechen und Griechinnen Deutsch sprachen und so eine Verständigung möglich wurde. Oft brachten Ratsuchende auch Familienangehörige oder Bekannte in die Beratung mit, die dann übersetzen. In besonderen Fällen konnte ich auch auf einige jüngere Griechen zurückgreifen, die mich ehrenamtlich als Sprachmittler unterstützten. Ich eignete mir schnell auch einige griechische Schlüsselwörter an, um so eine gewisse Vertrautheit herstellen zu können. Darüber erlebte ich, dass auch mit begrenzten Sprachkompetenzen eine Verständigung miteinander möglich ist, wenn man auf die nonverbale Kommunikation achtet. Gerade die Wertschätzung des nonverbalen Miteinanders macht nach meiner Erfahrung sensibler für die Situation und fördert die Empathie für den anderen. Man erahnt schnell, was der andere mitteilen will oder was er gemeint hat. Trotz allem ließen sich zwar sprachliche Missverständnisse nicht immer vermeiden, aber manchmal waren sie auch humorvoller Anlass, gemeinsam darüber zu lachen. Und seitdem ist Humor auch für mich ein wichtiger Aspekt sozialarbeiterischer Beziehungen.

Zu Beginn war mir eigentlich klar, dass ich die griechische Sprache erlernen will – auch um meinem Respekt den Griechinnen und Griechen gegenüber Ausdruck zu verleihen. Ich habe auch mit einem entsprechenden Sprachkurs bei der VHS begonnen, konnte aber nicht wirklich regelmäßig daran teilnehmen. Der Grund war, dass der Kurs am Nachmittag stattfand und ich zu der Zeit oft noch arbeitsmäßig gefordert und noch in der Region unterwegs war. Aufgrund dieser Erfahrung wurde mir auch bewusst, warum es auch für die ausländischen Arbeitskräfte fast unmöglich war, die deutsche Sprache gut zu erlernen. Denn auch die deutschen Sprachkurse der Volkshochschulen fanden zu der Zeit immer nachmittags statt, und wer im Arbeitsleben stand oder vielleicht auch noch Schichtarbeit leisten musste, hatte einfach nicht die Chance, teilzunehmen. Und staatlich geförderte Sprachlernangebote oder Integrationskurse, die heute selbstverständlich sind, gab es damals nicht.

In der Griechenberatung hatte ich zudem die Möglichkeit, gerade wenn es sich um griechische Dokumente und Texte handelte, von griechischen Kolleg*innen in Bremen und Hannover Unterstützung zu bekommen. Insbesondere meine damalige griechische Kollegin bei der Diakonie in Bremen, Adriani Felouzi, war mir manches Mal eine große Hilfe. Von der Kollegin habe ich viel über die Gegebenheiten in Griechenland sowie insbesondere über die Bedeutung der griechischen Auslandsstellen in Deutschland (wie die Arbeitskommissionen) vermittelt bekommen. Gelernt habe ich so auch, dass eine Sozialberatung ohne gute Vernetzung und Zusammenarbeit – auch mit deutschen Behörden – nicht wirklich gelingt.

Wie sah Ihre Beratungsarbeit für die griechischen Zugewanderten konkret aus?

Hierzu möchte ich mit einer Einsicht beginnen, die sich mir damals relativ schnell aufgedrängt hat. Ich erlebte, dass die Anliegen in den Beratungen überwiegend auf den normalen Lebensalltag bezogene waren und nur in begrenztem Umfang besondere Probleme. Aus verschiedenen Gründen waren die Ratsuchenden oft mit den ganz normalen Anliegen rund ums Leben – tatsächlich von der Taufe bis zur Bahre – überfordert und suchten meine Unterstützung. Es ging um allgemeine Behördenangelegenheiten, Anträge verschiedenster Art, Versicherungsthemen, Fragen im Kontext von Arbeit, aufenthalts-

*Interkulturelle Veranstaltung in Wilhelmshaven-Bant, organisiert über die Diakonie Bremen/Oldenburg mit »ausländischen Freund*innen, 1986*

und ausländerrechtliche Probleme und vieles mehr. Die Beratungsthemen bezogen sich also auf Anliegen, die eigentlich mit Lebensnormalität verbunden waren und zum Teil auch in meinem eigenen Leben vorkamen. Daraus ergab sich für mich die Schlussfolgerung, dass in der Sozialberatung für ausländische Arbeitnehmer*innen keine typische sozialarbeiterische Haltung (problemorientiert, Klientenperspektive, Distanzhaltung) angesagt ist, sondern menschliches Miteinander auf Augenhöhe. Eine wertschätzende Haltung, die den anderen primär als Menschen sieht, persönliche Nähe zulässt und Respekt vor den besonderen Lebensleistungen einer »angeworbenen Arbeitskraft« vermittelt. Deshalb habe ich den rechtlichen und gesellschaftlich zugeschriebenen Status »als Gastarbeiter oder als Ausländer« auch nie als ursächliche Begründung für sozialarbeiterisches Handeln anerkannt. Denn der Mensch ist immer mehr als das soziale Etikett »Gastarbeiter«, mehr als die gesellschaftliche Schublade »Grieche«, mehr als der rechtliche Stempel »Ausländer« und auch mehr als ein »Betreuungsobjekt« einer gut gemeinten sozialen Arbeit.

Wie bereits erwähnt, war ich aufgabenmäßig für das gesamte Oldenburger Land zuständig und hatte dabei mein eigentliches Beratungsbüro im Diakonischen Werk in Oldenburg. Da die Griechinnen und Griechen schwerpunktmäßig vor allem in der Stadt Delmenhorst und in der Region Wilhelmshaven/Friesland lebten, führte ich dort wöchentlich beziehungsweise 14-tägig Sprechstunden durch. Für die Beratung konnte ich jeweils Räumlichkeiten unserer kreisdiakonischen Werke in Delmenhorst und Wilhelmshaven nutzen. Zeitlich fanden die Sprechstunden jeweils am späten Nachmittag statt, damit Ratsuchende auch nach ihrer Arbeit zu mir kommen konnten. Auch war es in bestimmten Fällen ergänzend notwendig, Hausbesuche durchzuführen, Ratsuchende zu Behörden zu begleiten und Angelegenheiten im beruflichen Kontext in den Betrieben zu klären.

Waren Beratungen die einzigen Aufgaben ihrer »Griechenarbeit«?

Nein, mir waren immer auch die sogenannten kulturellen Betreuungsaspekte wichtig. Also gemeinschaftsbezogene Veranstaltungen und Angebote, die sich an alle Griechinnen und Griechen richteten, sowie auch sog. interkulturelle Begegnungsveranstaltungen.

In Delmenhorst waren es besonders Veranstaltungen zu den griechischen Nationalfeiertagen, die ich mit organisierte. Ebenso Weihnachtsfeiern für die Kinder des griechischen Schulunterrichts oder auch Familienausflüge. In Delmenhorst konnte ich auch einen griechischen Sprecherkreis initiieren, deren Mitglieder mit mir ehrenamtlich die kulturellen Betreuungsangebote verantworteten. In diesem Zusammenhang bildete sich eine Folkloregruppe aus Jugendlichen, die bei verschiedenen Veranstaltungen griechische Tänze in griechischen Trachten präsentierten.

*Interkulturelle Veranstaltung und gemeinsame Freizeit in Hude, organisiert über die Diakonie Bremen/Oldenburg mit »ausländischen Freund*innen, 1986*

© Privatbesitz Doris Semmler

Ein aktives Miteinander und Mitmachen der Griechen wie in Delmenhorst war leider in Wilhelmshaven nicht so ausgeprägt, auch weil viele nicht direkt in der Stadt Wilhelmshaven wohnten, sondern außerhalb, in der Nähe des Werks in Roffhausen und in Middelsfähr. Unterstützung erhielten sie jedoch über viele Jahre von Pastor Manfred Kahl von der evangelischen Kirchengemeinde Wilhelmshaven-Bant, mit dem ich dann auch sehr vertrauensvoll zusammenarbeitete. Die Griechen nahmen stets an den Festen der Kirchengemeinde teil, und zum jährlichen »Tag des ausländischen Mitbürgers« fanden interkulturelle Begegnungsveranstaltungen statt; auch stand ihnen bei Bedarf das Gemeindehaus zur Verfügung. Gemeinsam mit Pastor Kahl führten wir mehrmals auch Wochenenden für die Griechen in einer evangelischen Freizeiteinrichtung durch.

Nicht zu den ureigenen Aufgaben der Sozialbetreuung/-beratung gehörten religiöse Betreuungsangebote. Hierfür waren Priester der griechisch-orthodoxen Kirche verantwortlich, die aber nicht direkt in der hiesigen Region wohnten und insgesamt einen großen Zuständigkeitsbereich in Norddeutschland abzudecken hatten. Da für Griech*innen die griechisch-orthodoxe Religionszugehörigkeit eine große Bedeutung hat, sorgte ich mit dafür, dass evangelische Kirchen in Delmenhorst und Wilhelmshaven regelmäßig für griechisch-orthodoxe Gottesdienste genutzt werden konnten. Darüber hinaus unterstützte das Diakonische Werk die griechischen Priester finanziell durch Zuschüsse zu den Fahrtkosten und zu anderen Auslagen.

Die Ausführungen zu Beratung und Betreuung machen meines Erachtens sehr gut deutlich, dass die »Griechenberatung« immer ein ganzheitliches Geschehen war. Es bezog sich immer auf alle Facetten menschlichen Lebens. Genau dies machte für mich den besonderen Reiz dieser sozialen Arbeit »mitten im Leben« aus, denn im Gegensatz dazu sind Angebote der Sozialarbeit normalweiser nur auf spezifische Problemlagen von Menschen ausgerichtet (wie Erziehungs- oder Suchtberatung). Aufgrund des ganzheitlichen Ansatzes musste ich auch nicht der Experte für alles sein, sondern konnte auch Lernender sein – für das gelingende Miteinander auf Augenhöhe ein wichtiger Rollentausch.

Sie sprechen von Integration als »Demokratieprojekt«. Können Sie das näher erläutern?

Ich habe schon erwähnt, dass das Thema und die Aufgabe »Integration« erst Ende der 1970er Jahre in den gesellschaftspolitischen Fokus geraten sind. Deshalb hielt ich es auch für notwendig, mir ein umfassendes theoretisches Fachwissen anzueignen. Mir war wichtig, die historischen, ökonomischen, sozialen, menschlichen und gesellschaftspolitischen Bezüge, Zusammenhänge und Erkenntnisse zu kennen. Dazu kam eine Erfahrung, die mich anfangs sehr verunsicherte. Ich galt zu meiner Überraschung gleich vom ersten Tag an als der Experte zu den Themen »Gastarbeiter, Ausländer, Flüchtlinge, Integration ...« – obwohl mein Sachwissen doch eigentlich noch äußerst begrenzt war. Ich wurde zu Vorträgen in Kirchengemeinden, Vereinen und Parteien eingeladen und war so herausgefordert, zu erklären und zu begründen. Ich musste mir also autodidaktisch in kürzester Zeit Fachwissen aneignen und allgemein verständlich aufarbeiten, obwohl es kaum fachliche Literatur dazu gab. Eine lehrreiche und inspirierende Herausforderung mit der Folge, dass mich die Themen bis heute bewegen und nicht loslassen. Sicherlich spielte und spielt dabei auch meine grundsätzliche Neugier eine Rolle, Themen zu durchdringen und Zusammenhänge zu verstehen.

Nach meiner Überzeugung sind Verstehen, Erklären und Begründen unverzichtbare Elemente beruflichen Handelns als Sozialarbeiter. Und dies umso mehr, als Sozialarbeit für mich immer auch eine politische und gesellschaftskritische Dimension hat, die auch aktiv wahrzunehmen ist. Dies gilt besonders dann, wenn es um Menschen geht, die am Rande der Gesellschaft eine Art Schattenexistenz führen müssen; und entsprechend kam dem Thema »Gastarbeiter« damals nur eine begrenzte politische Bedeutung zu. Doch gesellschaftlich weit verbreitetet war die sogenannte Ausländerfeindlichkeit, heute würden wir zutreffender von »Diskriminierung« und »Rassismus« reden. Dazu ist erwähnenswert, dass aufgrund des Daueraufenthaltes der »ausländischen Arbeitnehmer*in-

Infoblatt über Termine, Veranstaltungen und Sprechstunden des Griechenbetreuers Charalambos Papadimitriou vor Ort (donnerstags im Olympia-Wohnheim Middelsfähr)

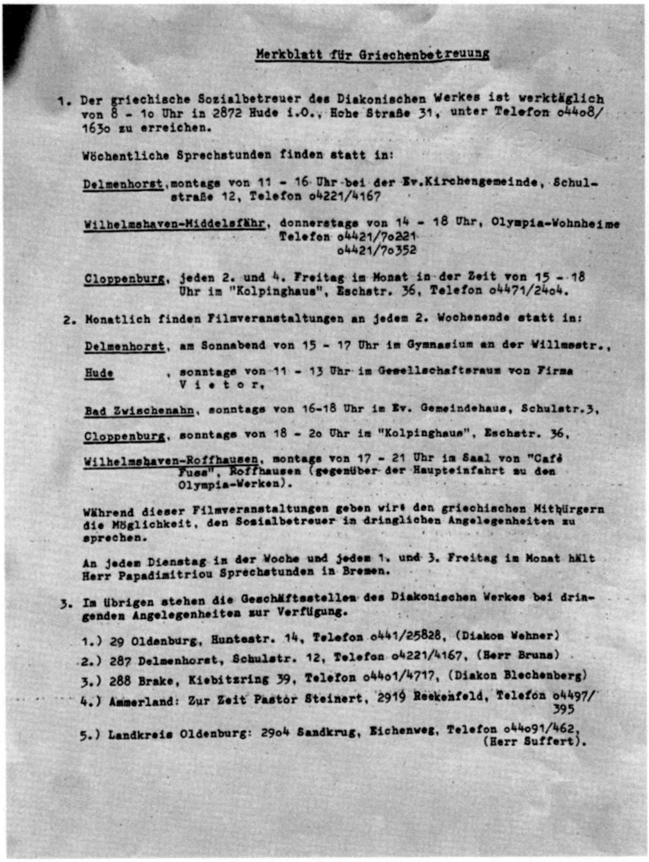

Merkblatt für Griechenbetreuung

1. Der griechische Sozialbetreuer des Diakonischen Werkes ist werktäglich von 8 - 1o Uhr in 2872 Hude i.O., Hohe Straße 31, unter Telefon o44o8/163o zu erreichen.

   Wöchentliche Sprechstunden finden statt in:

   Delmenhorst, montags von 11 - 16 Uhr bei der Ev.Kirchengemeinde, Schulstraße 12, Telefon o4221/4167

   Wilhelmshaven-Middelsfähr, donnerstags von 14 - 18 Uhr, Olympia-Wohnheime Telefon o4421/7o221 o4421/7o352

   Cloppenburg, jeden 2. und 4. Freitag im Monat in der Zeit von 15 - 18 Uhr im "Kolpinghaus", Eschstr. 36, Telefon o4471/24o4.

2. Monatlich finden Filmveranstaltungen an jedem 2. Wochenende statt in:

   Delmenhorst, am Sonnabend von 15 - 17 Uhr im Gymnasium an der Willmsstr.,

   Hude, sonntags von 11 - 13 Uhr im Gesellschaftsraum von Firma V i e t o r,

   Bad Zwischenahn, sonntags von 16-18 Uhr im Ev. Gemeindehaus, Schulstr.3,

   Cloppenburg, sonntags von 18 - 2o Uhr im "Kolpinghaus", Eschstr. 36,

   Wilhelmshaven-Roffhausen, montags von 17 - 21 Uhr im Saal von "Café Fuss", Roffhausen (gegenüber der Haupteinfahrt zu den Olympia-Werken).

   Während dieser Filmveranstaltungen geben wir den griechischen Mitbürgern die Möglichkeit, den Sozialbetreuer in dringlichen Angelegenheiten zu sprechen.

   An jedem Dienstag in der Woche und jedem 1. und 3. Freitag im Monat hält Herr Papadimitriou Sprechstunden in Bremen.

3. Im übrigen stehen die Geschäftsstellen des Diakonischen Werkes bei dringenden Angelegenheiten zur Verfügung.

   1.) 29 Oldenburg, Huntestr. 14, Telefon o441/25828, (Diakon Wehner)
   2.) 287 Delmenhorst, Schulstr. 12, Telefon o4221/4167, (Herr Bruns)
   3.) 288 Brake, Kiebitzring 39, Telefon o44o1/4717, (Diakon Blechenberg)
   4.) Ammerland: Zur Zeit Pastor Steinert, 2919 Reekenfeld, Telefon o4497/395
   5.) Landkreis Oldenburg: 29o4 Sandkrug, Eichenweg, Telefon o44o91/462, (Herr Suffert).

nen und ihrer Familien« um 1980 die Begrifflichkeit »Gastarbeiter*in« immer mehr verschwand und sich der eigentlich rechtlich bestimmte Begriff »Ausländer« durchsetzte. In der Folge wurde das sogenannte Gastarbeiterproblem zu einem »Ausländerproblem«, und aus »Gastarbeiterpolitik« wurde »Ausländerpolitik«. Keine substanzielle Verbesserung, sondern nur neue Begriffe.

Ich habe damals durch die alltäglichen Kontakte zu den sogenannten Ausländern, aufgrund meiner mittlerweile erworbenen Fachkenntnisse und meines christlichen Verständnisses von der »Würde des Menschen« begriffen, dass das »Ausländerthema« kein gesellschaftliches Randthema ist, sondern eine substanzielle Herausforderung für unsere Demokratie. Denn eine demokratische Gesellschaft darf nicht hinnehmen, dass auf Dauer ein nicht unbedeutender Teil der im Land lebenden Menschen als »Ausländer« stigmatisiert, ausgegrenzt und von der gesellschaftspolitischen Teilhabe ausgeschlos-

»Ausländer und Deutsche – Für eine gemeinsame Zukunft«, Infostand der Diakonie zum »Tag des ausländischen Mitbürgers«, Wilhelmshaven, Banter Markt, 1980er Jahre (rechts: Theo Lampe)

© Privatbesitz Theo Lampe

sen ist. Um diese Situation zu verändern, wurde für mich der Begriff »Integration« zu einem Leitbegriff meines gesellschaftspolitischen Handelns. Integration bedeutete und bedeutet für mich nicht die weit verbreitete Auffassung der einseitigen Anpassung der »Ausländer« an die deutsche Mehrheitsgesellschaft, sondern die gesellschaftliche Anerkennung, die Zugehörigkeit zu und die umfassende Teilhabe der Mitbürger an unserer Gesellschaft. Deshalb war und ist für mich Integration immer auch als Demokratieprojekt zu verstehen.

In diesem Zusammenhang ist daran zu erinnern, dass es damals aufgrund des geltenden Staatsbürgerrechts nicht möglich war – wie sonst in traditionellen Einwanderungsgesellschaften üblich – eine Zugehörigkeit zur und eine Teilhabe an der Gesellschaft durch Einbürgerung zu erreichen. Von daher waren also andere Beteiligungsformen zu initiieren, um dem undemokratischen Ausschluss der »Ausländer« genannten Menschen entgegenzuwirken. Es ging also auch um solidarisches Handeln als Ausdruck der aktiven »Lobbyfunktion« von Sozialer Arbeit.

Um diese Grundüberzeugung auch in Wilhelmshaven umzusetzen, brauchte es Verbündete. Die gab es auch in der Stadt, und gemeinsam setzten wir uns erfolgreich politisch dafür ein, dass sich die verschiedenen ethnischen »Ausländergruppen« mit finanzieller und räumlicher Unterstützung der Stadt Wilhelmshaven organisieren und Vereine gründen konnten. So kam es auch zur Gründung eines griechischen Vereins mit eigenen Vereinsräumlichkeiten.

Die Vereine waren damals auch die Basis, um gemeinsam eine politische Vertretungs- und Beteiligungsmöglichkeit in Form eines »Ausländerbeirats« anzustreben. Nach vielen politischen Diskussionen stimmte der Stadtrat dieser Forderung zu. Somit gab es eine zwar eingeschränkte, aber deutlich verbesserte Handlungsbasis, um die öffentliche Wahrnehmung der »Gastarbeiter«/»Ausländer« zu steigern und es ihnen gleichzeitig zu ermöglichen, sich für ihre eigenen Interessen einzusetzen. An diesem Ausländerbeirat beteiligten sich sehr engagiert auch Vertreterinnen und Vertreter der griechischen Community. Rückblickend waren die Vereine und der Ausländerbeirat wichtige Demokratiebausteine auf dem Weg zur gesellschaftlichen Integration.

*Wie erlebten Sie den familiären Alltag der Griech*innen in der Diaspora?*

Zu Beginn war für mich alles vollkommen neu, und ich habe mich deshalb sehr umsichtig den Gegebenheiten angenähert. Ich war überrascht, wie schnell ich als »deutscher Sozialarbeiter« akzeptiert wurde. Und auf dieser Vertrauensbasis habe ich wahrgenommen, wie wichtig den Griechen in der »Diaspora« das Gemeinschaftliche und das Familiäre war, wie bedeutsam auch der Bezug zur Heimat Griechenland, aber auch die sozialen Kontakte zu deutschen Menschen.

Um den Griechen mein tiefes Interesse an ihrem Leben zeigen zu können, habe ich mir damals eine griechische Landkarte als »Türöffner« und »Eisbrecher« besorgt. Bei Kontakten konnte ich mir so zeigen lassen, woher die Menschen aus Griechenland kamen. Daraus entstand immer ein sehr intensives Erzählen, und ich habe in diesem Zusammenhang viel über das Leben hier und in Griechenland, über die Gegebenheiten in Griechenland sowie über Kultur und Traditionen kennengelernt. In das Erzählen habe ich mich immer ganz persönlich mit eingebracht und auch von mir und meiner Familie berichtet. Mir wurde dadurch deutlich, dass es selbstverständlich Unterschiede gibt, die auch als bedeutsam wahrzunehmen sind, aber dass eigentlich unsere menschlichen Gemeinsamkeiten größer sind.

»Für eine gemeinsame Zukunft – Tag des ausländischen Mitbürgers«, 1978

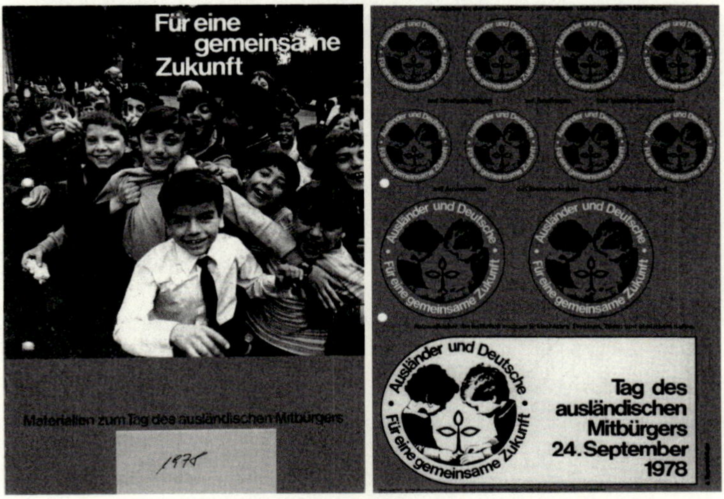

© Privatbesitz Doris Semmler

Mein besonderes Interesse galt immer den Erzählungen, wann, warum und wie meine Gesprächspartner*innen Griechenland verlassen und was sie hier in Deutschland erlebt hatten. Denn das waren ureigene Erfahrungen, die ich nicht gemacht hatte. Überrascht hat mich immer die starke Heimatverbundenheit zu Griechenland – verbunden mit einem ausgeprägten Patriotismus. Letzteres war mir mit meinem besonderen deutschen Geschichtshintergrund doch sehr fremd. An den Stolz, Griechin oder Grieche zu sein, der bei den Veranstaltungen zum griechischen Nationalfeiertag so selbstverständlich gezeigt wurde, musste ich mich doch erst gewöhnen – denn stolz auf meine eigene Nationalität zu sein, war mir eigentlich kein vertrautes Gefühl.

*Gruppenbild: Familienwochenende in Hude, Diakonie Bremen/Oldenburg mit »ausländischen« Freund*innen, 1987*

© Privatbesitz Theo Lampe

Im Rahmen der Kontakte konnte es nicht ausbleiben, dass ich auch zum Essen eingeladen wurde. Ich lernte so mir bis dahin unbekannte griechische Gerichte, kulinarische Spezialitäten und auch griechische Spirituosen kennen, die bei mir nachhaltig manche positive »Geschmacksrevolution« auslösten.

1985 konnte ich mit meiner Frau eine mehrwöchige Reise nach Griechenland mit dem Auto unternehmen. Dabei besuchten wir auch einige Personen und Familien – vor allem in der Region Nordgriechenland –, die zwischenzeitlich wieder nach Griechenland zurückgekehrt waren. Eine wichtige Erfahrung, ergänzend zu den Lebenserzählungen aus dem Beratungsalltag.

Können Sie sich an prägnante Erlebnisse als Griechenberater erinnern?

Bei der kulturellen Betreuung habe ich von Anfang an großen Wert darauf gelegt, Griechinnen und Griechen ehrenamtlich mit einzubeziehen, da sie für mich die Expertinnen und Experten des eigenen Lebens waren. Auch aufgrund meines eigenen Engagements in der Jugendarbeit hatte und hat Ehrenamtlichkeit für mich grundsätzlich einen hohen Wert und sollte nach meiner Auffassung in die Soziale Arbeit überall dort mit einbezogen werden, wo es sinnvoll und möglich ist. In diesem Kontext musste ich aber anfangs erleben, dass solch uneigennütziges Engagement für die eigene Gemeinschaft vielen Griechen nicht unbedingt vertraut war. Nachdem es mir in Delmenhorst gelungen war, einige »Schlüsselpersonen« für einen Sprecherkreis zum Mitmachen zu gewinnen und anschließend einiges gemeinsam für die griechische Community zu bewegen, änderte sich die Zurückhaltung. In Wilhelmshaven waren es dagegen nur einige wenige Einzelpersonen, die sich mit mir engagierten. Durch das gemeinsame Tun wuchs das Vertrauen, und die Erfahrungen des gemeinsamen Handelns zeigten, dass man gemeinsam mehr erreichen kann. Daraus entwickelte sich teilweise eine freundschaftliche Verbundenheit, die bis heute anhält.

Gemeinsamer Tanz: Familienwochenende in Hude, Diakonie Bremen/ Oldenburg, 1987 (Dritter von rechts: Theo Lampe, links daneben Ehefrau)

© Privatbesitz Theo Lampe

Als ein besonders prägendes Erlebnis sind mir die Erzählungen von einigen griechischen Frauen aus Wilhelmshaven bei einem Familienwochenende in Erinnerung geblieben. Sie berichteten beeindruckend davon, wie sie sich als junge Frauen mit 18, 19 Jahren – gegen den Rat der Eltern und zum Teil ohne deren Wissen – dazu entschieden hatten, das vertraute griechische Dorf alleine zu verlassen, um in Deutschland zu arbeiten und so der Armut in der Heimat zu entkommen. Und mit Tränen in den Augen erzählten sie von dem Abschied und insbesondere von ihrer Busfahrt vom Oldenburger Bahnhof nach Wilhelmshaven. Es war im November, schon dunkel, und je näher sie Wilhelmshaven kamen, umso undurchdringlicher wurde der Herbst- und Küstennebel. Alle Frauen im Bus

Feiern, Tanzen und Essen: Familienwochenende in Hude, Diakonie Bremen/ Oldenburg, 1987

hätten große Angst gehabt, dass der Busfahrer sich im Nebel verirrt und versehentlich in die Nordsee fährt. Unter anderem aus diesen besonderen, emotionalen Erzählungen habe ich gelernt, dass es nicht nur Männer waren, die als »Gastarbeiter« angeworben wurden, sondern auch eine bedeutende Anzahl von Frauen. Doch die Anwerbung von Frauen kommt bis heute in der »Gastarbeitergeschichte und -forschung« eher nur am Rande vor. Der Mut der Frauen zu ihrer Auswanderung hat mich tief beeindruckt, und nach meiner Erfahrung sind sie diesen Lebensweg auch bewusster als viele Männer gegangen. Insgesamt habe ich immer wieder die Frauen auch als integrationsorientierter als die Männer erlebt, sicherlich auch, weil sie ihre Kinder stärker zu Kindergärten und Schulen begleiteten und somit intensiver mit deutschen Institutionen in Kontakt kamen.

Durch die Erzählungen der Griech*innen erfuhr ich auch, dass etliche von ihnen schon vor ihrer Anwerbung durch Deutschland eine familiäre Zwangsmigrationsgeschichte hatten. Die Familien hatten ursprünglich als sogenannte Pontos-Griechen an der türkischen Schwarzmeerküste gelebt und waren um 1923 im Rahmen der Kleinasiatischen Katastrophe durch Bevölkerungsaustausch nach Griechenland zwangsdeportiert worden. Diese entwurzelten Menschen fanden lange Zeit nicht wirklich Anerkennung, und nach ihren Erzählungen wurde es ihnen sehr schwer gemacht, sich in Griechenland neu zu »verwurzeln«. Deshalb waren auch viele bereit und mutig, nach Deutschland zu gehen, verbunden mit der Hoffnung, sich so ein besseres Leben aufbauen zu können. Aufgrund der Vorgeschichte litten diese Betroffenen wahrnehmbar an ihre Heimat Griechenland, und zugleich blieb die Heimat immer ihr Sehnsuchtsland. Von ihnen habe ich vieles über Griechenland, über die griechische Mentalität, über die politischen Verwerfungen in der griechischen Geschichte und darüber, dass Griechenland traditionell ein Auswanderungsland war, gelernt.

*Wenn Sie auf den Migrationsprozess der griechischen Zuwanderer*innen zurückblicken: Was war positiv, und wo gab es Schwierigkeiten?*

Über die Griechinnen und Griechen in Delmenhorst gibt es eine spannende Veröffentlichung der VHS Delmenhorst mit dem Titel Wir hatten das Zeug zum Auswandern. Dieser so treffende Titel charakterisiert für mich sehr gut den Migrationsprozess von griechischen Zuwanderern (aber auch von allen anderen Zuwanderern nach Deutschland). Sie sind ihre Auswanderung mutig und hoffnungsvoll angegangen und waren offen für das, was in Deutschland auf sie zukam. Diese positive Einstellung und ihr »Mut zur Integration« waren meines Erachtens auch die Grundlage dafür, sich hier auf Deutschland einzulassen und die Chancen zu nutzen, sich ein neues Leben aufzubauen und gute Kontakte zur deutschen Bevölkerung zu pflegen. Ohne in Stereotype zu verfallen, zeichnen sich doch viele Griechinnen und Griechen durch einen Lebensoptimismus und durch eine freundliche Offenheit aus, die für ein *akzeptierendes Zusammenleben* sehr förderlich sind. Es ist schon bemerkenswert, dass der griechischen Bevölkerung in Deutschland nie pauschal stigmatisierende Ressentiments entgegengebracht und sie auch nicht zur Zielscheibe von diskriminierenden Herabwürdigungen wie Menschen aus Italien in den 1960er Jahren oder Personen aus der Türkei in den 1970er/1980er Jahren wurden.

*Arbeitsgruppenergebnis (Plakat) des Familienwochenendes in Hude, Diakonie Bremen/Oldenburg mit »ausländischen« Freund*innen, 1987*

© Privatbesitz Theo Lampe

Durch meine sozialberaterische Tätigkeit unter anderem in Delmenhorst und Wilhelmshaven/Friesland eröffnete sich mir auch die Gelegenheit, die Lebenssituationen von Griechinnen und Griechen an verschiedenen Orten vergleichend wahrnehmen zu können. Bei den Griechen, die für Olympia in Roffhausen arbeiteten, bestand die Besonderheit, dass viele von ihnen in mehreren werkseigenen Wohnblöcken im Ortsteil Roffhausen-Middelsfähr lebten. Anfang der 1970er Jahre wohnten dort in den Olympia-

Wohnheimen weit über 500 Personen! Eine außergewöhnliche Situation, verglichen mit anderen betrieblichen Wohnheimen für Griechinnen und Griechen im Oldenburger Land sowie in der Bremer Region.

Um das Gesagte zusammenzufassen, ist meine Erfahrung, dass die Unterbringung in Wohnheimen dazu führt, dass die Menschen mehr unter sich bleiben und dies nicht förderlich für eine persönliche Entfaltung sowie gesellschaftliche Integration ist. Dies wurde mir später auch so von einigen Griechen bestätigt, die aus den Wohnheimen ausziehen mussten. Mit ihrem Arbeitsplatz verloren sie auch ihre Wohnung, und ihre Aussage dazu war: Wir mussten uns komplett neu orientieren und anders als bisher auch stärker mit Menschen nichtgriechischer Herkunft Kontakte aufnehmen.

Gastarbeiter-Wohnheime werden zu Flüchtlingsunterkünften

Interessant ist noch, dass aus den Griechen-Wohnheimen in Middelsfähr alsbald Flüchtlingswohnheime wurden – übrigens seinerzeit die ersten im Oldenburger Land. Und dort, wo ich bisher Beratungskontakte zu Griechen hatte, führte ich dann Flüchtlingsberatungen durch.

Der Faktor Arbeit und die individuelle Zukunftsperspektive als maßgebliche Größen des Integrationsprozesses

*Woran machen Sie aufgrund Ihrer jahrelangen Praxiserfahrung die Prozesse der Migration besonders bei den zugewanderten Griech*innen fest?*

Migrationsprozesse sind nach meiner Wahrnehmung immer sehr dynamische Anpassungsprozesse mit Phasen des Gehens, des Kommens und des Bleibens. Diese Prozesse werden häufig wesentlich davon bestimmt, wo man Arbeit findet und behält oder wo sich noch bessere Arbeitsverhältnisse auftun. Arbeit ist ein zentraler Faktor von Migrationsprozessen und bestimmt auch die dynamischen Lebenssituationen von Zuwanderern entscheidend mit. Ein dauerhaft guter Arbeitsplatz bietet die Chance, vor Ort ein »Zuhause« zu finden und dazuzugehören. Inwieweit diese Chance wahrgenommen wird, hängt dann entscheidend davon ab, ob man längerfristig in Deutschland bleiben will oder vielmehr eine baldmögliche Rückkehr in die »Heimat« anstrebt.

Steht der Rückkehrwille im Vordergrund, gleicht das Leben in Deutschland schnell einer »Wartesaalsituation«, und das Interesse an den Lebensgegebenheiten vor Ort ist gering ausgeprägt. Die individuelle Zukunftsperspektive ist letztendlich nach meiner Erfahrung ein maßgebender Faktor von Integrationsprozessen, nicht nur bei Griechinnen und Griechen.

Die migrationsbezogene Lebensplanung gerät aber dann ins Wanken, wenn mit dem Arbeitsplatz auch die wirtschaftliche Lebensgrundlage verloren geht. Diese Erfahrung mussten viele Griechen in Delmenhorst und in Wilhelmshaven machen, als dort die großen Industriebetriebe (Olympia, Nordwolle, Bremer Wollkämmerei) Anfang der 1990er Jahre ihre Produktion einstellten. Für die in diesen Betrieben tätigen Griech*innen führte es zum Verlust des Arbeitsplatzes – ihre Lebensentwürfe platzten. Einige kehrten überstürzt nach Griechenland zurück und versuchten dort wieder Fuß zu fassen. Andere nahmen die Arbeitslosigkeit in Kauf und suchten nach einem anderen Arbeitsplatz, egal wo in Deutschland. Beeindruckt haben mich aber die Griechen, die diese missliche Situation im Sinne einer existenzsichernden Überlebensstrategie dazu nutzen und

Tanzen im Freien: Familienwochenende in Hude, Diakonie Bremen/Oldenburg, 1987

© Privatbesitz Theo Lampe

sich selbstständig machten: mit einem Restaurant, mit einem Kiosk oder auch mit einem Spezialitätenladen. Aufgrund des gewohnten Lebens in dynamischen Migrationsverhältnissen waren sie flexibel genug, das Risiko der Selbstständigkeit einzugehen. Ihr Mut hierzu hat ganz wesentlich dazu beigetragen, dass die Restaurantszene in Deutschland seit den 1980er Jahren interessanter und vielseitiger wurde.

Bereits an vorheriger Stelle habe ich erwähnt, dass etliche Griechen nach ihrem Arbeitsleben ein »Pendlerdasein« zwischen Griechenland und Deutschland praktizierten, weil ihre Kinder und Enkelkinder in Deutschland heimisch geworden waren. Sie haben sich ihren Traum vom Leben in der Heimat realisiert, kombinieren diesen aber mit mehrmonatigen Aufenthalten in Deutschland, um so auch nahe bei den Kindern und Enkelkindern sein zu können. Diesen kreativen Umgang mit veränderten Lebenssituationen praktizieren nach meiner Erfahrung insbesondere griechische Mitbürger. Und sie bestätigen damit, dass Migrations- und Integrationsprozesse dynamische und vor allem pragmatische Anpassungsprozesse an die Chancen und Möglichkeiten des Lebens sind.

Gibt es Ihrer Meinung nach Anhaltspunkte dafür, dass sich die griechische Kultur durch das Leben in Deutschland verändert hat?

Das ist eine schwierige Frage, weil es nach meiner Erfahrung die griechische Kultur ebenso nicht gibt wie die deutsche Kultur. Zutreffender wäre für mich die Frage, ob sich die griechischen Zuwanderer durch das Leben in Deutschland verändert haben. Und das glaube ich schon. Ich weiß, dass Griechen die Verlässlichkeit des deutschen Behördensystems sehr schätzen und auch die soziale Absicherung. Dies trifft auch auf das Bildungssystem und die Gesundheitsversorgung zu; beides funktioniert und steht zur Verfügung, ohne dass man noch Zusätzliches zu leisten hat. Und ich habe immer noch die hohe Wertschätzung der gut organisierten Abfallentsorgung in Deutschland im Vergleich zu der in Griechenland in den Ohren. Überzeugt bin ich auch davon, dass griechische Zuwanderer gegenüber den Anfangsjahren deutlich individueller geworden sind und sich so von kollektiven Erwartungen sowie sozialen Kontrollmechanismen frei gemacht haben. Und die positiven Lebenserfahrungen in Deutschland prägen natürlich auch die Erwartungen an die Gegebenheiten in Griechenland und führen, so wie ich von griechischen Freunden höre, auch durch die Rückkehrer dort zu Veränderungen.

Arbeitsgruppe, Familienwochenende in Hude, 1987

© Privatbesitz Theo Lampe

Migrationsprozesse verändern immer Menschen, ihre Werte und ihr kulturelles Alltagsleben. Die Frage lädt deshalb auch zu einem Perspektivwechsel ein, also wiederum zu der Frage, ob sich die »deutsche« Kultur durch die Zugewanderten verändert hat. Und diese Frage kann ich nur mit einem klaren Ja beantworten. Deutschland ist seit dem Beginn der Anwerbung im Jahr 1955 wesentlich vielfältiger, bunter und lebendiger geworden. Dazu haben die Zuwanderer, also auch die griechischen Mitbürger, erheblich beigetragen. Die geschmacklichen Veränderungen in der Gastronomie sind dafür nur ein gutes Beispiel: »Gyros statt Braten« – oder besser: »Gyros und Braten«.

*Haben die ehemaligen griechischen Gastarbeiter*innen mittlerweile in Deutschland ihre »Heimat« gefunden? Sind sie Ihrer Meinung nach angekommen?*

Auch auf diese Frage ist meines Erachtens keine pauschale Antwort möglich. Wer von den ehemaligen griechischen Gastarbeiter*innen noch hier ist, ist auch zumindest an-

Plenum mit den Arbeitsgruppenergebnissen, Familienwochenende in Hude, 1987

© Privatbesitz Theo Lampe

gekommen und hat sich hier eine gewisse Lebensexistenz geschaffen. Ob er oder sie oder auch alle darüber hinaus in Deutschland eine »Heimat« gefunden haben, ist auch eine Frage, was denn mit »Heimat« letztendlich verbunden wird. Denn Heimat ist ja so eine typisch deutsche, von Emotionen besetzte Begrifflichkeit, und entsprechend gibt es sehr viele Definitionen zu dem Begriff und dazu, was damit gemeint ist und verbunden wird.

Ich habe vor kurzem eine Definition gelesen, die ich persönlich sehr zutreffend und sympathisch finde. Die Definition lautet: »Heimat ist ein Prozess.« Diese Definition passt sehr gut zu dem Verständnis von Migration als prozesshaftem Geschehen in der Zeit. Und in diesem Sinne haben die ehemaligen griechischen Zuwanderer sicherlich in Deutschland eine »Heimat« gefunden, zumindest aber einen Ort, wo sie sich zu Hause fühlen. Und Migration lehrt uns ja auch, dass ein »unbewegliches« Leben schnell dazu führt, den Anschluss zu verlieren und zum Verlierer zu werden.

*Was würden Sie aus ihrer Erfahrung heraus den Zugewanderten, aber auch Arbeitgebern und Behörden-Mitarbeiter*innen, die mit Menschen mit Migrationshintergrund arbeiten, empfehlen, damit eine Integration gelingt?*

Als Erstes würde ich mit ihnen das Gespräch suchen, um zu erfahren, was sie unter Integration eigentlich konkret verstehen. Wenn Integration nur als einseitige Anpassung im Sinne von »Werdet so, wie wir sein wollen« verstanden wird (also Assimilation), kann sie nicht wirklich gelingen. Auch nicht, wenn Integration nur als funktionaler Begriff verstanden wird: Sprache lernen, Bildung und Qualifikationen erwerben, einen Platz im Arbeitsleben finden. Alles wichtig für ein eigenverantwortliches und gesichertes Leben, aber es reicht nicht aus, denn Menschen sind keine zu füllenden Automaten. Ein Mensch ist mehr und hat auch kulturelle, religiöse, politische, soziale und familiäre Bedürfnisse. Deshalb braucht Integration immer eine ganzheitliche Sicht, die die komplexe Lebenswirklichkeit der Menschen im Blick hat.

Integration bedeutet für mich: Anpassungs- und Veränderungsprozesse unter Beachtung der Würde eines jeden Menschen. Und in einer demokratischen Gesellschaft der Vielfalt ist Integration immer eine Anforderung an alle in der Gesellschaft Lebenden. Es geht für mich darum, wie wir miteinander leben wollen, ohne dass bestimmte Personengruppen diskriminiert, benachteiligt und ausgegrenzt werden. Diese Verantwortung kommt allen zu, und deshalb sind meine Leitgedanken für eine gelingende Integration: Zutrauen, Zugehörigkeit, Zusammenleben, Zukunft zusammen gestalten. Und dieses Verständnis baut auf auf: Vertrauen, Respekt, Anerkennung, Wertschätzung, Teilhabe und Sicherheit.

Gelingende Integration – oder vielleicht sollten wir besser von Inklusion sprechen – braucht als Orientierung eine menschenfreundliche Einstellung, aber nicht eine »Stammbaumhaltung« oder eine »Verwertbarkeitshaltung«. Deshalb gelingt Integration für mich immer dann, wenn wir uns alle – angelehnt an das veränderte Zitat vom Max Frisch – stets bewusst machen:

»Wir haben Menschen gerufen und es sind Menschen gekommen!«

*Griechische und deutsche Kolleg*innen im Olympia-Pausenraum, Roffhausen (links: Ilias Chrissochoidis, Vater von Janni Chrissochoidis), Ende 1970*

© Privatbesitz Janni Chrissochoidis

Leben und Alltag griechischer Olympianer*innen

»Integration ist keine Einbahnstraße, sie erfordert Bemühungen und das Einhalten von Regeln von allen Seiten. Daher kann Integration nur funktionieren, wenn sie von allen Beteiligten gemeinsam gelebt wird. Integration kann nur miteinander gelingen, wenn WIR alle daran mitarbeiten.« Landrat Sven Ambrosy (2019) [12]

»Gastarbeiterbetten« – Werbeblatt der Firma Schulte KG Wiesbaden um 1970

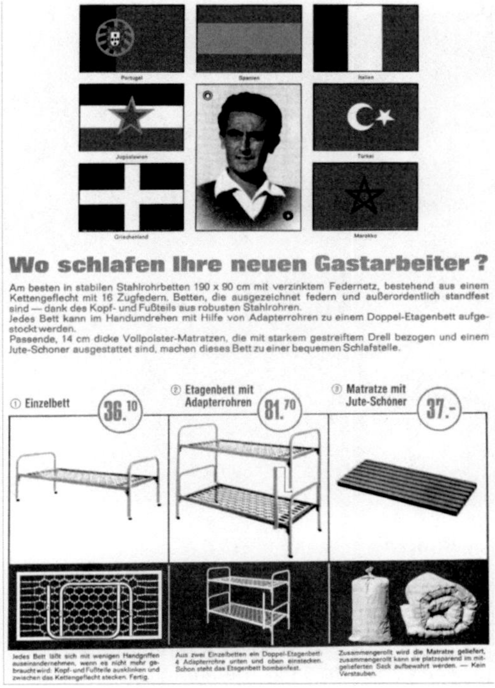

© Nordwestdeutsches Museum für IndustrieKultur, Delmenhorst

Wohnen

Aus den Befragungen ging hervor, dass viele griechische Gastarbeiter*innen in den Werkssiedlungen lebten, die sich im unmittelbaren Umfeld der Olympia-Produktionsstätten befanden (Roffhausen, Middelsfähr und Leer). Interessant war hier (das versicherten unter anderem ehemalige Bewohner*innen, deren Nachkommen oder Vorgesetzte, wie der damalige Olympia-Ausbilder und Leiter der Sozialabteilung in Roffhausen Winfried Bornschier), dass in diesen Wohnheimen ausschließlich griechische Gastarbeiter*innen wohnten.

Winfried Bornschier, der schon ab den 1960er Jahren, erst als Lehrling, dann als Ausbilder für Kaufleute, später als Abteilungsleiter der Sozialabteilung, in Roffhausen tätig war, berichtete, dass diese Wohnheime 1963 eigens für griechische Gastarbeiter*in-

12 Landkreis Friesland (Hg.): Integrationskonzept des Landkreises Friesland, Jever 2019, Vorwort.

nen erbaut wurden. Die Werkszeitschrift für die Mitarbeiter*innen der Olympia Werke AG – AEG Olympia Ring – aus dem Jahr 1964[13] berichtete auch vom Bau von Ausländerwohnheimen für türkische Gastarbeiter*innen im Jahr 1964 für das Werk Leer.

*Bau des Wohnheimes Middelsfähr im Jahr 1964 (für griechische Gastarbeiter*innen)*

© Olympia Ring Nr. 4, 1964

»Also, die ersten Griechen, die gekommen sind nach Wilhelmshaven, haben – die meisten von ihnen – in den Olympia-Wohnheimen gewohnt. Wenn man hier wohnte, dann waren die Griechen unter sich. In diesem Fall können wir wenig von Integration reden. Weil die haben den ganzen Tag miteinander zu tun, die sprechen immer nur griechisch, die kennen Deutsche aus der Nähe eigentlich nicht. Die anderen Bräuche auch nicht. Nach und nach, wenn sie von den Heimen weggezogen sind und irgendwo eine Wohnung gemietet haben, dann sind sie unter die Einwohner gekommen. Erst dann fing die Integration an.« Dimi D., 72 Jahre

Die »Ausländer«-Wohnheime

»Wir wussten auf der langen Reise nicht, wohin wir genau gebracht werden, wo genau diese Fabrik für Schreibmaschinen stand.

In der Nacht zum 19. Juli 1966 kamen wir in Wilhelmshaven an. Es war Mitternacht. Wir waren 6 Leute, die am Bahnhof aus dem Zug ausstiegen, nach über 36 Stunden Anreise. Wir lernten von München dieses Ehepaar von Kavala kennen, ein junger Mann, eine junge Frau, wir hatten sonst keine Bekannten. Am Bahnhof wurden

13 Olympia Ring. Zeitschrift für die Mitarbeiter der Olympia Werke AG Wilhelmshaven, Ausgabe Nr. 1, 1964.

Bau des Olympia-Gastarbeiterwohnheims in Leer im Jahr 1964

© Olympia Ring Nr. 1, 1964

wir alle von Paul Fostiropoulos, dem Dolmetscher, empfangen und auf die Wohnheime verteilt. Wir hatten keine Ahnung, was uns genau erwartet. Wir hatten gelernt, dass Deutschland im Norden liegt. Wir hörten von blonden Deutschen mit blauen Augen. Mein erster Meister war aber kastanienbraun, auch die Augen. Die ersten richtig blonden Deutschen habe ich erst viele Jahre später in Wuppertal getroffen. Wir sind mit meinem Bruder zum Wohnheim, er bzw. die alleinstehenden Männer wurden privat untergebracht. So musste mein Bruder nach Wilhelmshaven-Voslapp, wir anderen kamen in die Olympia-Wohnheime nach Middelsfähr. Sie wurden eines der beiden Wohnheime für Ehepaare, und ich wurde in das für alleinstehende Mädchen und Frauen einquartiert.« Asimina Paradissa

Bedenkt man, dass viele ausländische Arbeitnehmer*innen, wenn sie außerhalb der »Ausländer«-Wohnheime unterkommen wollten, sich privaten, oft überteuerten Wohnraum suchen mussten, war das Angebot von werkseigenen Olympia-Wohnheimen sehr attraktiv für die Neuankömmlinge. Man wollte sparen, Geld für die Familie zurücklegen und auch für die geplante Selbstständigkeit anlegen. Oft wurde so noch ein Jahr in Deutschland »drangehängt«.

Die ersten griechischen Arbeitsmigrant*innen fanden in den 1960er Jahren keine vorhandenen sozialen Strukturen vor. Ihnen wurde im Zuge der Anwerbeverfahren und der befristeten Arbeitsverträge lediglich ein vorübergehendes Wohnen und erlaubtes Arbeiten in Deutschland gewährt.

Die Bildung von eigenen sozialen Netzwerken in der Diaspora erfolgte in der Regel in Selbstorganisation durch Verwandte, Dorfmitglieder und Bekannte, wie auch am Beispiel der *Olympia Werke*, die ihre griechischen Landsleute nachholten. Die eigens für ausländische Arbeitskräfte gebauten Wohnheime der Olympia Werke Roffhausen machten es Neuankömmlingen so gerade in den Anfangsjahren möglich, sich rasch in der neuen Umgebung einzufinden und anzukommen.

> »Wir mussten ja genügend Geld zusammengespart haben, um in Griechenland eine eigene berufliche Existenz aufzubauen.« Christos T.,71 Jahre

Abgesehen von der für die griechischen Arbeitsmigrant*innen günstigen Möglichkeit, in Werkswohnungen und »Gastarbeiter-Wohnheimen« unterzukommen, war es auch die Firmenspitze selbst, die immer Wert darauf gelegt hatte, ihre Beschäftigten möglichst werksnah unterzubringen, um unnötige Anfahrtswege und eventuell damit verbundene Verspätungen zu vermeiden. So begann man ab 1954 mit der Planung und Realisierung der Olympia-Siedlung in Roffhausen mit anfangs über 150 neuen Wohnungen.[14] Dieser Bau von sogenannten Ausländerwohnheimen in der friesischen Region wie in Roffhausen, Middelsfähr und Leer war in den 1970er Jahren bundesweit einmalig.[15]

Wohnheime Middelsfähr, Akazienstraße 19,21 und 23

© Ina Wiemers (Aufnahmen aus dem Jahr 2021)

Insgesamt entstanden um das Werk in Roffhausen und in Middelsfähr jeweils drei Wohnheime mit einem Kontingent von Plätzen für bis zu 600 Bewohner*innen. Die Unterkünfte, die aufgrund ihrer unterschiedlichen Größe eigens für Familien und alleinstehende Frauen vorgesehen waren, waren immer ausgebucht. Ledige Männer fanden hier keine Bleibe, sie mussten sich in der näheren Umgebung oder in Wilhelmshaven-Voslapp private Zimmer anmieten. Die Kosten einer Unterkunft in einem möblierten Mehrbettzimmer im Wohnheim betrugen Mitte der 1960er Jahre um die 80 DM. Darin

14 Schmid, Hans-Jürgen: Olympia ... und die Olympianer. Arbeit für die Region – Typen für die Welt. Wilhelmshaven 2008, S. 66.

15 So der ehemalige Vertriebschef Hermann Tietken.

waren nicht nur die Nebenkosten enthalten, sondern auch die vierzehntägige Reinigung der Bettwäsche.

> »... und haben dann ja auch zusammengewohnt, in Roffhausen im Wohnheim. Bis sie dann meinen Vater kennenlernte, der schon einige Jahre bei Olympia arbeitete; beide heirateten und haben dann eine gemeinsame Wohnung in dem anderen Gastarbeiterwohnheim in Middelsfähr bezogen. Dort gab es größere Wohnungen für verheiratete griechische Paare. Ewig wohnten sie dort nicht. 1978/79 sind sie umgezogen nach Roffhausen. Dann nochmal ab den 1980ern, um den Dreh, von den rein griechischen Wohnheimen in die Arbeitersiedlungen in die Erfurter Straße am Werk Roffhausen.«
> Emanuel T., 49 Jahre

Wohnheime Middelsfähr, Akazienstraße 19

© Ina Wiemers (Aufnahmen aus dem Jahr 2021)

Laut einem internen Schreiben[16] des Diakonischen Werks aus dem Jahr 1967 wurden über das Hilfswerk der Inneren Mission für den nordwestdeutschen Raum insgesamt 11 Wohnheime für griechische Arbeitskräfte zur Verfügung gestellt, davon allein zwei in Roffhausen und Middelsfähr.

Das Leben bestand nicht nur aus Arbeit

In jedem der insgesamt sechs Wohnblocks in Roffhausen und Middelsfähr gab es Sozialräume, sodass sich das Alltagsleben der dort wohnenden Griech*innen auf das »dörfliche« Wohngebiet konzentrierte. Im »Clubraum« wurde gefeiert, Karten gespielt, die

16 »Liste der Wohnheime griechischer Gastarbeiter«. Hg. Diakonisches Werk, Hilfswerk der Inneren Mission, Oldenburg 1967 (aus Privatbesitz).

Frauen trafen sich und waren unter sich, einmal monatlich wurden griechisch-orthodoxe Gottesdienste abgehalten[17] und jeden Samstag Tanzveranstaltungen im Wechsel der Wohnheime durchgeführt. Es traten griechische Musikgruppen auf, wie zum Beispiel ein Bruderpaar als Akkordeonspieler, die auch sangen. Die Sozialräume standen zudem tagsüber auch der Sozialberatung zur Verfügung. Für jedes Wohnheim war ein Hausmeisterehepaar verantwortlich, die auch ab und zu sozialarbeiterische Tätigkeiten wie Vermitteln und Streitschlichten verrichten mussten.

Wohnheime Middelsfähr, Akazienstraße 21

© Ina Wiemers (Aufnahmen aus dem Jahr 2021)

Ankommen

»Als wir in dem Olympia-Wohnheim ankamen, wurde ich mit einer anderen griechischen Frau, die erzählte, dass sie ihre zwei Kinder in Griechenland zurücklassen musste, in das gemeinsame Zimmer gebracht. Hier standen Etagenbetten. Ich wusste nicht,

17 Allerdings finden bis heute im Zusammenschluss der griechisch-orthodoxen Kirche für den niedersächsisch-friesischen Gemeindebereich regelmäßige und feste Zusammenkünfte auch ehemaliger Olympianer-Familien samt Kindern und Kindeskindern in Form von Gottesdiensten und liturgischen Feiern in den evangelischen Kirchen unter anderem in Wilhelmshaven (Banter Kirche) und Bremen (Wilhadi-Kirche) statt.
»Von der Seite Griechenlands: Die griechische Kirche hatte zu Olympia-Zeiten auch einen Pastor mit Sitz in Hamburg für Wilhelmshaven als zuständig erklärt und ihn mit der Aufgabe betraut, einmal im Monat eine griechisch-orthodoxe Messe für die Gastarbeiter hier zu halten. Die evangelische Kirche hat die Banter Kirche zur Verfügung gestellt, bis heute noch. Erst gab es die katholische Kirche in Roffhausen, dann, nach einigen Jahren, die Banter Kirche für Gottesdienste. Alle vier Wochen etwa gab es griechisch-orthodoxe Messen. Und das gilt heute noch, obwohl ja Olympia nicht mehr existiert und die Griechen hier ja weniger geworden sind«, so Paul Fostiropoulos.

dass ich fortan fünf Jahre dort immer in mein Bett hochklettern musste. Es gab keine Leiter für die Betten. Das Bett unten war schon besetzt. Dann erhielten wir Bettlaken und Bettwäsche und bezogen erst einmal unsere Betten.« Maria T., 68 Jahre

»Man konnte sich ganz auf die Arbeit konzentrieren. Wir bekamen möblierte Zimmer, Bettwäsche, die vom Hausmeisterehepaar gewaschen wurde. Alles war da.« Asimina Paradissa

Wohnheime Middelsfähr, Akazienstraße 23

© Ina Wiemers (Aufnahmen aus dem Jahr 2021)

Die Olympia-Wohnheime befanden sich im Gegensatz zu den Wohnheimen anderer deutscher Unternehmen (oft ehemalige Flüchtlingsbaracken aus Holz) in einem sehr modernen Zustand. Allerdings standen für Einzelpersonen keine eigenen Unterkünfte zur Verfügung, sondern, nach fest vorgegebener Quadratmeterzahl (anfangs 4 m^2 pro Person), nur Mehrbettzimmer.

»Im Wohnheim in Middelsfähr traf ich immer Bekannte. Das Wohnheim war unterteilt für Frauen und Familien. Man teilte sich Küche, Bad, Sanitärbereich.« Georgios C., 75 Jahre

»In Middelsfähr standen drei Wohnheime mit jeweils drei Etagen. Auf jeder Etage gab es drei Zimmer mit jeweils 6 Personen und noch 1 Zimmer mit 2 Personen, dann noch 4 Zimmer für jeweils 4 Personen, also um die 36 Personen pro Stockwerk. Wir hatten eine gemeinsame Küche mit 6 Kochplatten auf jeder Etage, wer zuerst kam, der konnte kochen, wir anderen mussten warten. Eine Spüle pro Etage. Wir hatten im Zimmer glücklicherweise noch ein Waschbecken. Toiletten waren draußen: 2 pro Etage, eine links, die andere rechts. Wenn es morgens zur Frühschicht eng wurde, wuschen wir uns am Waschbecken. Die wenigen Bäder für alle Bewohnerinnen waren nämlich im Keller. Gegessen haben wir morgens auch nicht, wir machten uns schnell fertig und gingen zu Fuß nach Roffhausen zur Arbeit, eineinhalb Kilometer nach Olympia.« Maria D., 72 Jahre

Wohnheime Roffhausen, Frankfurter Straße 8/10-12

© Peter Homfeldt (Aufnahmen aus dem Jahr 2021)

»Meine Schwester folgte mir nach Roffhausen«

»Tatsächlich kam dann am 26. Oktober 1966 meine Schwester. In unserem Zimmer im Wohnheim standen 4 Betten, das waren Etagenbetten. In jedem Zimmer war ein Tisch, 4 Stühle, ein 2-m-Spind. 50 cm Schrankplatz für eine Person, mit Regalen. Das war für jeden im Zimmer zu wenig Platz für die Kleidung. Und nur ein Fenster. Statt Nachtisch stellte ich eine kleine Holzpalette hin. Besteck für eine Person, Becher und eine Tasse. Ging etwas kaputt, mussten wir es aus eigener Tasche ersetzen. Jeder zahlte in dem Mehrbettzimmer 80 DM. Die Betten waren aus Eisen, kein Holz, und die Matratze aus Schaum. Diese war nach fünf Jahren durchgelegen, wir wussten nicht, dass man sie regelmäßig umdrehen sollte. Ich kannte nur einfache Holzbetten von zu Hause.« Vasilki K., 74 Jahre

Durch den Olympia-Konkurs Anfang der 1990er Jahre waren auch die Wohnblocks Teil der Insolvenzmasse und wurden verkauft. Die dort wohnenden Griechen verloren ihr angestammtes »Zuhause« und mussten sich auf dem freien Wohnungsmarkt eine neue Wohnung suchen, vor allem in Wilhelmshaven. Dadurch lösten sich ihre Gemeinschaften in Middelsfähr und Roffhausen auf, die sozialen Strukturen veränderten sich erheblich. Die davon betroffenen Griechinnen und Griechen verloren einerseits die vertrauten menschlichen Strukturen und mussten sich andererseits ganz neu orientieren. Mit diesem unfreiwilligen Neustart hatten nicht wenige ihre Probleme, und es brauchte einige Zeit, bis sie mit dem singulären Leben in der neuen, städtischen Nachbarschaft »integrativ« zurechtkamen. Manche der arbeitslos gewordenen Olympia-Griechen wollten sich dieser Herausforderung erst gar nicht stellen und kehrten nach Griechenland zurück. Einige blieben mit ihren Familien und waren weiterhin berufstätig. Einige kamen bei Verwandten in der griechischen Gastronomie in Wilhelmshaven und der Region unter – sie sind heute fester Bestandteil der friesischen Bevölkerung.

Feier im Wohnheim Middelsfähr, Klavierspieler Ernst Menzel (Olympia-Mitarbeiter und unter anderem als Ansprechpartner zuständig für die Ausländerwohnheime)

© Familie Fostiropoulos

Ärztliche Versorgung vor Ort

Auf dem Olympia-Firmengelände in Roffhausen gab es das Angebot eines betriebsärztlichen Dienstes mit einem festangestellten Arzt, Dr. Voges, und drei bis vier Krankenschwestern. Neben den ärztlichen Belangen kümmerten diese sich auch persönlich, wenn es darum ging, die Olympia-Kinder in die Kindergärten zu bringen und später von dort wieder abzuholen.

Der Betriebsarzt, der vorher viele Jahre als Kreisamtsarzt gearbeitet hatte, erhielt zwar sein Gehalt von Olympia, war aber dennoch unabhängig, die Geschäftsleitung war ihm gegenüber nicht weisungsbefugt. »So gab es keine Interessenkonflikte mit Krankschreibungen zugunsten des Arbeitnehmers oder mit der Vertraulichkeit persönlicher Informationen zum Gesundheitszustand in Bezug auf Einsicht in die Krankenakten, wie zum Beispiel bei Alkoholproblemen der Beschäftigten.« Winfried Bornschier, ehemaliger Leiter der Soziabteilung

Jannis Chrissochoidis, »Olympia-Kind«, erinnert sich noch an die Zeiten, in denen er von seinen Eltern zum Firmentor gebracht und von den dortigen »Schwestern«, den Mitarbeiterinnen des Betriebsarztes, mit anderen Olympianer-Kindern zum Kindergarten begleitet und auch von dort wieder zur Firma zurückgebracht wurde.

Nach Informationen der Interviewpartner*innen und der früheren Pfarrerin in Roffhausen, Doris Semmler, die auch zuständig für den evangelischen Kindergarten war, wurde das verlässliche soziale Angebot des Werks betont:

> »Olympia war für die 1960er und 1970er Jahre ein sehr fortschrittlicher und gerechter Arbeitgeber, auch für arbeitende Frauen. Viele Frauen, auch ausländische, hatten durch soziale Angebote wie beispielsweise unseren Kindergarten die Möglichkeit, externe Kinderbetreuung in Anspruch zu nehmen und so wie ihr Mann arbeiten zu gehen.«

Mittagessen in der Kantine 1961

Neben der Erstattung und Bezuschussung, beispielsweise von Fahrkarten für Pendelfahrten zur Arbeit, legte die Firmenleitung großen Wert auf ein gutes Speiseangebot in der Olympia-Kantine, welches subventioniert wurde. Zusätzlich initiierte sie einen Wohlfahrtsfond: Durch Einzahlung eines kleinen Geldbetrags vonseiten des Unternehmens (für jede*n Mitarbeiter*in 1 DM) konnte den Beschäftigten in finanziellen oder auch gesundheitlichen Notlagen durch Bezuschussung bei jeweiliger Bedürftigkeit geholfen werden.

Im Jahr 1967 wurde Ende Oktober in der Olympia-Großküche in Roffhausen die 10 Millionste Essensportion ausgegeben. Auch die Leistung der Olympia-Küche konnte sich sehen lassen: Wöchentlich benötigte man in der Küche 1500 kg Fleisch, 5000 kg Kartoffeln, 1700 kg Gemüse, 1000 Liter Milch und vieles andere mehr, um täglich etwa 3000 Essensportionen auszuteilen.[18]

Pendelverkehr vor dem Olympia Werk Roffhausen, 1963

© Stadtarchiv Wilhelmshaven/Sammlung Arbeiterarchiv – Dr. Hartmut Büsing

Betreuungsangebote für die Olympia-Kinder

Neben dem evangelischen gab es noch einen katholischen Kindergarten, der auch die Olympia-Kinder aufnahm:

> »Sie [Anm.: die Eltern] kamen morgens entweder mit dem PKW oder mit unseren Bussen, die Kinder wurden in einem Aufenthaltsraum bei Tor 2 gesammelt, von zwei Müttern beaufsichtigt und zum Bus gebracht. Dieser Bus, der die Leute vom Berufsverkehr hier nach Roffhausen gebracht hatte, fuhr dann anschließend zum Kindergarten. Dort wurden die Kinder auch verköstigt mit Essen aus der Olympiaküche. Nachmittags kamen sie zurück.«[19] Ruth Blankenburg, ehemalige Personalsachbearbeiterin bei Olympia

Diese Betreuungsofferten wurden so gut angenommen und nachgefragt, dass sich der evangelische Kindergarten im Volksmund zum »Olympia-Kindergarten« entwickelte, da sich die Kindergartenleitung mit ihren Öffnungs- und Schließzeiten an die Schichtzeiten von Olympia anpasste und von den berufstätigen Eltern genutzt wurde. So öffnete

18 Olympia Ring, Ausgabe Nr. 4, 1967, S. 6.

19 Ruth Blankenburg: »… und schaffen treu mit fleiß'ger Hand«, S. 111.

der Kindergarten schon um 7 Uhr und schloss mit Ende der Schicht gegen 17 Uhr. Die Kinder wurden an das Werkstor 1 und anschließend mit Bussen zum Kindergarten gebracht, nach dessen Ende wieder zum Werk befördert, damit ein reibungsloser Übergang direkt an den Werkstoren gesichert war. Auch die Ehepaare passten ihre Schichtzeiten so an, dass die Kinder nahtlos nach der Schicht vom Kindergarten abgeholt werden konnten. Dies passierte manchmal auch bei der Wechselschicht. So berichtete der Vater von Jannis Chrissochoidis, Ilias Chrissochoidis, dass er und seine Frau sich die Schichten immer im Wechsel so legten, dass die beiden Kinder täglich kontinuierlich betreut werden konnten.

> »Ich habe meinen Meister gefragt, ob ich nur Spätschicht machen kann, weil ja meine Frau wegen der Kinder Teilzeit arbeitete und so zur Frühschicht eingeteilt war. Das war kein Problem mit meinem Chef! So war immer jemand von uns beiden da, der die Kinder vom Kindergarten abholen konnte. Oma oder Opa waren in Griechenland.«
> Elias C., 81 Jahre

Sesshaft werden – ankommen

Begünstigt durch die längere Aufenthaltsdauer, verbesserte Lebensverhältnisse, flexiblere Möglichkeiten der Ein- und Ausreise und, vor allem, der Wiedereinreise wurde der Familiennachzug griechischer Arbeitsmigrant*innen einfacher. Immer mehr griechische Landsleute begannen ab den 1970er Jahren in der Bundesrepublik sesshaft zu werden, und es zeichnete sich eine Entwicklung ab, in der aus Gastarbeiterinnen und Gastarbeitern ausländische Arbeitnehmer*innen wurden.

Pause auf Olympia, 1960er

Gründung von griechischen Vereinen

Es dauerte Jahre, bis nach der griechischen Arbeitsmigration in den Nordwesten Deutschlands ab den späten 1970er Jahren der erste griechische Verein von griechischen Olympianer*innen gegründet wurde. Dimitrios Danidis, einer der Mitinitiatoren und langjähriger Vorstand, erzählt:

> »Wir organisierten Feiern und kulturelle Treffen über den Verein. Auch gab es lange dort einen griechischen Tanzkursus, der von Griechen und Deutschen gut angenommen wurde. Wir halfen aber auch ganz konkret bei alltäglichen Sachen wie zum Beispiel bei Übersetzungen für Anträge, Hilfestellungen bei Formularen und auch, unsere Landsleute zu Ämtern zu begleiten, wenn sie nicht so gut die deutsche Sprache beherrschten. Viele konnten damals nicht so gut deutsch, sie unterhielten sich vorwiegend griechisch und nur ganz wenig deutsch. Und wenn es darum ging, zu Behörden zu gehen, reichte es nicht.
>
> Später gab es keine Freiwilligen mehr, die diese Vereinsarbeit in die Hand nahmen, die sich um Veranstaltungen und diese ganzen Dinge kümmerten. Die das wollten, waren nicht mehr da, die ein, zwei freiwilligen Älteren konnten nicht gut Deutsch, und die Jugend wollte nicht. Das war dann das Ende unseres Vereins.«

Dimitrios Danidis berichtete auch, dass der griechische Verein aufgrund des Mitgliederschwunds in den 1990er Jahren, vor allem bedingt durch die Schließung der *Olympia Werke* und dem damit verbundenen Wegzug vieler Landsleute, schließlich aufgelöst wurde. Mittlerweile hatten sich weitere multiethnische Vereinigungen in Wilhelmshaven und in der Umgebung gebildet (beispielsweise ein spanischer Verein in Wilhelmshaven) – ein griechischer Verein kam bis heute nicht mehr zustande.

»Meine Landsleute sehen sich mittlerweile als friesische Griechen«

Die in Norddeutschland sesshaft gewordenen griechischen Landsleute sind, nach Meinung von Danidis, ebenfalls »angekommen«. »Ihre Familien, Kinder und Enkelkinder sind hier. Ja, einige identifizieren sich sogar mit der norddeutschen Gegend und sehen sich als friesische Griechen!«

Sport und Integration

Nach Mitteilung einiger Olympianer*innen etablierte sich auch ein Olympia-Fußballverein, der vorwiegend aus griechischen Gastarbeitern bestand. Wie Jannis Chrissochoidis erzählt, meldeten einige Fußballbegeisterte Mitte der 1960er Jahre beim VFL Wilhelmshaven eine weitere Mannschaft mit ihren Landsleuten an. Es gab über den Sport einen großen Zusammenhalt, und obwohl die Mannschaft nur knapp vier Jahre bestand, war sie offen für Spieler anderer Nationalitäten und nahm beispielsweise auch türkische Mitspieler auf. Sport verbindet alle Nationalitäten und trägt zur Integration bei – auf dem Spielfeld ist man einfach nur Mensch, weder Gastarbeiter noch ausländische Arbeitskraft.

»Auch wieder ein Zeichen von Integration, wenn beide Seiten wollen.« Jannis Chrissochoidis, 49 Jahre, Olympia-Kind

Fußballverein VFL Wilhelmshaven mit Olympianern, Anfang 1970

In Ermangelung eines griechischen Vereins oder Interessenverbandes (die griechische Community war viele Jahre im Wilhelmshavener Ausländerbeirat vertreten), versuchte jede griechische Familie, ihr eigenes griechisches identitätsstiftendes Kulturgut zu pflegen. Sei es durch den Erhalt und die Weitergabe der griechischen Sprache an die Folgegeneration, das Angebot eines muttersprachlichen Sprachunterrichts für die jungen Familienmitglieder, die Bewahrung der griechisch-orthodoxen Religion, aber auch die der griechischen Esskultur als ein Stück mit den Wurzeln der Eltern und Großeltern verbindende Identität.

Der letzte aktive Olympianer – »Olympia lebt in mir weiter«
Interview mit Andreas Fostiropoulos

»Ich bin ein Olympia-Kind. Geboren 1966 in Wilhelmshaven. Mein griechischer Vater Paul Fostiropoulos hat für Olympia nahezu sein Leben lang als Dolmetscher gearbeitet, meine deutsche Mutter kommt übrigens aus Braunschweig. Unsere Eltern haben immer Wert auf eine gute Ausbildung gelegt. So haben mein Bruder und ich im Roffhausener Werk die Ausbildung im kaufmännischen bzw. technischen Bereich erfolgreich absolviert. Im Anschluss konnte ich bei Olympia direkt in mein aktives Berufsleben einsteigen, während mein Bruder eine andere Karriere angestrebt hat. Ich habe über die Fabrikschließung hinaus für Olympia im kaufmännischen Bereich im Vertriebscontrolling und Einkauf arbeiten können. Heute habe ich das Privileg, als vermutlich einer der »letzten aktiven Olympianer« – als »Urgestein« das Olympia-Erbe in einer neuen Fusionierung an einem anderen Standort unter neuer Regie fortzusetzen. Darauf bin ich stolz. Olympia lebt also, auch in mir, weiter.«

Der letzte aktive Olympianer: Andreas Fostiropoulos, Sohn des ersten Dolmetschers der Olympia Werke Roffhausen, Paul Fostiropoulos

© Andreas Fostiropoulos

Andreas Fostiropoulos, als vielleicht »letzter aktiver Olympianer«, arbeitet seit 1997 in leitender Funktion für die Olympia Business Systems Vertriebs GmbH/OBS in Hattingen beziehungsweise – nach der Fusion von OBS mit dem Wiesbadener Unternehmen GENIE GmbH & Co. KG im Jahr 2019 – bis heute für einen der Marktführer GO Europe GmbH. Die Olympia-Produkte werden weiter vertrieben, auch wenn sich die Produktionsstandorte schon lange nicht mehr in Deutschland befinden.

Interessant ist dabei, dass mit dem in Hattingen wohnenden Fostiropoulos ein griechischstämmiger Nachfolger eines ehemaligen Gastarbeiters und ersten Olympia-Dolmetschers das bedeutende »Olympia-Erbe« antritt. Er ist hauptsächlich dafür verantwortlich, dass die Olympia-Produkte weiter beschafft und vertrieben werden, auch wenn sich die Produktionsstandorte schon lange nicht mehr in Deutschland befinden.

Die über 100-jährige Geschichte von Olympia lebt weiter

So lebt die international bekannte und traditionsreiche Firmen-Marke Olympia mit ihren vielfältigen Produktbereichen, insbesondere der Informations- und Kommunikationstechnologie, der Sicherheitstechnik und Datenvernichtung, aber auch weiterhin mit dem Vertrieb von Büromaschinen mit der klassischen Schreibmaschine und einem umfassenden Sortiment an Taschen- und Tischrechnern, weiter.

1997 wurden die deutschen Vertriebsrechte für Olympia auf den Hattinger Geschäftsmann Heinz Prygoda, ehemals einer der stärksten Olympia-Vertragshändler in Deutschland, übertragen und mit Gründung der neuen **Olympia Business Systems Vertriebs GmbH (OBS)** die Weiterführung des Vertriebs am Standort Hattingen unter anderem mit Andreas Fostiropoulos gesichert.

> »Die Olympia Business Systems Vertriebs GmbH/OBS in Hattingen (Ruhr), ist seit vielen Jahren ein wichtiger Distributionspartner für Olympia-Produkte im Bereich der Büromaschinen und Bürosysteme in Deutschland. Im Zusammenhang mit der Restrukturierung des Daimler-Benz-/AEG-/Olympia-Konzerns wurde die Sparte Olympia mit der Informationstechnologie an einen neuen Eigentümer veräußert und die Olympia International Holdings Ltd. zur Steuerung der internationalen Produktions- und Vertriebsaktivitäten gegründet. 1997 wurden danach zunächst die Vertriebsrechte für Deutschland und die Markenlizenz für den traditionsreichen Namen Olympia zur Nutzung in Deutschland an den langjährigen und erfolgreichen Vertriebspartner Prygoda übertragen. Für diese neuen Aktivitäten wurde von Prygoda die Olympia Business Systems Vertriebs GmbH (OBS) gegründet und das Olympia Geschäft mit Bürogeräten und einer Vielzahl auch neuer Produkte fortgesetzt und ausgebaut.«[20]

Zunächst folgten nur zwei Mitarbeiter dem Ruf nach Hattingen: der damalige Vertriebsleiter Deutschland und Andreas Fostiropoulos. Beide waren maßgeblich am Aufbau der neuen Gesellschaft – mittlerweile ist sie ein reines Handelshaus – beteiligt. Eine eigene Produktionsstätte hat es von da an nicht wieder gegeben.

> »Unser Ziel war es nicht nur, tätig zu werden, sondern auch die Marke Olympia aufrechtzuerhalten. Es gab ja keine eigene Produktion mehr. Olympia wurde ein reines Handelshaus. Wir haben den Namen Olympia genutzt, um neben Diktier- und Faxgeräten, Rechnern auch andere Produktsegmente zu vermarkten und das bestehende Angebot zu erweitern. Produkte wurden dazugekauft. In den ersten Jahren produzierte auch noch die (damalige bestehende) Olympia-Fabrik in Mexico neben allen übrigen Herstellern, die vornehmlich aus China kommen.« Andreas Fostiropoulos

Fusion mit der GENIE GmbH zu GO Europe GmbH

Das Unternehmen führt die über 100-jährige Tradition der Marke Olympia mit neuen Innovationen fort. Im Jahr 2008 erschloss man neue Geschäftsfelder im IT- und Unterhaltungselektronikbereich. Die Olympia Business Systems Vertriebs GmbH wuchs bis 2019 stetig, und weitere Geschäftsbereiche konnten erschlossen werden.

> »Im März 2019 fusionierte unsere Olympia Business Systems Vertriebs GmbH mit der GENIE GmbH & Co. KG – auch im Office-Bereich spezialisiert wie OBS – zu GO Europe GmbH. Dort bin ich als Leiter Einkauf/Disposition für das gesamte Beschaffungswesen zuständig. Wir sind stolz darauf, uns als einen der führenden Anbieter von Produkten aus den Bereichen Papier, Büro und Schreibwaren, kurz PBS, bezeichnen zu

20 https://www.olympia-vertrieb.de/de/unternehmen/portrait.html. Zuletzt aufgerufen am 31.08.2022.

dürfen, mit internationalem Vertrieb. Wir sehen uns als kompetenten Partner für Büromaschinen, Schreibmaschinen, Kassensysteme, Großtasten-Mobiltelefone, Alarmanlagen, Sicherheitsartikel und unter anderem auch für Babycare und Partyartikel.

Unsere Produkte werden im Non-Food-Sortiment von führenden Warenhäusern sowie im Online-Handel angeboten. Die eigentlichen Wurzeln der Marke Olympia reichen bis in das Jahr 1903 zurück und ich kann die Arbeit für eine solche traditionsreiche Marke in einem neuen Unternehmen fortführen.

Inzwischen gilt **GO Europe** GmbH als einer der Marktführer im Office-/Büro-Bereich.

Die traditionsreiche Marke Olympia und das historische Erbe gehen nicht verloren.« Andreas Fostiropoulos

Familienfoto mit Andreas, Vater Paul und Bruder Stavros Fostiropoulos (von links nach rechts)

© Privatbesitz Andreas Fostiropoulos

Eine friesisch-griechische Erfolgsstory

Aus einem »Olympia-Kind« mit griechischem Vater und deutscher Mutter, das sich seiner und der Firma seines Vaters verpflichtet fühlt, wird der letzte aktive Olympianer. Andreas Fostiropoulos absolviert 1986 erfolgreich seine Ausbildung als Industriekaufmann im Werk Roffhausen, wird vom Unternehmen übernommen und 12 Jahre später nach Hattingen abberufen. Trotz Schließung des Werks arbeitet er an dem Vertrieb der Olympia Produkte weiter. Er führt damit das Erbe seines Vaters erfolgreich fort – bis heute.

6. »Erst als ich die Sprache lernte, verstand ich die Deutschen«

Weibliche Gastarbeit – die Geschichte von Aufbruch, Ankommen und Bleiben

Heimweh

Mag sein, dass ich hier bin
und lange hier lebe,
lang habe ich gearbeitet,
trotz aller schweren Wege.
Oft habe ich jedoch Heimweh
für mein fernes Land,
des Universums Leuchter,
das schöne Griechenland.

Asimina Paradissa, Auszug aus ihrer unveröffentlichten Biographie »Jenseits der Grenzen«

Die Gespräche mit griechischen Olympianerinnen haben deutlich gemacht: Junge, ledige griechische Frauen migrierten in den Anfangsjahren alleine, also auch ohne männlichen Schutz und Begleitung – ein für die frühen 1960er Jahre sehr fortschrittliches Verhalten. Waren sie allerdings noch nicht volljährig (die Volljährigkeit setzte damals erst mit dem 21. Lebensjahr ein), ließen die Eltern ihre minderjährigen Töchter zur Arbeitsaufnahme mit einem männlichen Familienmitglied ausreisen.

»Ich bin zum Arbeitsamt Thessaloniki gegangen, ich hätte sofort einen Arbeitsvertrag bekommen. Aber ich war erst 19, damals noch nicht volljährig, und brauchte die Papiere. Sie brauchten das Einverständnis von Vater und Mutter.

Ich durfte nicht alleine, nur mit dem Bruder ausreisen. Ich musste erst zur Gemeinde im Ort, dort vorsprechen und dann mit dieser Bescheinigung nach Thessaloniki zur Passstelle. Sie sagten: ›Asimina, Du bekommst einen Brief mit Pass.‹ Der

Olympia-Stellengesuch für »Frauen und Mädchen« in den 1960er Jahren

Olympia

Für unser Werk Roffhausen suchen wir

Frauen und Mädchen

über 18 Jahre für leichte Maschinen- und Montagearbeiten.

Außerdem suchen wir für unsere kaufmännischen, technischen und Werkstatt-Büros noch mehrere

junge Mädchen

die Botengänge und Bürohilfsarbeiten verrichten sollen. Abgeschlossene Volksschulbildung erforderlich.

Bewerberinnen werden um persönliche Vorstellung in unserem Technischen Sekretariat — TSE - 2 — gebeten.

OLYMPIA WERKE AG

Vorstellungen Montag bis Freitag von 9 bis 12 Uhr.

© Privatbesitz

Onkel, der auf der Gemeinde arbeitete, sagte zum Vater: ›Asimina muss hierbleiben und den Neffen heiraten!‹

Die in Thessaloniki boten mir an, in Köln in der Schokoladenfabrik einen Vertrag zu bekommen – und endlich Geld zu verdienen. Ich sagte: ›Ich darf nicht alleine, ich muss mit meinem Bruder zusammen.‹ Leider bekam er erst 8 Monate später im Mai seine vollständigen Papiere, und ich musste warten, er war 23 und somit volljährig. Dann bekamen wir die Verträge für eine Garnfabrik in Nürnberg. Bei der Untersuchung stellte sich heraus, ich war für die Fabrikarbeit zu klein, und ich wurde abgelehnt. So mussten wir wieder warten.

Jeden Dienstag kamen neue Verträge aus Thessaloniki. Ab Mai bis Juli sollten wir aber mähen mit Sense, bei dem Papa. Wir sagten, wir lassen den Vater nicht im Stich. Montagmittag waren wir fertig mit der ganzen Feldarbeit, und Dienstag waren wir in Thessaloniki mit Bus. Dann gab es an diesem Tag Verträge bei Olympia. Das vergesse ich nicht.« Asimina P., 75 Jahre

Asimina Paradissa übt Fahrradfahren

© Rheinisches Bildarchiv, rba_d056509

Meine Mutter kam allein nach Deutschland

»Meine Mutter ist mit Freundinnen aus dem gleichen Dorf ausgewandert. Alle gingen sie nach Roffhausen zu Olympia ... Sie kam aus einfachen Verhältnissen. Landwirtschaft gab es, meine Mutter war die jüngste von 9 Kindern. Und alle waren verheiratet und hatten schon Kinder und führten eigene Haushalte. Ihre Eltern waren früh verstorben. Sie fühlte sich als Jüngste irgendwie wie fünftes Rad am Wagen. Da war immer was los. Sie wohnten alle im Abstand von 3 Kilometern. Es gab überhaupt kein Privatleben bei den ganzen Brüdern, Schwestern, Nichten und Neffen. Jeder mischte sich ein. Jeder will dir sagen, was gut für dich ist. Ich meine, das können die Griechen sehr gut. Das ist echt ein Phänomen.« Katarina P., 66 Jahre

Griechische Gastarbeiterinnen migrierten autark, mit einem hohen Verantwortungsbewusstsein für sich und ihre Familie. Sie bewegten sich selbstbewusst über Ländergrenzen hinweg in ein neues, unbekanntes Terrain.

»Unsere Mutter wanderte alleine aus. Ohne Mann oder Verwandte. Sie hatte ja niemandem mehr Rechenschaft abzulegen, die eigenen Eltern waren schon früh gestorben. Sie hat die Auswanderung in Eigenregie vorbereitet und für sich selber alleine

Asimina Paradissa vor der Emigration

© Privatbesitz

entschieden und dann auch tatsächlich realisiert. Sie war, glaube ich, 22 oder 23 Jahre.« Maria T., 60 Jahre

»Das war für die 1960er Jahre auch für das damalige Griechenland sehr selbstständig – und das auch noch ohne Sprachkenntnisse. Nur mit Grundschulabschluss und mit den einzigen Erfahrungen aus der Feldarbeit so eine Entscheidung zu treffen! Das war mutig. Aber man hatte immer die Unterstützung von der Familie. Das erleichterte diese Entscheidung ungemein. So sagte meine Mutter damals: Ja, ich mach das auch. Die Neugier war da, und man hat es ja nicht ganz alleine gemacht.

Heute ist das anders. Du hast einen Abschluss oder Diplom und kannst dann damit auch ins Ausland gehen, auch alleine. Das war damals alles ein bisschen anders. Man wusste gar nicht, was einen erwartet, wo man konkret eingesetzt wurde und was man genau zu tun hatte.

Meine Mutter wurde nicht angeworben. Sie und ihre Freundinnen aus dem Dorf haben sich selber in den deutsch-griechischen Anwerbebüros vor Ort eingeschrieben. Es gab diese Arbeitsvermittlungsstellen, und es hieß da, wer möchte, wir suchen Arbeitskräfte für einen Schreibmaschinenhersteller in Roffhausen in Deutschland. Und dann hat sie sich da eingeschrieben mit den Nachbarinnen zusammen. Die sind auch geschlossen als Einheit hierher gekommen.

Als ich 1971 geboren wurde, hat meine Mutter sofort nach dem gesetzlichen Mutterschutz, ich glaube 6 Wochen, sofort gleich weitergearbeitet. Meine Eltern waren immer beide im Schichtdienst, Vater hat fast 25 Jahre nur Spätschicht gemacht, dauerhaft. Und meine Mutter immer Frühschicht. Das hat immer gepasst mit der Betreuung. Ich war nie allein.

Ich bin ein richtiges Olympia-Kind. Meine Eltern haben sich auf der Arbeit bei Olympia und nicht in Griechenland kennengelernt. Also, meine Mutter hat er gesehen, auch während der Arbeitszeit im Werk Olympia.« Emmanuel T., 49 Jahre

Vereinzelt wurden zudem junge griechische Frauen in das fremde Ausland »vorgeschickt«. Wenn sie sich dort gut einlebten, dann, so schloss man, sollte es auch für die anderen Familienangehörigen klappen. Maria T. (69 Jahre) berichtete von ihrem mutigen Schritt, als Erste ihrer Familie alleine und für unbestimmte Zeit in das unbekannte Deutschland auszuwandern:

»Ich sollte schauen, wie es im fernen Deutschland ist. Ob es wirklich genügend Arbeit gibt. Ich blieb, es gab Arbeit bei Olympia, auch für Ungelernte, und die Familie kam nach einem Jahr nach.«

Endmontage der Schreibmaschine SGE 20 in Halle 12

© Stadtarchiv Wilhelmshaven – Sammlung WZ-Bilddienst

Es zeichnete sich ab, dass ein einziges Interview nicht ausreichte, um die Jahrzehnte der Zu- und Einwanderung wie auch die diversen Lebenswege umfassend abzubilden. Teils wurden biographische und individuelle Details im Erstkontakt nur in verallgemeinerter Form geschildert, da eine kultursensible Vertrauensbasis erst aufgebaut werden musste.

Auffallend war aber, dass die Interviewpartner*innen dann, nach einer kurzen anfänglichen Zurückhaltung, der Autorin ihre Erinnerungen und Erfahrungen über die Zeit des Auswanderns sehr detailgetreu schilderten. Der Weggang aus der griechischen Heimat war immer noch so prägend, dass nicht nur das Jahr und der Monat der Auswanderung, sondern oft noch der Tag der Ausreise präsent war – obwohl diese in die 1960er Jahre fiel. Nicht selten flossen Tränen, und das Interview musste unterbrochen werden, weil die Erlebnisse während der Erzählung in einstiger Intensität neu auflebten und die Interviewten überwältigten. Meist wurde die Befragung jedoch, auf Wunsch der Befragten, nach einer kurzen Unterbrechung rasch wieder fortgesetzt.

> »Niemals fragte uns jemand. Nie. Wir waren hier alleine. Und nun ist unser Leben gelebt. Aber ich möchte erzählen.« Maria T., 78 Jahre

Dies vor dem Hintergrund, dass sie über fünfzig Jahre geschwiegen hatten – nun sprachen die ehemaligen Gastarbeiter*innen über ihre Erlebnisse in der deutschen Diaspora zum ersten Mal mit einer fremden, nicht griechischstämmigen Person. Die biographischen, oft sehr emotionalen Schilderungen hatten für die Erzähler*innen etwas Befreiendes, fast Reinigendes an sich. Der Transfer in die Gegenwart milderte die Schmerzen des Verlustes aus der Vergangenheit – und etwas Versöhnliches trat an die Oberfläche. Insofern tragen diese Erzählungen auf der Grundlage der Interviews auch zur Aufarbeitung und Verarbeitung des Gewesenen bei. Der Mensch wird gehört, individuell befragt und in seiner ganzen Person gesehen; er erfährt eine soziale Wertschätzung, auf die er vielleicht immer gehofft hat.

So verlaufen Biographien im Zuge der Emigration selten geradlinig und nicht ohne Schmerz, Wut, Trauer und Enttäuschung. In der Anwerbezeit suchten bundesdeutsche Unternehmen »ledige, gesunde Männer und Frauen bis maximal 40 Jahre«, die, unabhängig von ihrem Familienstatus, ihre Arbeitskraft ungemindert und uneingeschränkt dem neuen Arbeitgeber zur Verfügung zu stellen hatten. Sie hatten die Funktion eines variablen Konjunkturpuffers, wie ein Maschinenteil, das aus dem Ausland geholt wurde, um im Wirtschaftswunderland Deutschland der 1960er profitabel eingesetzt zu werden. Dem entspricht auch das bekannte Diktum Max Frischs: »Es wurden Arbeitskräfte angefordert, aber es kamen Menschen.«[1]

> »Wir redeten später nicht über diese alten Zeiten. Wir waren ja irgendwann hier in Deutschland bei den Eltern. Wir waren in Griechenland nicht allein, da waren dann Oma, Tante, Nachbarinnen für uns da.« Aristoteles C., 42 Jahre

1 Max Frisch: Vorwort zu dem Buch »Siamo italiani – Die Italiener. Gespräche mit italienischen Arbeitern in der Schweiz« von Alexander J. Seiler, Zürich 1965.

Endmontage von Saldiermaschinen in der Halle 10

© Stadtarchiv Wilhelmshaven – Sammlung WZ-Bilddienst

Zwischen den Zeilen

Starke Emotionen wie Schmerz[2]*, Angst und Enttäuschung der interviewten Frauen zeigten sich anfangs in den gemeinsamen Gesprächen eher zwischen den Zeilen und in dem, was nicht erzählt wurde. Diese sogenannten Leerstellen füllten sich allerdings in den Folgegesprächen. Die griechischen Interviewpartnerinnen berichteten von einem eigenen »Wachsen in Deutschland«, vom Aufbau oder der Gründung der eigenen Familie, aber auch von nicht »bewältigter Trauer« über das Zurücklassen der eigenen Kinder in Griechenland. Erst viele Jahre später, als sie sich in Deutschland einen festen gesellschaftlichen Platz förmlich erarbeitet hatten, mit finanzieller Absicherung, wurden die Nachkommen in den Norden Deutschlands geholt. Der Schmerz über den Verlust von Heimat und Familienmitgliedern, die man manchmal über viele Jahre nicht sehen konnte, weil man kaum Geld hatte, dauert bis heute an.*

»Wir hatten zuhause nichts zu sagen. Wir Kinder hatten nur gearbeitet. Meine Kindheit war ganz schwer. Wir waren im Dorf die reichste Familie, wir hatten alles – wenn da nicht der Onkel gewesen wäre. Der Bruder von meinem Vater, ein Tyrann. Er war kein Mensch. Wir Kinder durften nicht immer zur Schule, wenn die Feldarbeit und die Ernte anstanden. Ich musste immer arbeiten als Kind, und trotzdem gab es Schläge, nicht von meinen Eltern, von meinem Onkel. Er war brutal, wir hatten alle Angst vor ihm. Er hat nie gesprochen, einfach nach uns gepfiffen, wie bei Tieren.

Ich war 15 Jahre alt. Es hieß, ich solle heiraten. War mir recht, ich war ganz froh. Gut, dachte ich, dann heirate ich und komme endlich weg von diesem miserablen Leben. Mein Mann wurde noch zur Bundeswehr in Griechenland eingezogen. Ich musste dann bei seinen Eltern wohnen. Ich war ja noch nicht erwachsen. Dort habe ich dann

2 Vgl. Töchter des Aufbruchs. Lebenswege von Migrantinnen. www.toechterdesaufbruchs.de. Zuletzt aufgerufen am 08.04.2022.

auch ganz viel arbeiten müssen, sie waren streng und schimpften auch viel. Manchmal musste ich 30 Brote am Tag kneten, am Haus helfen, die Wohnung von ihnen streichen, arbeiten, arbeiten, arbeiten. Dann wurde ich mit 15 Jahren auch noch schwanger, ich war ja selber noch ein Kind. Ich wusste eigentlich nichts, war ja nicht viel in der Schule, wusste nichts über Sexualität und so, diese Themen gab es bei uns damals nicht in der Schule. Als mein Mann endlich aus der Bundeswehr entlassen wurde, entschieden wir uns, nach Deutschland zu gehen. Es war im Jahr 1965. Ich wollte von den Schwiegereltern weg und natürlich von meinem Onkel.« Vasilki K., 72 Jahre

Endmontage der Schreibmaschine SGE 20 in Halle 12

© Stadtarchiv Wilhelmshaven – Sammlung WZ-Bilddienst

»Wir arbeiteten erst in Athen am Flughafen. Dann hörten wir über Verwandte meines Mannes, dass es nur für ihn Arbeit in Krefeld gibt. Ich blieb also in Griechenland am Flughafen und arbeitete dort für Touristen, was mir Spaß machte. Ich lernte ein wenig Deutsch, Englisch, Französisch. Nach einem halben Jahr hieß es, es gibt Arbeit für dich bei Olympia in Norddeutschland. Ich musste nach Wilhelmshaven und konnte nicht zu meinem Mann. So wurden wir nun auch in Deutschland getrennt. Einer da und der andere dort. Das war schlecht, denn er suchte sich bald eine andere Frau.

Mein Mann bekam über seine Geschwister den Vertrag, weil sie auch schon lange bei der Firma in Krefeld gearbeitet haben. Ich kam dann nach Roffhausen. Olympia, das war damals Akkord-Arbeit. Es war schwer für mich, in Gedanken war ich bei meinem Kind, was ich in Griechenland bei der Oma zurücklassen musste, sonst hätte ich die Arbeit nicht bekommen. Ich konnte nicht sitzen, war immer am Laufen, wegen Akkord, das konnte ich nicht. Und dann irgendwann mal haben die Meister gesagt, ich soll bei Olympia in eine Abteilung, wo die Blinden am Arbeiten waren. Und dann haben die mir gesagt, ich soll für sie Essen besorgen, von der Kantine, und andere Laufarbeiten machen.

An einem Wochenende hatte ich Zeit und fühlte mich gut und habe mich in Zug gesetzt, zu meinem Mann nach Krefeld. Er wohnte bei der Familie seines Bruders. Als ich bei ihm ankam, wir hatten uns seit Griechenland nicht mehr gesehen, da sagt die Schwägerin von meinem ersten Mann, oh, schade, sagt sie, Michael hat schon eine neue Frau kennengelernt hier. Und er hat damals Nachtschicht gehabt, wo ich da angekommen bin, war er gar nicht zuhause. Er ist morgens immer ganz früh nach Hause gekommen. Dann bin ich so, wie ich hingefahren bin, wieder nach Hause zurückgefahren, nach Wilhelmshaven. Und da waren ja Heime, wo alle Griechen gewohnt haben und ich war ganz junges Mädchen, und ich war ganz hübsche Frau, ganz hübsch. Und das war ein Heim nur Männer, ein Heim für Frauen und ein Heim für Ehepaare. Und dann ich bin nach Deutschland gekommen, wie alt war ich denn da, 18, glaube schon. Dann bin ich hin, habe griechische Kolleginnen getroffen und auch angefangen zu rauchen mit 18. Den Zigarettenautomat gab's im anderen Heim, wo nur Männer gewohnt haben. So hat man auch andere Männer gesehen. Aber die Frauen, die viel länger da waren, die haben alle Beziehungen gehabt, mit dem und dem und dem. Ich hatte keinen, ich war ja immer noch verheiratet. Und trotzdem waren alle eifersüchtig. Ich wurde sogar geschlagen, warum ich den Freund angeblich angemacht habe. Und dies und das. Und das stimmte alles gar nicht. Und irgendwann mal kriegte ich einen Brief von meinem Mann. Er wollte die Scheidung. Naja und das war's dann. Aus und vorbei.« Vasilki K., 72 Jahre

»Wir kommen wieder, und dann geht es uns besser«, hörte Maria. Zu dem Zeitpunkt wusste sie nicht, dass sie ihre Eltern erst nach vier Jahren wiedersehen sollte. In dieser Zeit wuchs sie bei den (zukünftigen) Schwiegereltern auf.

Sprache als Integrationsfaktor

Für die Frauen der ersten Generation galt, dass sie die deutsche Sprache vergleichsweise gut und kontinuierlich erlernten, zumal sie sich in ihrem Alltag permanent damit auseinandersetzen mussten.

Folgende Aspekte waren ausschlaggebend: Neben der Berufstätigkeit waren sie auch für die Betreuung der Kinder und die Hilfe bei Schulaufgaben zuständig. Durch diese sozialen Kontakte zu deutschen Nachbarn, Eltern und Kolleginnen kamen sie ständig in Alltagssituationen mit der Sprache in Berührung; sie lernten »zwangsläufig die deutsche Sprache«. Griechische Ehemänner hatten nach Aussage der Ehefrauen ein bestimmtes, minimales Vokabular zur Verfügung – das musste reichen, zumal man in den Anfangsjahren der Zuwanderung noch immer davon ausging, dass man nur einige Jahre in Deutschland bleiben würde.

»Ich fühle mich nicht deutsch. Aber ich bin mehr deutsch als griechisch, weil ich mit einem Deutschen 31 Jahre verheiratet war. Und bei Olympia habe ich nicht mit Griechen, nur mit Deutschen jahrelang gearbeitet.« Sofia D., 72 Jahre

Zu den für den Spracherwerb maßgeblichen Faktoren gehörte dabei auch die Einschulung der Kinder in einer deutschen Schule; und »um eine höchstmögliche Bildung für die Nachkommen zu erzielen«, blieb man in Deutschland. Es gab natürlich Ausnahmen, auch der eine oder andere männliche griechische Gastarbeiter konnte eine gute Beherrschung der deutschen Sprache vorweisen. In diesen Fällen war die Kompetenz meist Folge einer guten beruflichen Integration oder zusätzlicher Engagements in Gewerkschaften, Vereinen und Verbänden, die automatisch ein Erlernen der deutschen Sprache notwendig machten.

*Olympia-Pausenraum mit griechischen Gastarbeiter*innen und deutscher Kollegin*

© Privatbesitz

Sprache als Schlüssel zur griechisch-deutschen Verständigung

Bei allen interviewten Frauen zeichnete sich ab, dass der Spracherwerb »zwingende Voraussetzung« für eine Verständigung war. Kommunikation bedeutete auch, einen »Schlüssel zu den Deutschen« zu bekommen und ihre »Kultur zu verstehen«.

> »Am Anfang machte mir hier alles Angst. Alles war fremd. Die Landschaft, das kalte Wetter, die Menschen, ihre Sprache. Das war schwer, ich verstand kein Wort Deutsch. Sprachkurse, so wie heute, gab es damals noch nicht. Dann lernte ich jeden Abend einige Vokabeln.« Antonia Z., 71 Jahre

> »Mein Vater hat nichts gemacht in Sachen Sprachen. Er war ja unter Griechen. Permanent. Die haben zusammen gefeiert und die Freizeit haben sie auch zusammen verbracht. Und die Umgebung zusammen neu entdeckt. Also, wenn es Kurse gab, und

ich wüsste nicht, dass es welche gegeben hat, sonst hätte man die Leute auch irgendwie anders gefördert. Die sollten da einfach am Band arbeiten. Wie sie ihr Privatleben gestalteten, war der Firma ganz egal. Bis heute spricht er kein gutes Deutsch.« Emanuel T., 49 Jahre

Sprache und Spracherwerb

»Die Möglichkeiten wie heute, eine neue Sprache zu lernen, gab es zu unserer Zeit nicht. Hätte ich gerne gehabt, wäre auch gerne hier in paar Jahre zur Schule gegangen. Erst mal die Sprache lernen, das wäre auch gut für meine Kinder später gewesen. So konnte ich meinen Kindern nicht helfen. Das war eine große Sorge.«

Interessant ist,[3] dass sich das Fehlen von Sprachkursen und Weiterbildungsangeboten – auch aufseiten des Arbeitgebers Olympia – ebenso wie eine mangelnde staatliche Bildungsinfrastruktur für ausländische Bürger*innen in fast allen Interviews zeigte. Von den Arbeitsmigrant*innen wurde dieser Mangel auch direkt angesprochen.

»Durch die Eröffnung meines Restaurants habe ich richtig schnell Deutsch gelernt. Den einzigen Fehler, den ich gemacht habe, dass ich nicht zur Schule gegangen bin. Warum? Mein Mann wollte nicht. Aber die Ausbildung als Köchin hab ich gemacht, mit Abschluss. Wo ich damals am Kochen war, weißt du, mit Fingergefühl, wo ich gelernt habe, hat mein deutscher Mann mich nur angeguckt. Ich kann stolz behaupten, ein wenig besser deutsch zu kochen wie eine deutsche Köchin. Ich habe für 200 Leute z.B. Grünkohl gekocht in Hohenkirchen, wenn man nach Hooksiel fährt da. Da stand ich in der Zeitung: die beste Köchin von Ostfriesland. Mein bester Grünkohl. War in den 1980ern oder 1990ern. Das ist so lange her. Fast 25 Jahre hatte ich das ›Olymp‹.« Vasilki K., 67 Jahre

Nach Mitteilung des ehemaligen Dolmetschers der *Olympia Werke* Paul Fostiropoulos hatte die Firma ein Interesse daran, den ausländischen Arbeitskräften »bei der Integrierung zu helfen. Die Firma wollte, dass sie ohne einen Übersetzer direkt ihre Vorgesetzten in der Fertigung verstehen.« So organisierte der stellvertretende Leiter der Sozialabteilung[4], Dr. Herbert Hentschel, mit Unterstützung des Dolmetschers einen kostenlosen Deutschkurs nach der Arbeit. »Ich assistierte ihm, weil die Griechen kein Deutsch verstanden. Sie mussten langsam an das Deutsche herangeführt werden«. Aufgrund der unterschiedlichen Schichtzeiten der Ehepartner (Anmerkung Paul Fostiropoulos: »Es saßen manchmal nur vier Personen da«) und der damit verbundenen geringen Nachfrage wurde der Kurs deshalb wieder eingestellt.

»Wir hatten keine Zeit, nach der harten Akkordarbeit noch Deutsch zu lernen. Gerade die Griechen, die Kinder hatten, mussten schauen, dass diese betreut waren. Eltern waren keine da. Wir haben nur gearbeitet. Nach der Arbeit kamen die Familie und Kinder. Da war keine Kraft mehr, Deutsch zu lernen.« Bourboulina D., 78 Jahre

3 Siehe auch das Kapitel »Arbeiten auf Olympia«.

4 Stellvertreter für den Leiter des Sozialbereiches, Dr. Meyerhoff (1967).

Paul Fostiropoulos (links), erster Werksdolmetscher und Dr. Herbert Hentschel, Hauptabteilungsleiter für Ausbildung/Bildung und stellvertretender Sozialbereichsleiter auf einer Feier im »Ausländer«-Wohnheim Middelsfähr

Es fällt auf, dass bei über 80 % aller Interviewten die Ehefrauen die Führung des Gesprächs übernahmen. Einzelne griechische Ehemänner entzogen sich den Interviews und verwiesen auf die Partnerin, da ihrer Meinung nach die eigene sprachliche Kompetenz »nicht ausreiche für ein Interview«. So wurden zwar Doppelinterviews geführt, doch war es häufig die Frau, die darin in einer doppelten Rolle agierte – sowohl als Interviewte als auch als Dolmetscherin für ihren Mann. Die Folgegespräche wollten die Frauen dann alleine, ohne die Beteiligung ihres Ehemanns, führen. Diese waren jedoch in den meisten Fällen anwesend und verfolgten schweigend, aber sehr aufmerksam die Antworten ihrer Ehefrau und taten ab und zu ihre Meinung – auf Griechisch oder auf Deutsch – kund.

> »Es gibt viele Griechen, die sind über 60 Jahre hier, die können kaum Deutsch, weil die nur mit Griechen auf der Arbeit und privat zusammen waren.« Eleni K., 70 Jahre

Von der oben beschriebenen Zurückhaltung, was den (regelmäßigen) Besuch von Deutschkursen angeht, gab es dennoch ein paar Ausnahmen: Zwei griechische Interviewpartnerinnen bezahlten von ihrem Lohn bei Olympia monatlich jeweils 40 DM für eine Sprachlehrerin in Wilhelmshaven. Neben ihrer Fabrikarbeit machten sie sich einmal in der Woche auf den Weg, um eineinhalb Stunden Deutsch zu lernen.

> »Das war viel Geld! Von einem Monatsgehalt von 380 DM abzüglich Miete für das Olympia-Wohnheim blieb nicht so viel Geld übrig. Wir wollten aber lernen und dazu-

Asimina im Olympia-Wohnheim Middelsfähr

gehören! Es gab keine Sprachkurse damals, so machten wir uns privat auf die Suche.« Asimina P., 75 Jahre

»Mein Vater konnte sein ganzes Berufsleben nur 50 Vokabeln. Das reichte. Obwohl wir Kinder alle Abitur gemacht haben und auch studiert, blieb sein Wortschatz bis heute unverändert. Damals haben die Menschen gearbeitet. Rund um die Uhr. Da blieb keine Zeit für Weiterbildung.« Antonios K., 51 Jahre

Besonders in den frühen Jahren der Zuwanderung zeigte sich – gerade am Beispiel der Vereinbarkeit von Familienarbeit und Beruf – die bedeutende, fortschrittliche Pionierarbeit der griechischen Gastarbeiterinnen. Solche sozialen Anpassungsstrategien sind nach wie vor prägend, auch für heutige Generationen.

»Alles war für mich fremd. Alles. Zum Beispiel im Supermarkt, da sah ich zum ersten Mal Käse mit Schimmel. Ich dachte, er ist verfault. Alles war anders. Mit der Zeit habe ich mich daran gewöhnt. Aber nur langsam, langsam. Ich habe schnell angefangen, Deutsch zu lernen. Dennoch waren mir auch hier die Menschen fremd, die Musik – alles. Bis ich dann auf Olympia meinen deutschen Mann kennengelernt habe. Der hat mich seinen Eltern vorgestellt. Ich konnte dann sogar bei seinen Eltern wohnen in Sengwarden. Allerdings musste ich Kostgeld abgeben und den ganzen Haushalt machen, neben meiner Arbeit. Der Schwiegervater war ein ganz netter Mensch. Aber die Schwiegermutter wollte mich nicht, weil ich eine Ausländerin war. Sie war schlimm zu mir und unserem Kind. Angeblich kamen wir Griechen nach Deutschland, weil wir keine Häuser hatten und nur in Zelten wohnen würden. Was natürlich nicht stimmte. Als sie später meine Familie in Griechenland besuchte, mit 10 Geschwistern, da ist sie bedient worden wie eine Königin. Da hat sie auch gesehen, dass wir das größte Haus im Dorf hatten. Ich hatte keine guten Zeiten und habe mich immer alleine durchgeboxt. Ich bin eine starke Frau.« Vasilki K., 72 Jahre

Asimina im Olympia-Wohnheim Middelsfähr, Putzen des Gemeinschaftszimmers

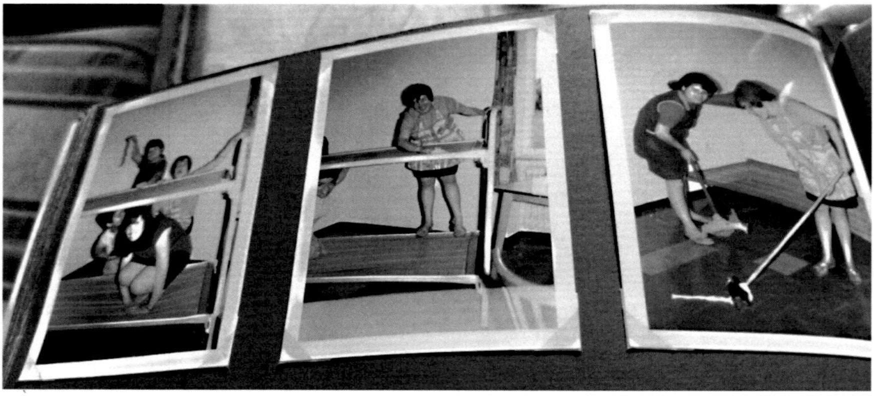

© Privatbesitz Asimina Paradissa

»Als ich schwanger war, sind mein Mann und ich nach Wilhelmshaven gezogen. Damals gab es das Lokal Wiener Wald. Da habe ich mich beworben. Sie sagte mir, ich soll erst mal Köchin lernen. Obwohl ich nicht richtig lesen und nicht schreiben und gar nicht Deutsch konnte. Trotzdem habe ich die Ausbildung zur Köchin geschafft. Ich habe alles gelernt, so gut, wie es mir gesagt wurde. Nun bin ich die beste Köchin von ganz Friesland für norddeutsche Gerichte. Als Griechin! Weil ich damals früher auch Grünkohl gekocht habe, kann ich auch diese Gerichte gut kochen. Alle deutsche Gerichte habe ich gelernt. Und beim Wiener Wald konnte ich dann auch meinen Sohn mitnehmen, der war ja noch ein Baby. Ich wusste nicht, wohin. Mein Chef hat unten im Laden sogar ein Zimmer für uns fertig gemacht. Sogar die beiden Töchter von meinem Chef haben sich um mein Kind gekümmert, haben ihm die Flasche gegeben oder sind mit dem Kinderwagen spazieren gefahren. Der Chef wollte mich unbedingt behalten, weil ich so gut war. Dann ging mein zweiter Mann nach Süddeutschland zum Arbeiten, und ich war wieder alleine mit dem Kind. Die Wohnung, die wir gemietet hatten, weil mein Mann auch noch nicht volljährig war, musste seine Mutter mit unterschreiben. Sie dachte, ihr Sohn verdient so viel Geld. So stand sie dann in unserer

Dachwohnung, wo es keine Heizung gab, Holzofen, kein Badezimmer, wo ich die Wäsche mit Windeln und alles selber kochen musste. Da kam sie und sagte zu mir, raus hier. Ich frage, warum. Sagt sie zu mir, du gehst raus, ist mir egal, wohin du gehst. Auf die Straße, aber geh raus hier. Du kriegst so viel Geld von meinem Sohn, du gibst gar nichts ab. Die Wohnung ist meine, du gehst raus. Ich krieg kein Geld von deinem Sohn, sagte ich. Der hat mir nie Geld geschickt. Ich bezahle alles von meinem eigenen Geld. Im Wiener Wald, wo ich gearbeitet habe, hatte ich ganz nette Arbeitskollegen, auch eine Jugoslawin, und sie kannte die Gesetze. Ich erzählte ihr von mir und dass ich keine Wohnung mehr hätte. Da sagt sie, mach dir keine Sorgen. Ich sagte, wo soll ich denn mit dem Kleinen jetzt hin? Dann sagte sie, wir gehen zur Hausverwaltung hin. Zum Vermieter. Und dann sind wir dahin gegangen und dann hat sie die Sachen erzählt, und die Hausverwaltung sagte zu uns, Sie brauchen keine Angst zu haben, die Miete bekommen wir ja von Ihnen. Nicht von ihren Schwiegereltern. Wenn die Schwiegermutter wiederkommt, dann machen sie die Tür gar nicht auf. Vor lauter Angst bin ich krank geworden. Und dann irgendwann mal verlangte mein Mann, der ja noch in Süddeutschland war, ich soll ihm Geld schicken. Das habe ich nicht verstanden. Er hatte doch einen guten Job und viel mehr Geld als ich. Ich hatte viel weniger und musste ja auch noch für das Kind aufkommen. Ich habe viel Pech gehabt in meinem Leben. Sehr viel. Dennoch war ich mit meinem Mann über 30 Jahre verheiratet, obwohl er später viel getrunken hat. Dann wollte er die Scheidung, er hatte eine neue Frau. So war das. Ich habe immer gearbeitet. Später habe ich mich selbstständig gemacht mit einem eigenen Lokal, das lief sehr gut.« Sofia K., 74 Jahre

Obwohl das Konstrukt Familie bei Zuwanderinnen und Zuwanderern einen hohen Stellenwert hatte, wissen die Nachkommen der Folgegeneration wenig von der großen Integrationsleistung ihrer Eltern, Großeltern und Urgroßeltern. Auch ist nur den wenigsten bewusst, dass die zugewanderten weiblichen Familienmitglieder ihren Männern in nichts nachstanden.

»Natürlich würde ich heute alles anders machen. Wie soll ich das erklären? Also, ich bin jetzt schlauer wie früher. Naiv war ich vielleicht. Zu jung. Zu früh so viel mitgemacht. Viele Sorgen. Ich hätte mich früher um die Schulbildung kümmern müssen. Aber ging ja nicht. Natürlich würde ich vieles ändern. Sehr vieles. Erst mal zur Schule. Zum Beispiel, wie ich noch in Griechenland war, noch als Kind. Meine Lehrerin hat immer zu meiner Mutter gesagt, lass‹ das Kind in die Schule kommen, dein Kind ist klug. Ich konnte aber nur zur Schule gehen, wenn der Onkel nicht da war. Ich habe mich dann oft versteckt vor ihm. Ich wollte ja lernen und nicht immer nur arbeiten auf dem Feld. Weil wir ja immer viel Arbeit hatten, Sommer und Winter. Tabak ist eine Sache, viel Arbeit – Sommer und Winter. Ich musste nachts 3 Uhr aufstehen und Tabak pflücken gehen. Und Winter, wieder mit Tabak arbeiten. Und die Lehrerin hat immer zu meiner Mutter gesagt, Mensch, die ist so gut. Lassen Sie das Kind nicht immer arbeiten. Aber es ging nicht. Zum Beispiel, ich hätte was anderes gemacht, wo ich nach Deutschland gekommen war, nämlich sofort die deutsche Schule besucht. Sofort. Ich habe immer alles geschafft, was ich wollte. Mit vielen Sachen. Aber das fehlt mir, das. Mir fehlt die Schule. Ich bin nicht dumm, gar nicht. Aber leider ging das damals nicht. Jetzt ist es für mich zu spät. Ich bin über 70. Aber ich sag mir, mein Leben ist vorbei vielleicht, ich hätte was anderes machen müssen, aber es ging ja nicht. Mir fehlte die Schule. So habe ich geschaut, dass meine Kinder ihre Schule machen und sie immer unterstützt mit allem. Alle haben nun gute Jobs und keiner muss am Fließband mehr arbeiten wie die Eltern früher.« Vasilki K., 72 Jahre

Ausflug mit griechischer Freundin und Vespa

Die Familienarbeit wie Kindererziehung, Hausarbeit und Schulbetreuung der Kinder erledigten traditionell die Frauen, obwohl sie genauso bei Olympia in Schichtarbeit am Fließband standen wie ihre Ehemänner.

»Unser Leben bestand eigentlich nur aus Arbeiten und Familie. Da blieb kaum Zeit für Anderes.« Katerina T., 67 Jahre

In den frühen 1960er Jahren war es in der Bundesrepublik für deutsche Frauen – im Unterschied zu ihren ausländischen Gastarbeiterkolleg*innen – noch nicht üblich, erwerbstätig zu sein. Zusätzlich fehlte Mitte des 20. Jahrhunderts eine soziale Infrastruktur wie auch umfassende Betreuungs- und Bildungsangebote für Kinder aller Altersstufen.

»Nach 4 oder 5 Jahren in Deutschland habe ich neben meiner Arbeit und den Kindern noch den Führerschein gemacht. Alle haben zu meinem Mann gesagt, was soll das, deine Frau will Auto fahren? Ich habe ihn trotzdem gemacht. Ich wollte von niemandem abhängig sein. Das wollte ich nicht. Ich wollte alles selber machen, selber einkaufen für unser Lokal und so weiter. Ich habe dennoch versucht, mich anzupassen, denn mein Mann sprach eigentlich nur Griechisch. Bis heute. Da habe ich ihm schon damals gesagt, das geht nicht. Du musst Deutsch lernen und mit den Leuten sprechen. Die erste Zeit ging zum Beispiel immer meine Schwägerin mit zum Frauenarzt. Dann sagte ich zu ihr, nein, ich gehe jetzt alleine. Ich spreche nun eigentlich gut

Deutsch. Mein Mann nicht, ich erledige alles für ihn und für die Behörden und Ärzte.« Katerina P., 64 Jahre

Griechische Olympianerin am Arbeitsplatz in Roffhausen 1964

Besonders die Griechinnen der ersten Generation arbeiteten ganz gezielt daran, sich in sozialer und ökonomischer Hinsicht Zugang zur Aufnahmegesellschaft zu verschaffen, was vor allem über die aktive Beteiligung an der Erwerbsarbeit geschah. Dieser Vorgang stellte einen großen emanzipatorischen Schritt dar und veränderte bestehende patriarchale Gegebenheiten in der Gesellschaft der (nord-)deutschen Region. Ein Beispiel ist die Olympianerin Bouboulina, die mit zwölf Jahren nach Middelsfähr kam und sich selbst Deutsch beibrachte. Nach dreieinhalb Jahren in der Schule in Roffhausen wollte sie eigentlich eine Ausbildung machen, musste aber arbeiten und die Familie unterstützen.

»Ich wollte gerne Friseurin werden, aber es war keine Möglichkeit, dass ich eine Lehrstelle kriege. Sie haben immer gesagt: nächstes Jahr. Und meine Eltern und ich haben gesagt, dass wir nicht so lange warten können. Ich musste meiner Mutter unter die Arme greifen, der Vater war verstorben, und ich musste mithelfen. Da sagte ich zu meiner Mutter: Ich habe gehört, in Wilhelmshaven gibt es eine kleine Fabrik, es war eigentlich mehr eine Halle. Da waren 8 bis 9 Maschinen drin zum Nähen. Da habe ich dann mit anderen Frauen Mützen für die Matrosen genäht. Fast drei Jahre war ich da drin, bevor ich zu Olympia gegangen bin. Man musste mindestens 18 Jahre alt bei Olympia sein. Ich weiß noch genau, mein erstes Gehalt: 3 DM die Stunde für das Mützennähen. Aber irgendwie war ich auch stolz, denn wir haben uns selber geholfen und waren unabhängig.« Anastasia Z., 67 Jahre

»Bevor ich bei Olympia angefangen habe, war ich noch nicht 18. Da ist meine Mutter zum Dolmetscher Paul gegangen und hat ihn gefragt, ob es möglich ist, dass er mich auch bei Olympia einstellt. Und da hat er gesagt, ja machen wir das. Eine Woche bevor ich geheiratet habe, konnte ich bei Olympia anfangen, gleich in der Stanzerei. Dort blieb ich nicht lange, denn es gab eine Umfrage, wer möchte gerne in die Schule gehen und was lernen für bessere Arbeit. Für elektronische Sachen. Da habe ich mich sofort angemeldet. Ich wollte immer lernen und weiterkommen. Sechs Wochen lang habe ich Unterricht bekommen und bekam eine Art Umschulung für elektronische Sachen. Danach habe ich mich gleich für die Elektronik beworben und konnte in der Halle 26 arbeiten. Wir bestückten und kontrollierten Platten für die elektronische Schreibmaschine.

Mit meinem Mann habe ich dann Schichtarbeit gemacht, das konnte ich machen, bis die Kinder kamen. Das Gehalt war aufgeteilt in Stufen, die niedrigste Stufe war 2, die höchste Stufe war 4, und ich hatte die 3. Ich habe dann gutes Geld verdient, auch viele Überstunden mitgemacht und auch samstags gearbeitet. Ich habe dann mehr verdient als eine ausgebildete Friseurin. Ich hätte schon gerne eine Ausbildung gemacht, später war mein Traum, Krankenschwester zu werden. Jetzt bereue ich das. Ich bin über 60 Jahre alt, war bis 1993/93 bei Olympia, habe natürlich bei den Streiks mitgemacht, bin mit vor die Mercedes-Benz-Tore und habe mit den Betriebsräten und Kollegen gestreikt. Als Olympia dichtmachte, ist für uns eine Welt zusammengebrochen. Mein Mann ist ein Jahr vorher nach Hause geschickt worden, weil seine Abteilung geschlossen wurde. Ich bin dann noch geblieben. Ein Jahr länger habe ich dort als er gearbeitet. Ich war bis zum Schluss da. In der Übergangszeit war da ein Projekt, das hieß ›Blumendoktor‹. Wir mussten Stifte in Apparate für Blumentöpfe löten, die anzeigten, ob die Blumenerde Wasser braucht oder nicht. Das ging 9 Monate, dann sagten sie, das lohnt sich nicht, und haben dichtgemacht. Wir bekamen dann noch eine Abfindung. Später war ich im Willehad-Krankenhaus als Reinigungskraft und nun bei der Stadt fest angestellt im Altersheim.« Maria T., 69 Jahre

Wenn über Gastarbeit gesprochen wird, muss die besondere Integrationsleistung anerkannt werden, die die zugewanderten ausländischen Frauen durch ihre Erwerbs- und Familienarbeit erbracht haben. Sie kann gedeutet werden als »unsichtbar erarbeitetes«[5] Zeichen der gesellschaftlichen und sozialen Teilhabe.

Die befragten ausländischen Frauen waren wie ihre Partner bei Olympia beschäftigt, somit waren alle erwachsenen Familienangehörigen neben der Familienarbeit berufstätig. Ohne Kinderbetreuungsangebote oder die Unterstützung durch Verwandte regelten sie die Aufsicht der Kinder in Wechselschichten: Die meisten Griechinnen arbeiteten in Frühschicht und wechselten sich dann mit ihrem Ehemann ab, der durchgehend im Spätdienst tätig war. So entfiel der größte Part der täglichen Familien- und Hausarbeit wie auch der Kinderbetreuung auf die Frauen.

5 Vgl. Die Griechische Botschaft (Hg.): Die griechische Botschaft. Das Magazin für Griechen und Freunde Griechenlands. Vom Gastarbeiter zum Mitbürger, Teil 1: Die Ankunft, 2012.

»Verschiedene Kulturen – Gleiche Rechte für eine gemeinsame Zukunft«: Tag des ausländischen Mitbürgers (28. September 1980)

© Privatbesitz Doris Semmler

»Ich hatte gehofft, hier ist das Paradies und das Geld läuft durch die Straßen«

Heutzutage leben und arbeiten ihre Nachkommen in dritter und vierter Generation in Deutschland, sie finden – allen zugängliche – Bildungsangebote und eine soziale Infrastruktur vor, die es zur Zeit ihrer Mütter und Großmütter nicht gab. Im Nachkriegsdeutschland existierten für weiterbildungsinteressierte Ausländer*innen weder staatliche Bildungsangebote wie Sprachkurse noch Möglichkeiten, den Schulabschluss oder eine Ausbildung zu machen. Lediglich die kirchlichen und sozialen Wohlfahrtsträger und Verbände erkannten in den 1970er Jahren die Notwendigkeit, für zugewanderte Menschen Unterstützungsangebote zu organisieren, um ihnen das Ankommen in Deutschland ein wenig zu erleichtern.

> »Ich hatte gehofft, hier ist das Paradies und das Geld läuft durch die Straßen und da ist nur Gold in Deutschland. So wie im Märchen habe ich mir das vorgestellt. Wo ich dann am nächsten Morgen die Fenster vom Wohnheim in Middelsfähr aufmachte und nur Felder und Kühe sah, dachte ich: Oh Gott, soll das hier Deutschland sein? Ich wollte sofort wieder nach Griechenland. Meine Mutter sagte: Nein. Du bleibst jetzt schön hier. Du wolltest nicht mehr bei der Oma in Griechenland sein, wolltest nach Deutschland, jetzt bleibst du hier.« Boubolina D., 64 Jahre

Griechische Frauen in Friesland und in Wilhelmshaven gründeten eigene soziale Netzwerke, auch neben dem Familienverbund. Gemeinsam mit ihren Ehemännern entwickelten sie am Arbeitsplatz,

Osterfest

in der Freizeit und in der Nachbarschaft (besonders in den »Gastarbeiter«-Wohnheimen von Olympia) autonome Allianzen als Unterstützergruppen in der Diaspora und halfen sich so gegenseitig – bis heute.

> »Ich begleite heute noch eine griechische ehemalige Kollegin zu Ärzten und zum Amt. Sie hat bis heute einen Wortschatz von vielleicht 50 deutschen Wörtern. Sie sagt immer: Ich verstehe so wenig. Und es reicht nicht aus, um alles zu verstehen. Manchmal schimpfe ich mit ihr und sage: Nun bist du länger in Deutschland als in Griechenland und kannst immer noch nicht richtig Deutsch. Aber natürlich hilft man sich untereinander!« Artemis, 75 Jahre

> »Wir waren zwar unter uns, aber wir halfen uns. Einige konnten ein wenig mehr Deutsch und halfen bei Fragen auf der Arbeit oder bei Anträgen auf den Behörden. Es war alles am Anfang sehr, sehr schwer.« Antonios, 77 Jahre

Besonders griechische Frauen füllten die sich im Aufnahmeland ergebenden Leerstellen dadurch, dass sie dort eigene soziale Netzwerke knüpften. Nach dem »Schock des ersten Ankommens« in einem Land, das sich doch nicht als »Paradies« zeigte, fingen sie nicht nur an, am Fließband in der Fabrik oder in anderen Bereichen tätig zu werden – konsequent arbeiteten sie auch daran, ihr eigenes Leben und das ihrer Familien sowie ihre Stellung in Deutschland zu festigen. Dies geschah unabhängig von ihrer Etikettierung vonseiten der deutschen Gesellschaft als »unauffällige Minderheit«. Ihr Leben bewegte sich die ersten Jahre in einem »Dazwischen«, dem »noch nicht Dazugehören«, »nicht deutsch [...] sein«.

Für die Neuankömmlinge war dies eine komplizierte Zeit des Übergangs zwischen Vergangenheit, Gegenwart und Hoffnung auf die Zukunft in einem fremden Land. Besonders der geschützte Raum des Familienverbundes stellt eine von staatlichen Eingriffen unabhängige, familiär-private Wirtschaftseinheit dar. Sie wirkte unterstützend und diente so der persönlichen Absicherung aller Familienmitglieder, auch in wirtschaftlich schlechten Zeiten.

Diese autonome Strategie ist bei migrantischen Menschen zu beobachten, die ihr Land und feste Sozialstrukturen zurücklassen. Man half sich auch in Krisenzeiten:

> »Ich war nie richtig arbeitslos. Auch nach dem Ende von Olympia. Meine Verwandten fragten mich, ob ich nicht bei ihnen im Lokal mithelfen wolle. Das habe ich gerne angenommen.« Anastasia T., 65 Jahre

Viele Migrantenfamilien gingen aufgrund der gesellschaftlichen Bedingungen vor Ort und der geringen gesellschaftlichen Teilhabe dazu über, eigene Netzwerke außerhalb Griechenlands, in der deutschen Diaspora, zu knüpfen. Eine wichtige Rolle bei dieser gesellschaftlichen Positionierung kam der griechisch-orthodoxen Kirche zu (siehe auch Kapitel »Wir sind eine große Familie«).

> »Erst als ich die Sprache lernte, verstand ich die Deutschen. Jeden Tag mehr und mehr. Die Unterschiede wurden so immer weniger!« Eleni D., 74 Jahre

7. »Wir sind irgendwo dazwischen. Wie am Baum die Borke«

Olympianer[1]-Familien erzählen: Von »Kofferkindern«, familiären Gefühlserbschaften und der »Generation Einskommafünf«

Fremde

Wer in der Fremde nicht lebte,
kennt nicht, was Kummer heißt.
Ohne Eltern, Geschwister und Verwandte
Fühlst du dich als Waise von allen verlassen.

Wenn Feiertage kommen und du bist allein,
unerträglich sind Kummer und Leid.

Asimina Paradissa, Auszug aus ihrer unveröffentlichten Biographie »Jenseits der Grenzen«

Das Weggehen der »Gastarbeiter«-Eltern

Besonders die mit den Nachkommen griechischstämmiger Arbeitsmigrant*innen in Friesland geführten Interviews haben deutlich gemacht, wie sensibel das Thema des Weggehens der Eltern zur Arbeitsaufnahme nach Deutschland ist. Oft ist das Gefühl, zurückgelassen worden zu sein, bei den Kindern und anderen Mitgliedern der betroffenen Familien noch Jahrzehnte später überaus präsent. Sichtbar wurde das beispielsweise auch daran, dass die Interviews zu diesem Aspekt der Migration erst nach mehrmaliger Kontaktaufnahme und Nachfragen geführt werden konnten. Die wirklich interessanten, wesentlichen Punkte kamen dann meist erst nach dem Ende des Interviews zur Sprache.

1 Der Begriff der »Olympianer« wird hier als Zugehörigkeitsmerkmal zur Firma Olympia verwendet

Frankfurt, 1974

© Barbara Klemm

Diese schmerzvollen Erfahrungen lagen viele Jahre zurück und waren überlagert von einem arbeitsreichen Leben in der Diaspora, dem Ankommen und dem (Ver-)Bleiben in Deutschland. Mit den Jahren verblassten diese sehr belastenden Abschnitte der Migrantenbiographien und rückten so mehr und mehr in den Hintergrund. Das bedeutet aber nicht, dass die Menschen vergaßen – vielmehr waren die Erinnerungen wie Stacheln im Fleisch, die sich im Gedächtnis aller emigrierten Familien eingekapselt hatten.

Erst im Zweit- oder Drittkontakt oder wenn das Aufnahmegerät abgeschaltet wurde, begannen die Interviewpartner*innen der ersten und zweiten Generation von Abschieden, Trennungen und Verlusten zu erzählen, die Jahrzehnte zurücklagen und in die Zeit der Einwanderung zurückreichten. So mussten diese biographischen Erzählungen sehr behutsam, mit hoher Sensibilität und Vertraulichkeit geführt werden. In den Gesprächen mit Vertreter*innen der zweiten Generation ging es darum, das Erleben der räumlichen Trennung von Vater oder Mutter zu verstehen und nachzuvollziehen. Emotional durchlebten die Kinder der griechischen Arbeitsmigrant*innen das gleiche Schicksal wie die der italienischen, spanischen oder türkischen Gastarbeiter*innen: nämlich, im Zuge der Arbeitsanwerbeabkommen, ihre elterlichen Bezugspersonen oft für Jahre zu verlieren.

»Mein Vater hat Ende 1960 nach Arbeit in Deutschland gesucht, und es war klar, dass wir dann nachkommen, was für mich sehr schwer war, ich habe viel geheult. Alle waren ja in Griechenland. Ja, alles, Verwandtschaft, Freunde, Schule. Ja, dann hat mein Vater schnell Arbeit gefunden, zuerst in Wilhelmshaven bei der Jadewerft damals, Schiffbau, dann bei Olympia. Und dann wollte er, dass ich die Schule in Griechenland zu Ende mache, Hauptschule, die dann sechs Jahre ging. Er sucht nach einer größeren Wohnung, damit wir dazukommen, und so bin ich mit meiner Mutter und mit meinem jüngeren Bruder 1972 im Sommer auf nach Deutschland. Es war keine schöne Erinnerung, nein. Zu Hause habe ich mich gewehrt. Ich habe meine Großmutter gebeten, dass sie mich bei ihr behält und, und, und ... Das war ja Sommer in Griechenland, da kamen wir mit dünnen Sachen hier an, in München hat es so geregnet, mit dem Zug damals in München, von da aus mussten wir einen anderen Zug nach Wilhelmshaven nehmen. Es hat so gegossen, dass wir bei der Ankunft pitschnass waren und meine Mama erst einmal die Koffer aufmachen und uns andere Sachen anziehen musste. Das war mein Ankommen in Deutschland. Es war nicht einladend.« Argiry T., 69 Jahre

Die spätere Gastarbeiterin Argiry bei der Tabakernte, Anfang 1950

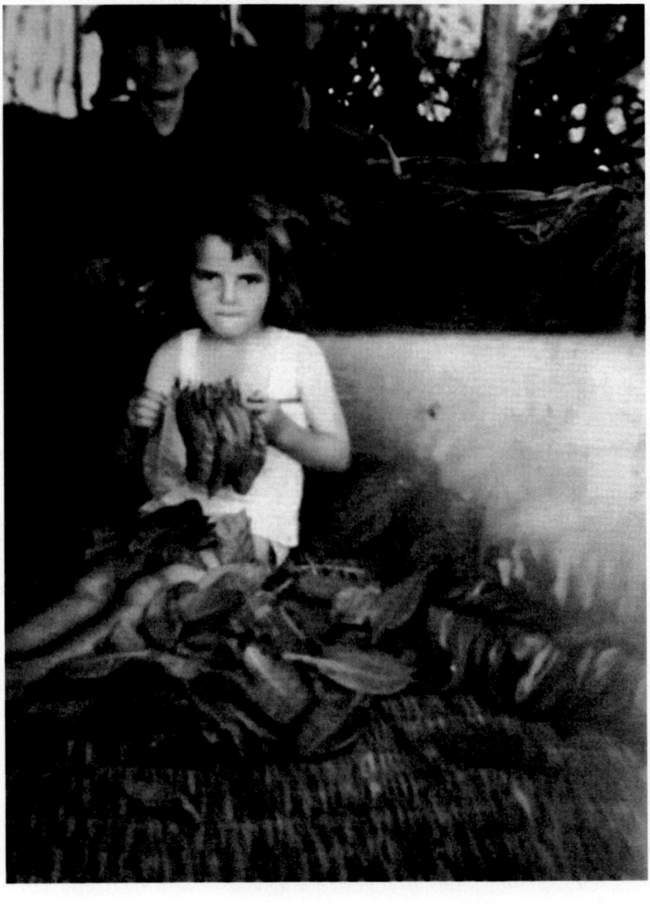

Kürbisernte in der Region Kastoria, 1960er Jahre

© Privatbesitz Familie Tassis

Die Eltern litten genauso unter der Trennung von ihren Kindern, denn die Beweggründe, für einige Zeit wegzugehen und sie in der Heimat zurückzulassen, waren ausschließlich materielle Nöte und Zwänge. So stand über allem die Entscheidung zur Absicherung der Familie. Für einen gesicherten Wohlstand und bessere Chancen für die Kinder nahm man, widerwillig und der Not gehorchend, in Kauf, dass das enge familiäre Bezugssystem zumindest räumlich auf Jahre zergliedert und in der Diaspora isoliert wurde. Ganze Familienverbände erduldeten diese belastende, unfreiwillige Zerrissenheit, die Trennung der Familien und das Leid, das durch den Verlust von Familienangehörigen entsteht.

Insofern stellte die außerordentliche materielle Notlage um die Mitte des 20. Jahrhunderts die Eltern in Griechenland vor eine schwierige Entscheidung.

> »Die Omis haben das auch richtig schwer gehabt in Griechenland. Die haben 6–7 Kinder großgezogen, und dann kamen noch die Enkelkinder dazu. Die zurückgebliebenen Enkelkinder. Das war ganz schwer. Wie haben die Frauen das damals bloß gemacht. Die ganze Arbeit, das Kochen, die Wäsche, ohne Waschmaschine, ohne heißes Wasser.« Katarina A., 65 Jahre, Gastronomin

Die prekären Verhältnisse in den Entsendestaaten – neben Griechenland waren dies beispielsweise Italien, Spanien, die Türkei oder Marokko – veranlassten in den Jahren der

Arbeitsmigration viele Familien zu diesem schwierigen Schritt. Die sozialen Folgen dauern zum Teil noch heute an.

»Zu dem Zeitpunkt, als unsere Eltern damals aufgebrochen sind, war das halt die beste Entscheidung. Weil ›Muddern‹ ist 1949 geboren, und Griechenland war damals direkt nach dem Krieg, nach dem Zweiten Weltkrieg, waren die am Boden. Das war ja so schlimm, dass die Leute da nicht mal was zu essen hatten. Da gab's ja nix mehr. Das kann man sich gar nicht vorstellen, war aber so. Hier in Deutschland war es ja nach dem Krieg auch nicht anders. Griechenland wurde ja durch dieses Naziregime sehr hart getroffen. Muss man ja leider sagen. Die hatten gar keine andere Möglichkeit. Und trotzdem wanderten meine Eltern nach dem Zweiten Weltkrieg in das Land der ehemaligen Besatzer aus, die ja viele Teile Griechenlands besetzt und auch ganze Dörfer ausgerottet hatten.« Jannis C., 49 Jahre, Olympia-Kind

Wie erlebten die ersten Migrant*innen die neue »Heimat«?

Bei dieser Frage wurden in jedem Gespräch die individuellen Einsamkeitserfahrungen wie Traurigkeit, Wehmut, Gefühle des Abgeschnittenseins, Isolation und Vereinzelung in der Diaspora und, vor allem, die Sehnsucht nach der kraftspendenden, schützenden, allumfassenden Familie zur Sprache gebracht. Diese Erfahrungen standen immer im Kontext erlebter »Heimatgefühle« – obwohl die Verbindung mit dem Heimatland Griechenland immer nur aus der Erinnerung heraus rekonstruiert und gelebt werden konnte.

Als sich die ersten griechischen Arbeitsmigrant*innen Anfang der 1960er Jahre in das Zielland Deutschland aufmachten, fühlten sie sich dort besonders in den Anfangsjahren fremd. Sie kannten die deutsche Sprache nicht, gehörten noch nicht dazu – das Leben bestand aus Arbeit, es gab kaum Freizeit. In den Jahren der Zuwanderung gab es keine Angebote, auch außerhalb der Ausländerwohnheime und der Olympia-Produktionsstätten, auf Menschen aus der alten Heimat zu treffen. Der Schmerz über den Weggang von Heimat und Familie fand sein Ventil in dem Hören von Gastarbeiterliedern, dem gemeinsamen Schauen von griechischen Filmen und Radiosendungen, in Sport- und Fußballspielen der Männer, im Kartenspiel, Feiern und gelegentlichen Tanzveranstaltungen in den Kellerräumen der Olympia-Wohnheime.

»Die Tochter meiner Schwester blieb als Baby bei den Großeltern und wurde erst im Alter von knapp sieben Jahren nach Wilhelmshaven geholt. Es ging wegen der Arbeit nicht anders. Das war dann ganz traurig, als das Kind in Deutschland war. Sie erkannte ihre Mutter nicht mehr. Die Großeltern waren in den Jahren zu ihren Eltern geworden, und sie wollte wieder zurück zur ›Mama‹ nach Kreta. Die Oma war in den ganzen Jahren zur Mutter geworden, sie sagte auch nicht ›Oma‹ zu ihr, sondern ›Mama‹. Das hat dann einige Zeit gedauert, bis das Mädchen sich an die eigenen Eltern gewöhnte. Das war für beide Seiten sehr traurig.« Georgia B., 51 Jahre, Olympia-Kind

»Bei meinem Vater weiß ich das auf jeden Fall, dass der nach seinem Militärdienst nicht mehr davon begeistert war, in dem landwirtschaftlichen Betrieb von seinem Opa mitzuarbeiten und im Umkreis von den Eltern weiter zu leben. Und auch Landwirt

Weidenflechten, 1960er

© Privatbesitz Familie Tassis

zu sein. Er wollte irgendwie eine Ausbildung machen, mit etwas Fantasie mit Grundschulabschluss eine Ausbildung machen. Als Handwerker hätte er zu dieser Zeit in Griechenland sicher etwas machen können. Er hätte auch irgendwie eine Anstellung als Bootsbauer kriegen können, aber das war auf einer Nachbarinsel, und ein großes Boot dorthin ging unter. Und dann gab es ein Verbot von der Familie, du fährst jetzt nirgend wohin, du bleibst hier, guck mal, was dir passieren könnte. Das ist alles zu gefährlich. Aber der Drang von meinem Papa war so groß, dass er ein freies, selbstbestimmtes Leben führen wollte. Endlich sein eigenes Geld verdienen. Er hat sich dann eingeschrieben in einem Büro, das Leute angeworben hat für Deutschland. Das war tatsächlich auf Samos. Überall gab's ja kleine Büros: Wer wollte, konnte auswandern. Von Samos sind sehr viele ausgewandert nach Australien, nach Kanada, nach England und Deutschland. USA natürlich auch. Irgendwann wurden dann Tickets gekauft, für das Schiff nach Athen, und dann war da eine größere Menge an Leuten, die die Reise antreten wollten, über Italien. Mit dem Zug zum Hafen und dann mit der Fähre nach Brindisi und dann halt mit dem Zug weiter nach Norddeutschland.

Zuerst ging es in eine Firma nach Bad Zwischenahn mit der Aussicht, dass mein Vater sogar eine Ausbildung als Schweißer oder Lackierer für Landmaschinen lernen könnte. Dann hörte er über andere von Olympia, dass die gut auch für Ungelernte zahlen. So ging es dann weiter nach Roffhausen.« Emanuel T., Olympianer-Kind, 49 Jahre

Das Schicksal emigrierter Familien: Die »Kofferkinder«

In der Migrationsliteratur findet man den Begriff der sogenannten Kofferkinder – Kinder oder Jugendliche, die bei den Großeltern, bei anderen eng oder weiter entfernten Verwandten oder auch, wie in einem Fall, bei Nachbarn aufwuchsen und dann oft erst nach Jahren der Trennung auf die lange Reise nach Deutschland geschickt wurden. Bepackt mit vielen Utensilien aus der Heimat und mit Koffern brachen sie meistens in den Sommerferien für einige Wochen auf, um endlich ihre Eltern wiederzusehen.

*Dieses Thema ist bis heute in den betroffenen Familien tabuisiert, denn keine*r verließ »einfach so« die Familie. Die Gründe lagen auf der Hand. So beschreibt die ehemalige Olympianerin Argiry die Migrationszwänge ihrer Eltern, die im ländlichen und armen Norden Griechenlands von der Landwirtschaft lebten:*

> »Irgendwann wurde es schwierig mit Arbeit und Geld bei den Eltern. Die haben für uns Kinder eigentlich immer alles gemacht, dass es uns gut ging, aber irgendwann ging das finanziell nicht mehr. So gingen mein Vater und seine Schwester ohne uns nach Deutschland. Er hörte von Verwandten: Komm, in Deutschland bei Olympia kannst du Arbeit finden. Er besorgte sich die Papiere, stieg in den Zug und fuhr sofort nach Roffhausen durch. Erst nach zweieinhalb Jahren sah ich meinen Vater wieder. Da holte er uns nach, als klar war, dass er länger Arbeit bekommt.«

Die ehemalige Olympianerin Anastasia, die in den 1980er Jahren ein griechisches Lokal in Wilhelmshaven führte, beschreibt den Schmerz, den sie empfand, als sie mit ihrem Mann das Heimatdorf verließ, um bei Olympia als Gastarbeiterin anzufangen. Auch ihr damals noch sehr kleines Kind musste sie zurücklassen.

> »Das war ganz bitter. Ich sehe immer noch mein Kind, als wir wegfahren mussten, es hat sich festgeklammert. Vorne haben wir so Gitter vorm Haus, und er steht so da und klammert sich an dem Gitter fest und schreit: ›Mama, Mama, Mama!‹ Dann waren wir ein paar Kilometer gefahren, da sag ich zu meinem Mann, ich halte das nicht aus, geh zurück bitte, ich möchte meine Kinder mithaben! Wir sind nicht zurückgekehrt. Das war ein sehr, sehr großer Schmerz. Der Kleinste war 7 Monate. Nach 2 Jahren habe ich dann zu meinem Mann gesagt: Entweder du holst die Kinder her, oder ich flieg weg und hole sie.«

Betroffene der zweiten Generation empfinden den Begriff »Kofferkinder« oft als zu einseitig, als einschränkend und stigmatisierend, zumal er den Blick auf die persönlichen Ressourcen vernachlässige, die sie sich im Laufe der Jahre aneignen konnten. Dazu gehören Handlungs-, kulturelle und Sprachkompetenzen, die es ihnen bis heute ermöglichen, zwischen mehreren Kulturen »hin- und herzupendeln«. Diese Vielfalt an kulturellen Codes stellt für die erste und die Folgegeneration eine Bereicherung dar, gleichzeitig profitiert das soziale und gesellschaftliche Umfeld davon.

Die »Generation Einskommafünf« – eine Zwischengeneration

> »Jahrelang sprach ich von mir als Angehörige der zweiten Generation [...]. Bis ein deutscher Freund zu mir sagte: ›Du bist doch gar nicht von der zweiten Generation. Du bist

Abfahrt unter Zollaufsicht am Bahnhof Wilhelmshaven, Juli 1966

© Stadtarchiv Wilhelmshaven – Sammlung WZ-Bilddienst (Auszug aus der Wilhelmshavener Zeitung vom 14.07.1966: »*Mit viel Gepäck – sicher auch mit etlichen Überraschungen und Geschenken für die Angehörigen zu Hause – fuhren gestern früh die meisten der griechischen »Olympianer« (über 600) zu ihrem Jahresurlaub in die Heimat. Vorbestellte Plätze und zwei Sonderwagen der Bundesbahn für den fahrplanmäßigen D-Zug ab 6.18 Uhr in Richtung Basel sorgten dafür, dass der vorübergehende Abschied von Wilhelmshaven reibungslos verlief.*«

nicht hier geboren.‹ Das verschlug mir zuerst die Sprache. Was war ich also?« Olcay Acet

Der Begriff der »**Generation Einskommafünf**« wurde von Olcay Acet, selbst Tochter ehemaliger türkischer Gastarbeiter, geprägt. Acet spricht von einer »Zwischengeneration«, der »Generation Einskommafünf« beziehungsweise den in der Heimat der Arbeitsmigrant*innen zurückgelassenen Kindern. Diese Generation war irgendwo »*dazwischen*«. *Es ist ein Raum, angefüllt mit Erlebnissen und Erinnerungen aus der alten wie aus der neuen Heimat.* Deren Angehörige verbrachten viele Jahre im Herkunftsland bei den Großeltern, bei Verwandten oder Nachbarn und wurden erst Jahre später nach Deutschland geholt, als die Arbeits- und Aufenthaltssituation der Eltern vor Ort geklärt war.

Dieses sensible Thema – jahrzehntelang tabuisiert und verschwiegen – gelangt nach und nach an die Öffentlichkeit. Auch in den Interviews mit den »Olympia-Griech*innen« – teils konnten sie auch mit den Kindern geführt werden – wurde nach einem vorsichtigen Annähern vor allem in den anschließenden Gesprächen oder Telefonaten über den persönlichen Schmerz berichtet.

»Alle Eltern, die ich kenne, haben ihre Kinder in Griechenland gelassen – bei den Großeltern oder Schwiegereltern oder Tanten. Irgendwann – wenn sie eine richtige Wohnung hatten und bleiben wollten – holten sie ihre Kinder nach.« Anastasia P., ehemalige Olympianerin

»Wir sind irgendwo dazwischen. Wie am Baum die Borke«

»Ich habe das meinen Eltern nie verziehen, dass sie von Griechenland weggegangen sind. Ich war Jugendliche, hatte einen Freund, mit dem wollte ich zusammenbleiben. Außerdem hatte ich vor, Abitur zu machen und Psychologie zu studieren. Meine Eltern fragten nicht, sie sagten, dass wir in Deutschland Geld verdienen müssen. Das war der einzige Grund. Ich habe Deutschland die erste Zeit gehasst. Für alles, dass dieses Land meine Freunde, meine Heimat wegnahm und meine Freude am Leben. Das ist bis heute so. Wir sind irgendwo dazwischen. Wie am Baum die Borke.« Nicky T., 49 Jahre

So gesehen ist die zweite Generation auch eine »erste Generation«, da sie, wie schon ihre Eltern zuvor, nach Deutschland einwanderten und damit eine »junge erste Generation« darstellen. Formal betrachtet gehören sie jedoch als Kinder ihrer Gastarbeitereltern zur sogenannten zweiten Generation.

Warten am Wilhelmshavener Bahnhof auf den Zug in die Heimat, Juli 1970

»Die Erfahrung der Generation Einskommafünf, die psychologische Dimension, die Narben, die das Weggehen, Zurückgelassen-worden-Sein und das Nicht-ankommen-Können hinterlassen haben, nehmen bis jetzt keinen Raum ein, wenn über Integration ›verhandelt‹ wird.«[2]

Die Journalistin Anke Kültür beschreibt die familiären Schicksale der Migration in ihrer zeitgeschichtlichen Dokumentation »Kofferkinder«:

2 www.ortada.de. Letzter Zugriff am 02.06.2022.

> »Bis heute ist das Hin- und Hergeschoben (...) werden, die lange Trennung von den Eltern in den betroffenen Familien ein Tabuthema. Es bleibt eine traurige Ironie der Geschichte, dass Gastarbeitereltern für das Wohl ihrer Kinder nach Deutschland zogen und ihnen gerade damit das Leben schwer machten.«[3]

Eleni Iliadou, leitende Redakteurin der Nachfolgesendung des früheren griechischen »Ausländerprogramms« des Bayerischen Rundfunks:

> »Ich habe von einem Fall gehört, wo der Junge im Dorf zurückblieb. Es gab keine direkten Angehörigen mehr. Er lebte allein in dem Haus. Als er Jahrzehnte später gefragt wurde, wer ihn erzog und betreute, sagte er ganz pragmatisch: ›Das war damals so. Nachbarn haben sich gekümmert.‹«

Solche Aussagen machen deutlich, dass die Integration zwar äußerlich, »formal«, gut gelungen ist; die individuellen Migrationsgeschichten zeigen jedoch ein anderes Bild. Werden die Zuwandererfamilien, angefangen von der ersten bis zur zweiten Generation, zu ihren Migrationserfahrungen befragt, so zeichnet sich ein Bild von Schmerz und Schuld ab, vereinzelt auch von Schuldzuweisungen vonseiten der Folgegeneration, die bis heute andauern.[4] Ihre Vertreter*innen konnten mir dies übereinstimmend bestätigen.

Traurige Gedanken

Die Tage vergehen traurig
unendlich, schwarz, betrübt.
Ich zähle sie wie einen Rosenkranz
Eins plus eins, wie Glasperlen.

Vergebens.
Ich erwarte dich.
Vielleicht kommst du wieder.
Das glaube ich jedoch auch nicht
Darum leide ich innerlich.

Asimina Paradissa, Auszug aus ihrer unveröffentlichten Biographie »Jenseits der Grenzen«

Migration – ein generationenübergreifender Prozess

*Die Auswertungen der Interviews mit ehemaligen griechischen Gastarbeiter*innen haben ergeben, dass sich die Prozesse der Migration generationenübergreifend über mehrere Jahrzehnte fortsetzen.*

---

3 Auszug aus dem Film »Kofferkinder« von Anke Kültür, ARD 2013. https://youtu.be/5RAx34UVlWM . Letzter Zugriff am 23.07.2022.

4 Die Folgen halten bis heute noch an. In der Psychoanalyse wird in diesem Zusammenhang von »transgenerationalen Gefühlserbschaften« gesprochen – dabei werden die Nöte und die Verlusterlebnisse der Angehörigen einer Generation auf die Mitglieder der nachfolgenden Generation übertragen bzw. an sie weitergegeben.

Migration endet nicht »einfach so« im Zielland – vielmehr beginnen gerade hier deren eigentlich interessante Phasen samt dem Prozess der Integration.

Bedenkt man, dass sich persönliche Migrationsgeschichten über mehrere Generationen hinweg abbilden, findet man hier sicher eine Leerstelle, die auch in den Aufnahmeländern zu wenig Beachtung gefunden hat und so viele Jahrzehnte lang unberücksichtigt geblieben ist. Fehlt die Möglichkeit, miteinander in einen Dialog zu treten, um die Prozesse der Migration und Trennungserfahrungen in geschützten Räumen sowie an Orten der Erinnerung zu artikulieren, so fehlt das gemeinsame Erbe der Erinnerung.

Das Erbe ist als Gedächtnis des Weggangs zu verstehen, mit dem Verlust von Heimat, Familie und Verwandten, gepaart mit Schmerz und Trauer, aber auch der Zuversicht auf einen gelingenden Neuanfang.

Nikos' Familie, 1960er Jahre

© Privatbesitz Nikos Katsolidis

Ein Gedenken an kulturelle Traditionen bedeutet, einen notwendigen Raum für Erinnerungen zu schaffen.

Mangelt es an einer respektvollen, anerkennenden Sichtbarmachung der Emigration in der Gesellschaft, wiederholen sich die Schicksale zwangsläufig auch in den nachfolgenden Generationen:

> »Obwohl ich selber schon zwei erwachsene Kinder habe und glücklich sein sollte, bin ich traurig und erlebe oft keine Freude mehr. Viele Jahre war ich depressiv. Ich fühle mich entwurzelt – bis heute. Meine Eltern holten mich im Alter von 18 Jahren nach Deutschland. Ich bin in Griechenland großgeworden. Meine Tochter lebt aber nun meinen Traum. Sie ist nach Griechenland zurückgekehrt. Mein Sohn ist aber in Deutschland. So bin ich wieder hin- und hergerissen. Es ist so, als ob sich alles wiederholt.« Nicky T., 49 Jahre

*Die Gespräche mit den griechischen Olympianer*innen zeigen die Zerrissenheit zwischen dem Wunsch, die Familie in Griechenland zusammenzuhalten, und den wirtschaftlichen Notwendig-*

Griechischer Nationalfeiertag: Feier des Unabhängigkeitstags am 25. März, 1970er in Deutschland

© Privatbesitz

keiten, die Kinder, die Familien und die Heimat zurückzulassen. Deutlich wird dies am Fall von Gianoula, die im Alter von 17 Jahren nach Deutschland ausgewandert ist und ihren Säugling bei der Großmutter zurücklassen musste.

> »Ich konnte ihn nicht mit nach Deutschland nehmen. Ich hab ihn nicht bekommen. Der ist bei Oma geblieben. Und dann kam die Scheidung dazwischen mit seinem Vater. Weil ich nichts Festes hatte, blieb das Kind ist bei ihm. Gesetzlich. So war das. Aber mein Kind war so gut, der war so gut, der hat es selber geschafft, was er geschafft hat. Und dann nach 20 Jahren haben wir uns getroffen. Das erste Mal. Ich habe ihn besucht. Geheult hab ich. Gezittert auch. Er auch, ja. Hier, in Deutschland, haben wir uns getroffen.« Gianoula K., 74 Jahre

Man findet dieses Phänomen in der zeitgenössischen griechischen Literatur, wie beispielsweise bei der griechischen Autorin Eleni Delidimitriou-Tsakmaki[5], wohingegen die wissenschaftlichen Disziplinen zur Migrationsgeschichte dieses Thema allenfalls streifen. Um die Geschichte der Auswanderung im 20. Jahrhundert zu verstehen, ist es notwendig, auch die Familiengeschichten zu erfassen. Erst diese generationenübergreifenden Befragungen und das Sichtbarmachen nachhaltiger Zäsuren in den Familien

5 Die Autorin Eleni Delidimitriou-Tsakmaki kam in den 1960er Jahren nach Deutschland und erzählt in ihren Büchern von der Auswanderung, der Zerrissenheit der Familien und den Prozess der Integration in der Diaspora.

haben die ganze, umfassende Dimension der Emigrationsbiographien auch im Hinblick auf die betroffenen Familienmitglieder und deren Beziehungen untereinander deutlich werden lassen.

Der Prozess des Ankommens bedeutet somit auch ein Sichtbarmachen, Verstehen und Verarbeiten dieser familiären Zäsuren und der transgenerationalen Gefühlserbschaften

> »Wir alle haben aber viele Gemeinsamkeiten. Wir sind von unserem Zuhause entfernt, von unseren Familien und machen unzählige Reisen. Wir schleppen unsere Kinder hin und her, unsere Sachen und unsere Ideen. In der Betäubung durch die Arbeit, im Taumel des Überlebenskampfes haben wir es kaum bemerkt, wie die Jahre vorbeigingen: Fabrik, Zuhause, Kinder, Unsicherheit, Ängste, Sparsamkeit.«[6] Eleni Delidimitriou-Tsakmaki

Die Nachkommen griechischer Emigrant*innen in Friesland, inzwischen »Deutsche mit griechischem Migrationshintergrund«, betonen bei der Frage nach der *kulturellen Identität*, dass sie »die Erinnerung an das Griechische pflegen«[7]. Insbesondere geschieht dies über das Begehen griechisch-orthodoxer Fest- und Feiertage, wie Weihnachten und Ostern, oder das gemeinsame Sich-Erinnern an den griechischen Nationalfeiertag. Es kann aber auch über die Einhaltung religiöser Riten verlaufen, wie der mehrwöchigen Fastenzeit bis Ostern, oder über das Beibehalten der griechischen Sprache in der Familie.

*Die Auswertungen der Interviews brachten zum Vorschein, dass sich die griechischen Olympianer*innen wie auch ihre Familienmitglieder (und die Folgegeneration) souverän in mehreren sozialen Realitäten bewegen. Sie verfügen über Fähigkeiten und weitere Kompetenzen, auch aufgrund ihrer Mehrsprachigkeit, ein erweitertes sozial-kulturelles Programm im Miteinander zu nutzen. Sie bewegen sich in mehreren Welten: Sie leben und pflegen bis heute ihre griechische Kultur, säkulare und religiöse Riten und bewegen sich zugleich souverän in der Welt der Deutschen, in die hinein sie einst migriert sind.*

»Ich sehe mich weder als Grieche noch als Deutscher. Ich sehe mich einfach so, wie ich bin.«

Die griechischstämmigen Menschen, auch die ehemaligen Olympianer-Kinder, brachten in den Interviews zum Ausdruck, dass sie schon lange angekommen sind. Die meisten gründeten, wie ihre Eltern, Familien, absolvierten Schulen, Ausbildungen und erwarben Uni-Abschlüsse.

> *»Ich sehe mich weder als Grieche noch als Deutscher. Ich sehe mich einfach so, wie ich bin.* Die entscheidende Frage ist, ich muss immer ein bisschen darüber schmunzeln, wie mich andere Leute sehen. Wenn ich in Griechenland bin, bin ich der Deutsche. Und wenn ich in Deutschland bin, bin ich der Grieche. Das ist sehr erstaunlich.
>
> Auch noch in der zweiten Generation, immer noch. Das ist wegen des griechischen Nachnamens – das geht sogar teilweise jetzt auf meinen Sohn über, der 18 ist, obwohl

6 Delidimitriou-Tsakmaki, Eleni: »Die ewige Suche nach Heimat«, Athen 1994, Prolog.

7 Janni Chrissochoidis, a.a.O.

Juli 1970: Abreise nach Griechenland mit erstmalig eingesetzten Waggons der griechischen Eisenbahn. Die Fahrt mit dem durchgehenden Sonderzug beginnt am Wilhelmshavener Bahnhof und endet nach fast zwei Tagen in Thessaloniki

seine Mama ja Kroatin ist. Trotz meines und unseres griechischen Nachnamens ist er auch, wie sein Großvater, wie ich früher – er ist **der Grieche.** Selbst bei den Lehrern sogar noch. Sie sagen: Wir haben einen Griechen in der Klasse.

Ist das ein Grieche? Der ist hier jetzt in dritter Generation. Der hat einen deutschen Pass. Sein Papa ist ja nur Grieche, oder die Abstammung ist griechisch. Ich bin ja auch hier geboren, habe einen deutschen Pass. Es war immer noch so drinne, was überhaupt nicht schlimm ist, ist überhaupt nicht schlimm, weil damit kann ja jeder seine Kultur, seine Herkunft zeigen. Und das ist ja auch absolut okay. Man muss sich ja nicht schämen, woher man kommt. Sollte sowieso keiner machen.« Janni C., 49 Jahre, »Olympia-Kind«

Familiengeschichten werden ständig fortgeschrieben – in jedem Land, in jeder Stadt, in jedem Ort auf dieser Welt. Stand anfangs der Broterwerb für die Familie in Griechenland im Vordergrund, um möglichst bald wieder in die Heimat zurückzukehren, so änderte sich das, als die griechischen

*Gastarbeiter*innen Familien in Friesland und Wilhelmshaven gründeten. Man blieb. Man blieb, als die ersten Kinder kamen und dann der Schulbeginn, die Ausbildung und das Studium der Kinder und Enkel. Auch hier wird deutlich, dass es zuallererst die Familie und deren Wohlergehen ist, um die es geht.*

»Wichtig war für uns immer, dass es unseren Kindern besser ging. Wir hatten keine Ausbildung und haben das ganze Leben auf Olympia in der Fabrik am Band gearbeitet. Das wollten wir für unsere Kinder nicht!« Christos K., 72 Jahre

Der familiäre Zusammenhalt regelt Ferne und Nähe – aber auch die soziale Zeit und den sozialen Raum. Gleichzeitig bestimmt das Gefühl, zusammenzugehören, den Prozess der individuellen Migration jedes einzelnen Familienmitglieds. Familienbiographien durchziehen die Vergangenheit vom Ankommen bis in die Gegenwart und prägen somit auch die Zukunft.

Wer der Erinnerung beraubt wird, wird es schwer haben, im neuen Land »richtig« anzukommen. Das Gedächtnis ist wie eine Schatzkammer: Sie kann verschlossen bleiben oder, wenn sie mit den Nachkommen geteilt wird, auch das Miteinander bereichern.

Erinnerungsorte als geteiltes Gedächtnis der Migration

Frauen auf Olympia, Anfang der 1960er Jahre

Gerade die Beobachtung und der kritische Blick auf die Migrationsprozesse der griechischen Eltern und Großeltern ist wichtig, um detailliert auf das Jetzt zu blicken und

vorherrschende Diskriminierungen sichtbar werden zu lassen. Ein kulturelles Gedächtnis und ein Verständnis der Migrationsbiographien wirken im besten Fall identitätsstiftend und -bildend.

Gemeinsame Erinnerungsträger wie das Pflegen und der Erhalt der griechischen Sprache haben in der griechischen Community zugleich eine verbindende Funktion. Sie geben der Nachfolgegeneration die Möglichkeit, am kulturellen Gedächtnis der vorangehenden Generation teilzuhaben.

In diesen persönlich erlebten und übermittelten »Erinnerungsorten« wird auch das kulturelle Gedächtnis der Zuwanderergeneration offenbart. Die Kinder und Kindeskinder begreifen sich im Aufarbeiten der familiären Erinnerungskultur als Teil eines kollektiven **Gedächtnisnetzwerks.** Diese Erinnerungen verhalten sich wie ein Gang durch die Generationen, bei dem die Leerstelle einer alle verbindenden Erzählung weicht.

8. »Ich bin verliebt in Deutschland, sehr verliebt. Wir sind alle eine große Familie – Europäer!«

Interview mit Erzpriester Antonios Gallis – der griechische »Nordpfarrer«, Kirchengemeinde Heiliger Georgios, Lübeck

Erzpriester Antonios Gallis

© Cosima Hanebeck

Der griechisch-orthodoxe Glaube besitzt in der griechischen Community in Deutschland einen hohen Stellenwert.[1] Für ihre Landsleute sind die Metropoliten von Deutschland nicht nur ein sichtbares Symbol und zugleich Präsenz ihrer griechisch-orthodoxen Religion, sondern sie »werden auch als Gesprächspartner der politischen und staatlichen Führung geschätzt«[2].

1 Vgl. https ://www.orthodoxie.net/. Zuletzt aufgerufen am 20.08.2022.

2 Vgl. https://www.mfa.gr/germany/de/. Zuletzt aufgerufen am 25.02.2022

Religiöser Ansprechpartner für die norddeutschen Griechinnen und Griechen wie auch die ehemaligen Olympianer*innen ist der Erzpriester Antonios Gallis. Seine griechisch-orthodoxe Kirchengemeinde umfasst circa 4000 Griech*innen, die über einen weiten Radius in Norddeutschland verstreut leben, angefangen von Schleswig-Holstein über Harburg, Bremen bis Wilhelmshaven – auch ganz Mecklenburg-Vorpommern gehört dazu.

> »1995 bin ich Priester geworden, seit dieser Zeit bin ich auch in Norddeutschland. Als Erzpriester, das ist ein Extratitel, wurde ich 2001 geweiht. 1989 bin ich nach Norddeutschland gekommen. Eigentlich wollte ich Priester in Griechenland werden, aber ich bin hier im Norden Deutschlands geblieben.«

Weder die Bremer noch die Wilhelmshavener griechisch-orthodoxe Kirchengemeinde verfügt über einen eigenen sakralen Kirchenraum. Es existieren allerdings langjährige Kooperationen mit der evangelischen und der katholischen Kirche, die ihre klerikalen Einrichtungen in verschiedenen Städten auch im Sinne der Ökumene anderen Religionsgemeinschaften zur Verfügung stellen. Das bedeutet, dass fest geregelt ist, an welchen Wochentagen die Kirchenräume individuell genutzt werden können. So müssen zu jedem Gottesdienst, zu jeder Hochzeit oder jeder Taufe alle heiligen Devotionalien und Ikonen aufgestellt und auch wieder mitgenommen werden. Wenn an einem Wochenende mehrere Gottesdienste in verschiedenen norddeutschen Städten stattfinden, erfordert das viel Planung und einen hohen Organisationsaufwand. Und auch für den griechischen Pfarrer Antonios Gallis stellt es einen enormen Zeit- und Kostenfaktor dar.

> »Zu den Gottesdiensten fahre ich von meinem Wohnort von Hamburg-Harburg beispielsweise nach Nordniedersachsen, Bremen und Wilhelmshaven, um dann noch am selben Tag nach Schleswig-Holstein zu fahren. Schließlich bin ich der einzige griechisch-orthodoxe Pfarrer der Nordgemeinde mit über 4000 Griechen, verstreut auf meine Gemeinde. Und jedes Wochenende bin ich immer abwechselnd unterwegs: von Flensburg, Kiel, Lübeck, Harburg über Bremen, Delmenhorst, Emden, Leer und Wilhelmshaven. In Mecklenburg-Vorpommern sind wenige griechische Gemeindemitglieder. Dennoch bin ich Priester für die ganzen Bundesländer hier im Norden und für alle Menschen, die meine Unterstützung brauchen.«

Die griechisch-orthodoxe Kirche erhebt keine Kirchensteuer, die Pfarrer erhalten also kein Gehalt wie die Geistlichen der evangelischen oder der katholischen Kirche. So leben die griechisch-orthodoxen Pfarrer ausschließlich von den Kollekten und Spenden.

> »Ich habe es nie bereut, hier zu bleiben. Nein, überhaupt nicht, weil ich hier gebraucht werde. Unsere Gemeindemitglieder heißen ›Gläubige‹, sind so gesehen keine Mitglieder. Wir sind zwar offiziell ›Kirche‹ in Deutschland, aber wir erheben keine Kirchensteuer. Unsere Kirche wird finanziert von Kollekten und Spenden. Von Kerzen oder was die Kirchenbesucher beim Gottesdienst spenden.«

Seit den 1960er Jahren und bis heute konnte sich keine eigene griechisch-orthodoxe sakrale Stätte für die Olympia-Griech*innen in Friesland etablieren. Das lag an den entstehenden griechischen Communitys in den Ballungsgebieten wie Nordrhein-Westfalen, Hessen, Baden-Württemberg und Bayern. Die Gastarbeiter-Zuwanderung war schwer-

Erzpriester Antonios Gallis in der evangelischen Wilhadi-Gemeindekirche, Bremen, 2021

© Cosima Hanebeck

punktmäßig auf einige Regionen in Norddeutschland mit hoher Dichte in Industrieansiedelungen konzentriert, wie beispielsweise Delmenhorst mit der Nordwolle, Bremen und Hamburg mit hoher Infrastruktur von Häfen und Industrie und Wilhelmshaven mit den *Olympia Werken*.

Da die Metropolie den Gläubigen einen kirchlichen Raum anbieten wollte, der neben den Gottesdiensten auch für Taufen, Hochzeiten, Kommunionen, Oster- und Weihnachtsfeiern, das Abendmahl, aber auch für Beichten und Trauerfeiern genutzt werden sollte, entstanden in den 1960er Jahren Kooperationen mit von der evangelischen Kirche eingeräumten Nutzungsrechten in Roffhausen und mit festen sakralen Terminen in den Olympia-Wohnheimen in Middelsfähr. Bis heute findet der griechisch-orthodoxe Gottesdienst in der evangelischen Banter Gemeinde in Wilhelmshaven statt, die ihre Kirche nun seit Jahrzehnten den griechischen Gläubigen zur Verfügung stellt.

> »So gesehen ist das kirchliche Angebot für die Gläubigen so, als wären wir noch alle Gastarbeiter: für ein, zwei Jahre, und dann gehen wir wieder zurück nach Griechenland. Aber das stimmt nicht. Es sind wirklich so viele hiergeblieben. In meinen Gottesdienst kommen die ersten Gastarbeiter und ihre Familien mit allen Generationen. Sie bleiben und unsere Kinder auch. Das heißt, man sollte Kirchensteuer auch für uns haben. Weil, wenn ich gehen müsste, wer übernimmt diese Gemeinde wieder? Durch die Einschränkungen der Hygieneauflagen wegen der Coronapandemie bekommt unsere Kirche wegen der limitierten Besucherzahl auch weniger Einnahmen. Das geht teilweise schon an die Existenzgrenze der griechischen Pfarrer. Wenn man bedenkt, dass ich vor Corona 6000 bis 7000 Kilometer monatlich oder 200 bis 300 Kilometer täglich gefahren bin, um alle Gemeinden zu besuchen. Bei so vielen Kilometern muss man auch überlegen, was man an Sprit braucht und was die monatlichen Kosten sind. Wenn man das hochrechnet, die ganzen Jahre …«

Das galt auch für den Vorgänger von Antonios Gallis, Priester Charalampos Kostopoulos, der für die Gastarbeiter*innen der *Olympia Werke* Ansprechpartner in Religionsfragen war. Die griechisch-orthodoxe Kirche in Deutschland ist nach wie vor gesellschaftlich und politisch hoch angesehen. In den »Gastarbeiterjahren« hielten die Metropoliten, ähnlich wie Politiker, in den großen deutschen Unternehmen ihrer griechischen Emigrant*innen opulente Audienzen ab. Sie wollten Präsenz zeigen und Unterstützung vor Ort geben. Der Metropolit Polyefktos wurde Mitte der 1960er Jahre von den leitenden Mitarbeiter*innen der *Olympia Werke* an der Seite des Dolmetschers Paul Fostiropoulos respektvoll empfangen, und eigens für ihn und seine Landsleute wurde auf dem Firmengelände ein Gottesdienst abgehalten.

> »Im Mai 1966 besuchte der Metropolit der griechisch-orthodoxen Kirche für Deutschland, Niederlande und Dänemark, S. Eminenz Polyefktos, die Arbeitsstätte seiner Landsleute. Im Werk Roffhausen hielt das griechisch-orthodoxe Kirchenoberhaupt im geschmückten Saal der Halle 7 eine dreistündige Messe ab. Griechische Mitarbeiter wirkten auch aktiv am Gottesdienst mit und bildeten einen Chor. Für die vielen Gläubigen war die dreistündige feierliche Handlung mit dem hohen geistlichen Würdenträger ein denkwürdiges Ereignis.«[3]

Dies kann als ein frühes integratives Zeichen des Miteinanders auch unterschiedlicher Religionsgemeinschaften verstanden werden.

Die erste griechisch-orthodoxe Metropolie in Deutschland etablierte sich durch einen Patriarchischen und Synodalen Beschluss erstmals am 5. Februar 1963 und wurde im Jahr 1969 als »Griechisch-Orthodoxe Metropolie von Deutschland« auch gleichzeitig zum »Exarchat von Zentraleuropa«.

Seit 1972 existiert auch die rechtmäßige Verfassung der Griechisch-Orthodoxen Metropolie von Deutschland als »Exarchat von Zentraleuropa«, und im Jahr 1974 erfolgte

3 Olympia Ring, Nr. 2, 1966, S. 7.

Firmenbesuch des Roffhausener Werkes des Metropoliten Polyefktos mit Dolmetscher Fostiropoulos

© Privatbesitz Familie Fostiropoulos

die Anerkennung der Metropolie als eine Körperschaft des öffentlichen Rechts durch das Land Nordrhein-Westfalen.

> »Viele meiner älteren Gemeindemitglieder sind damals als Gastarbeiter gekommen und haben gesagt: ›Wir verlangen einen griechisch-orthodoxen Priester in Deutschland!‹«

Seit Jahrzehnten steht die griechisch-orthodoxe Metropolie nun in engem Austausch mit anderen Kirchen- und Religionsvertreter*innen und ist auch in ökumenischen Arbeitsgemeinschaften wie der Arbeitsgemeinschaft Christlicher Kirchen in Deutschland (ACK) und anderen vertreten.

> »Ja, wir sind sehr aktiv und machen auch viel gemeinsam, wie ökumenische Gottesdienste. Auch hier, Buß- und Bettag. Wir Priester und Pfarrer sind teilweise auch untereinander befreundet.«

Antonios Gallis im Interview mit der Autorin

© Cosima Hanebeck

Aus welchem Grund sind Sie nach Deutschland migriert?

»Ich wollte Mönch werden in Griechenland. Meine Eltern wollten aber nicht. Dann ging ich an die Universität in Thessaloniki, und das Studium mussten wir auch selber bezahlen. Mein Vater sagte damals: ›Du hast schon vier Jahre studiert, habe schon viel Geld ausgegeben für dich, ich will mein Geld zurück. Du willst Mönch werden? Erst mal ausbezahlen. Und dann kannst du machen, was du willst.‹ Damals bin ich einfach mit meinem Motorrad nach Deutschland gefahren, ich hatte Freunde in Hamburg und Hannover und bin geblieben.

Meine Freunde in Norddeutschland haben gesagt: ›Kommst du, ist es besser für einen Griechen in der Gastronomie hier Arbeit zu finden.‹ Ich bin aufgewachsen in Griechenland, in der Nähe von einem Kloster, und wir sind mit dem Mönch in Kontakt gekommen und sind alle Priester geworden. Aber meine Eltern wollten das nicht. Meine Mutter hat fast einen Herzinfarkt gekriegt. Nein, nein, nein. Das ist nichts für einen Mann. Und so war zwei Jahre Stress in der Familie. In der Zwischenzeit war ich auch beim Militär. Und auch hier wieder das Gleiche: Streit, Streit. Die Eltern sind patriarchalisch, für einen Jungen haben sie sich einen normalen Beruf und auch Familie mit Enkelkindern vorgestellt.

So bin ich nach Deutschland, um insgesamt vier Jahre in der Gastronomie als Kellner zu arbeiten. Zwischendurch war ich auch drei Monate in Griechenland. Damals habe ich meine deutsche Frau kennengelernt und bin dann ganz in Deutschland geblieben.

Ich habe mein Wort wahr gemacht, habe meinen Vater auszahlen können, mit dem Geld, was ich in Deutschland verdient hatte, und habe dann über vier Jahre in Athen Theologie studiert. Mein Ziel war klar: Priester werden. Das geht auch, wenn man heiraten möchte. In der Zeit habe ich meine Familie in Deutschland gegründet. Meine Frau und die Kinder lebten in Hamburg, ich studierte während der Familienzeit in Griechenland. Da waren meine Eltern zufrieden, es war ja auch was anderes. Als Priester komme ich unter Leute, habe eine Frau und Kinder. Das ist natürlich etwas anderes, als zurückgezogen als Mönch zu leben. Das möchte keine griechische Mutter.

Als ich dann meine Frau kennengelernt habe, sagten sie: ›Ja, gut. Aber bring sie hierher. Sofort. Auf der Stelle bringst du sie mit hierher.‹ Das ist nun mein Leben.«

Heimat für ein paar Stunden – eine kleine Reise nach Griechenland
Die Rolle der griechisch-orthodoxen Kirche in Deutschland

Erzpriester Dr. Vasileios Thermos[4] versteht die Rolle der griechisch-orthodoxen Kirche in Deutschland als »eine Lebensweise, kein[en] Ort«. Weiter sagt er: »Die Schwierigkeiten und Hindernisse des geistlichen Lebens führen uns an den Ort der Unvergänglichkeit.«

Antonios Gallis sieht seine Gottesdienste als eine »Art Treffpunkt. Ein Treffen mit Gott, ein Treffen mit Menschen. Die Kirche ist für uns ein Ort des Glaubens und des Gebets. Hier finden die Gläubigen eine kleine Heimat für ein paar Stunden. Es ist wie eine kleine Reise nach Griechenland.«

Für den Erzpriester Gallis ist der sakrale Ort mit seinen Gläubigen ein »seelischer Hafen«, ein Zufluchtsort für die Menschen. Der Glaube kann helfen, die Entwurzelung und das Ankommen in der Fremde zu verarbeiten und auch dabei, dass die »Fremde« zu einer neuen Heimat wird.

»Die griechisch-orthodoxe Kirche gehört zur griechischen Kultur, und als griechisch-orthodoxer Pfarrer ist es ja mein Beruf, ein Stück der griechischen Kultur zu bewahren.«

Integration ist ein wichtiges Thema, aber auch das **»Ankommen«** in Deutschland und die **Suche nach der Heimat** – das wurde sowohl von kirchlicher Seite als auch von den Gläubigen in den Gottesdiensten angesprochen. Gerade die geistlichen Seelsorger

4 »Geistliche Reflexionen aus Anlass der Corona-Pandemie«. Erzpriester Dr. Vasileios Thermos, Professor an der Kirchlichen Hochschule Athen, 16. Dezember 2020, https://www.orthodoxie.net/post/geistliche-reflexionen-aus-anlass-der-corona-pandemie. Zuletzt aufgerufen am 20.07.2022.

Gottesdienst

© Cosima Hanebeck

wissen um die Nöte, Ängste und Sorgen der griechischen Familien, der ersten Generation und deren Familienmitglieder.

Viele kommen auch in die Kirche, um seelische Unterstützung zu erhalten, um wieder Hoffnung zu schöpfen und andere Griechinnen und Griechen zu treffen – und um so in regelmäßigen Abständen ihre Heimat wiederzusehen. Gerade die liturgischen Termine waren oft die einzige Möglichkeit, andere Landsleute zu treffen.

Die Kirche ist für uns eine kleine Heimat: Der Besuch in der Kirche ist wie »eine kleine Reise nach Griechenland«

»Ich höre oft: Der Besuch in der Kirche ist wie ›eine kleine Reise nach Griechenland‹. Triffst du Griechen, denkst du an deine Kirche im Dorf und an deine Muttersprache. Gottesdienst ist in der Muttersprache. Es berührt die Menschen auch innerlich, in der

Griechisch-orthodoxer Gottesdienst in der Wilhadi-Gemeinde, Bremen

© Cosima Hanebeck

Wilhadi-Gemeinde, Bremen

© Cosima Hanebeck

Seele. In Griechenland gehen die Leute jedes Wochenende in die Kirche. Und hier ist es vielleicht zweimal im Monat. Ist ein bisschen traurig.

Gott sei Dank war ich noch nicht einen Tag krankgeschrieben, denn ich habe keinen Vertreter. Wirklich. Ich habe auch mit Fieber Gottesdienst gehalten. Für die Liebe zu Gott und für die Liebe zum Menschen. Deswegen bin ich Priester geworden.«

Der Austausch mit anderen griechischen Landsleuten und die eigene Muttersprache zu sprechen, das ist von besonderer Bedeutung. Die griechisch-orthodoxen Priester sind nicht nur wichtige religiöse Ansprechpartner für die Gläubigen, sondern sie bieten auch einen unabhängigen Raum der Anteilnahme, des Austausches, des Beistands und der Seelsorge.

»Das Telefon klingelt 30-mal am Tag. Ich werde rund um die Uhr angerufen. Eigentlich bin ich immer erreichbar. Man kann sich das vorstellen wie einen Arzt in der Intensivstation. Der muss immer abrufbar sein. Mitten in der Nacht auch, weil gerade ein Angehöriger in der Nacht gestorben ist. Dann bin ich zuständig für alle diese Orte, Städte, dann muss ich springen und hinfahren. Vielleicht auch nur zum Trost. Das heißt 24-Stunden-Job. Ich muss immer erreichbar sein. Und für die letzte Kommunion. Das hat die katholische Kirche auch. Für die Kranksalbung.«

Gottesdienst in der Banter Kirche, Wilhelmshaven

© Maria Anastasia Delia

Wie wirkten sich die Einschränkungen aufgrund der Corona-Maßnahmen 2020 konkret auf Ihre Arbeit aus?

Als die Hygieneauflagen der Coronapandemie 2020 zum Tragen kamen, fanden die Gottesdienste nicht mehr vier- bis sechsmal monatlich statt, sondern nur noch in sehr reduziertem Umfang. Manchmal mussten die Wilhelmshavener Gläubigen – wie alle anderen norddeutschen Griech*innen – auf »ihren Vater Antonios« und den griechisch-orthodoxen Gottesdienst mehrere Monate warten.

»Eine enge Betreuung vor Ort ist nicht mehr möglich, nein. Ich darf nicht, ich darf keine Sakramente, Abendmahl oder letzte Salbungen am Krankenbett geben. Es gab so einen Fall in Sande, bei Wilhelmshaven, da lag der Gläubige im Sterben und fragte nach dem letzten Beistand, auch seine Angehörigen. Da musste ich schweren Herzens absagen, ich kann nicht kommen. Ich darf nicht zu Ihnen nach Hause. Aber früher, da gab es die Wassersalbung, Kranksalbung und vieles andere mehr. Ich musste auch oft in die norddeutschen Krankenhäuser, um kranke griechische Leute zu besuchen.

Früher war ich ständig unterwegs. Auch vor den Operationen, um zum Beispiel ein Gebet zu lesen oder die Beichte abzunehmen.

Auch die Anzahl der Gottesdienste ist reduziert und die Anzahl der Gläubigen in der Kirche. Auch danach stehe ich nicht mehr für die Gemeinde zur Verfügung, da dann nach engen, auch zeitlichen Vorgaben alle die Kirche zu verlassen haben und nach 45 Minuten, in denen die heiligen Liturgien durchgeführt sein müssen, das Gotteshaus durchgelüftet werden muss. Viele Menschen kamen nach den Gottesdiensten, auch um Trost und Zuspruch zu erhalten. Auch ältere Kirchengänger, die einsam sind, da die Familienmitglieder verstorben sind oder weit weg in Griechenland leben, sehe ich nicht mehr.

In Lübeck gibt es eine kleine Kapelle, die 50 m² umfasst. Hier dürfen aufgrund der Abstandsregelungen nur noch maximal acht Menschen hinein. Wenn mehr Kirchgänger kommen, muss ich die Gottesdienste halbstündig abhalten, dann eine Stunde lüften.«

Griechisch-orthodoxe Kapelle in Lübeck

© Antonios Gallis

Gibt es noch so etwas wie »Fremdsein« bei Ihren Gläubigen? Ist Kirche noch ein Hafen in der Fremde?

»Man kann sagen, dass die Kirche unsere Institution ist, das ist schon wie ein seelischer Hafen. Wir Griechen sind zu 90 % griechisch-orthodox. Deswegen brauchen wir auch die Kirche. Aber das hat nichts mit dem Rest der Welt hier in Deutschland zu tun. Die Kirche ist für unseren Glauben extra für uns da.

Deutschland ist eine Heimat für uns. Kein Hafen. Für die alten Leute vielleicht ein Hafen, ein Anlaufort, wo man vielleicht wieder wegfährt. Für uns ist hier Deutschland **Heimat**. Ich bin ja 30 Jahre in Deutschland und nur 20 in Griechenland. Ich bin nicht hier aufgewachsen, verbringe nun mein ganzes Leben hier.«

Schlüssel der Integration?

»Also, ich glaube, es ist mehr die Sprache gewesen mit Integration. Heutzutage merkt man das nicht mehr. Die junge Generation sind ohnehin Deutsche. Deutsche mit griechischem Ausweis.

Die Kulturen – es das Gleiche wie bei uns. Das ist ein christliches Land. Es kommen auch viele griechisch-orthodoxe Deutsche in unsere Kirche. Auch bikulturelle Ehepartner. Also auch viele evangelische und katholische Menschen. Wir beten alle zusammen. Wir sind offen für jeden. So verstehen wir auch Integration. Aber immer mit gegenseitigem Respekt!«

»Wir sind alle eine Familie: Wir sind Brüder, Schwestern - Europäer«

Wo sehen Sie Gemeinsamkeiten?

»Wir sind alle eine Familie. Wir sind Europäer. Das ist das Gleiche. Familie, Kulturen, Weihnachten, Ostern feiern. Urlaub. Außer der Sprache sind wir nicht viel anders. Ja, wir merken nicht so einen großen Unterschied. Es ist nicht zu merken. Wir sind nur lauter und vielleicht hektischer und chaotischer, aber wir haben eigentlich keine Probleme.

Kann man sagen: Um sich gut zu integrieren, ist es auch wichtig, dass man seine eigene Kultur beibehält?

»Ich bin länger in Deutschland als in Griechenland, nämlich 30 Jahre hier und 20 Jahre in Griechenland. Auch dadurch, dass ich eine deutsche Frau geheiratet habe, sehe ich mich der deutschen und der griechischen Kultur zugehörig.«

Gibt es Veränderungen eigener Traditionen, sodass man sagt: Ich bin schon ein bisschen eingedeutscht?

»Ich weiß, was Sie meinen, hat wirklich mit der Kirche zu tun. Und wenn wir eine Kirche haben, sind wir glücklich und zufrieden. Weil alles andere, es ist extra. Also die meisten griechischen Traditionen haben auch mit unserem Glauben zu tun. Unsere Hunderten, Tausenden von Heiligen, wo zufällig eine Verwandte von uns ihren Namenstag hat, und von daher beginnen kulturelle Aktionen, also du musst denjenigen besuchen, gratulieren – das gibt es natürlich in Deutschland nicht. Hier ist zum Beispiel der Geburtstag wichtig, bei uns der Namenstag. Weil wir geben eine Ehre den Heiligen, der als Märtyrer für Jesus gestorben ist. Das hat die katholische Kirche auch. Wir feiern fast die gleichen Feiern. Weihnachten, Buß- und Bettag. Ostern. Fasching.«

Wo sehen Sie Ihren Grad an Integration auf einer Skala von 1 bis 10?

»10. Ich bin 10! – Wir sind ja Deutsche! Meine Kirchenmitglieder: 8/9-11 plus!«

Gibt es denn etwas, wo sie sagen, das habe ich vermisst in den Jahren, hier in der deutschen Gesellschaft? Oder gibt es irgendwas, was ihnen immer wichtig war?

»Ich vermisse gar nichts. Das Wetter ist ja auch besser geworden.«

Griechisch-orthodoxer Gottesdienst in der evangelischen Wilhadi-Gemeindekirche, Bremen, 2021

© Cosima Hanebeck

Pfarrer Antonios: »Ich bin verliebt in Deutschland, sehr verliebt.«

»Ich bin verliebt in Deutschland, sehr verliebt. Ich kenne jedes Dorf, jede Stadt und jeden Strand in Norddeutschland, es ist wunderschön. Und es ist traurig, wenn ich höre, dass einige Griechen sagen, sie waren noch nie an der deutschen See. Ich zeigte einmal Fotos vom Timmendorfer Strand. Daraufhin fragte mich jemand: ›Warst du auf Mallorca?‹ ›Nein, das ist in Deutschland am Meer‹, erwiderte ich. Da staunte er. Das kennen viele nicht. Das ist traurig. Ich sage: ›Du brauchst nicht nach Mallorca gehen, gehe nach Rostock! Oder Husum!‹ Wir reisen überall hin, aber wir kennen nicht das eigene Land, in dem wir leben. Das verstehe ich nicht.«

Historie

Metropoliten

- 1964–1968: Metropolit Polyefktos (Finfinis)
- 1969–1971: Metropolit Iakovos (Tzanavaris)

- 1971–1980: Metropolit Irineos (Galanakis)
- 1980–heute: Metropolit Augoustinos (Lambardakis) von Deutschland und Exarch von Zentraleuropa

Wichtige Stationen[5]

- 30.03.1960: Deutsch-griechisches Abkommen über die Anwerbung und Vermittlung von griechischen Arbeitnehmern
- 05.02.1963: Gründungsurkunde (Patriarchischer und Synodaler Beschluss) der Griechisch-Orthodoxen Metropolie von Deutschland
- Seit August 1969 ist die Griechisch-Orthodoxe Metropolie von Deutschland auch Exarchat von Zentraleuropa benannt worden
- 20.12.1972: Verfassung der Griechisch-Orthodoxen Metropolie von Deutschland, Exarchat von Zentraleuropa
- 29.10.1974: Anerkennung der Metropolie als Körperschaft des öffentlichen Rechts durch das Land Nordrhein-Westfalen
- 1978: Fertigstellung des Metropolitanzentrums mit der Metropolitankirche Agia Trias, Bonn
- 01.06.1983: Satzung zur Organisation der Jugend auf Gemeindeebene
- 19.09.1983: Einführung des Faches »Orthodoxer Religionsunterricht« für die Region München in Bayern
- 28.06.1985: Einführung des griechisch-orthodoxen Religionsunterrichts in Nordrhein-Westfalen
- 06.12.1988: 25-jähriges Jubiläum der Griechisch-Orthodoxen Metropolie von Deutschland in Bonn

»Miteinander für Gerechtigkeit«
Die zukunftsweisenden Aktivitäten der evangelischen, der römisch-katholischen und der griechisch-orthodoxen Kirchen in Deutschland als Wegbereiter eines partnerschaftlichen Miteinanders von Deutschen und »Ausländern«

> »Rund vier Millionen Ausländer leben in Deutschland. Fast eine Million dieser Ausländer sind mehr als 10 Jahre hier. Für viele unter ihnen ist die Bundesrepublik zum Einwanderungsland geworden. Das Zusammenleben mit Menschen aus Griechenland, Italien, Jugoslawien, Spanien, der Türkei, Afrika, Asien und aus anderen Ländern gibt die Chance, sich religiös und kulturell gegenseitig zu bereichern. Dabei erfahren wir, dass soziale und politische Probleme nur gemeinsam, nicht mehr getrennt voneinander zu lösen sind.«

5 https://www.orthodoxie.net/. Zuletzt aufgerufen am 20.08.2022.

»Gemeinsames Wort zum ersten Tag des ausländischen Mitbürgers«, 24. September 1978 (links: in deutscher Sprache, rechts: in griechischer Sprache)

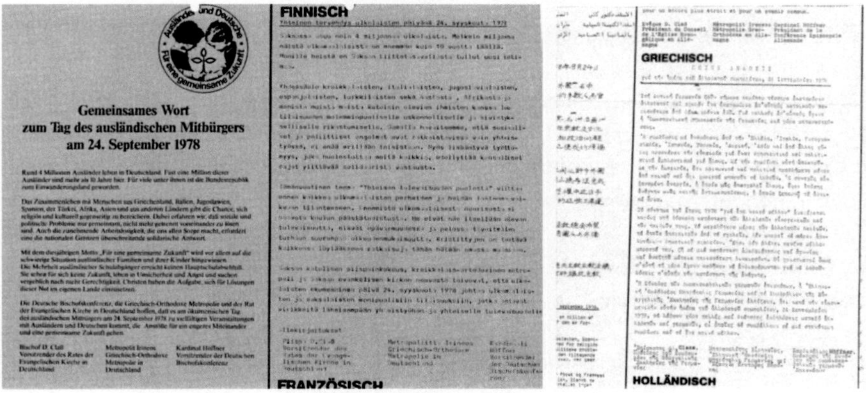

© Privatbesitz Theo Lampe

Diese Sätze aus dem Jahr 1978 stammen nicht aus einem parteipolitischen Grundsatzpapier. Es waren die Kirchen, die zum ersten »Gemeinsamen Wort« und zum **»Tag des ausländischen Mitbürgers«** (aus dem sich später die »interkulturelle Woche« entwickeln sollte) ihre Stimme erhoben – zugunsten eines aktiven und partnerschaftlichen Miteinanders zwischen Deutschen und »Ausländern«.

Diese Aussagen und die Einordnung »Deutschlands als Einwanderungsland«, unterschrieben von den Vorsitzenden der katholischen, evangelischen und griechisch-orthodoxen Kirche, deren Letztere von dem Metropoliten Irineos vertreten wurde, waren einigermaßen revolutionär. In der Politik galt noch jahrzehntelang – im Grunde bis zur Reform des Staatsangehörigkeitsrechts im Jahr 2000 – die Doktrin, dass Deutschland kein Einwanderungsland sei. Die Kirchen erkannten die Wichtigkeit der Migrationsthematik und den Prozess der Einwanderung schon Anfang der 1970er Jahre und riefen so 1975 den »Tag des ausländischen Mitbürgers« ins Leben.

Die EKD (Evangelische Kirche in Deutschland) konstituierte schon in den frühen 1970er Jahren erste kirchliche Gesprächsforen zum Thema »ausländische Mitbürger«, an denen auch orthodoxe Priester teilnahmen – lange bevor die Migrationsthematik in der Bundesrepublik Deutschland zum aktuellen Thema wurde und lange bevor Regierungsvertreter*innen sie auf ihre Agenda setzten und von einem Einwanderungsland sprachen.

> »Die deutschen Kirchengemeinden interessierten sich damals kaum für die angeworbenen ausländischen Arbeitnehmer*innen, die häufig isoliert in Baracken lebten und kein Deutsch sprachen. Kontakte fanden kaum statt. Auch wurde davon ausgegangen, dass sie nach wenigen Jahren wieder in ihr Herkunftsland zurückkehren würden. Vorurteile waren weit verbreitet. Ausländerfragen wurden damals als soziale Herausforderung angesehen und der Diakonie und Caritas zugeordnet. Die Kirchen fühlten

sich bestenfalls für pastorale Fragen der Ausländerseelsorge zuständig und wollten es dabei belassen.«[6]

»Miteinander für Gerechtigkeit«

Nach Gesprächen des Ausländerreferenten der EKD mit dem griechisch-orthodoxen Metropoliten von Deutschland, Irineos, im Jahr 1973 sicherte dieser eine Unterstützung für die bundesweite Veranstaltung zum »Tag des ausländischen Mitbürgers« zu. In Kooperation mit Weihbischof Augoustinos von der griechisch-orthodoxen Metropolie konstituierte sich dann am 12. Oktober 1975 der erste **»Tag des ausländischen Mitbürgers«**[7] unter dem Motto »Miteinander für Gerechtigkeit« mit Vertreter*innen der evangelischen, der römisch-katholischen und der orthodoxen Kirchen.

»Ausländer und Deutsche – Für eine gemeinsame Zukunft«: Tag des ausländischen Mitbürgers, 24. September 1978

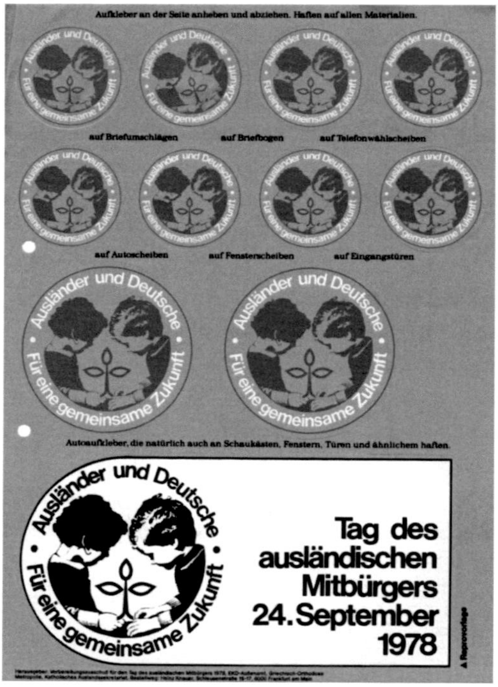

© Privatbesitz Doris Semmler

6 Der damalige Ausländerreferent der EKD Jürgen Miksch, der die erste »Konferenz der Ausländerpfarrer« (KAP) im November 1973 mit Unterstützung des Metropoliten Irineos initiierte.

7 Später ging daraus die »Interkulturelle Woche« hervor.

Ausländer sind (Mit-)Bürger

Vor dem Hintergrund der in den 1970er Jahren herrschenden Auffassung, nach der »**Ausländer [...] keine Bürger** [sind]«[8] und der »Tag des ausländischen Mitbürgers nicht passen«[9] würde, war die gemeinsame offizielle Erklärung der Vorsitzenden der katholischen, der evangelischen und griechisch-orthodoxen Kirche zur »angestrebten Partnerschaft von Deutschen und Ausländern[10]« bahnbrechend. Das richtungsweisende und immer noch aktuelle Plädoyer aus dem Jahr 1975 der Organisatoren der evangelischen und der griechisch-orthodoxen Kirche im Wortlaut:

1. »[...] Ziel des Tages ist es, zu einem bewussten Miteinander zu kommen. Ausländer und Deutsche tragen zusammen die Verantwortung für eine gemeinsame Zukunft.
2. Die angestrebte Partnerschaft zwischen Ausländern und Deutschen stellt an alle Beteiligten hohe Anforderungen. Soll die Gefahr eines Gegeneinanders vermieden werden, dann sind Formen der Zusammenarbeit zu entwickeln, die es den Ausländern ermöglichen, auf sozialem, wirtschaftlichem und kulturellem Gebiet ihr Schicksal mitzubestimmen. Nur dann kann auch bei ihnen ein Interesse an politischer Mitverantwortung entstehen [...].«[11]

Nach und nach kooperierten Gewerkschaften, Wohlfahrtsverbände, Initiativen, Kommunen und auch andere Religionsgemeinschaften, um gemeinsam den »Tag des ausländischen Mitbürgers« zu feiern.

Auf diese Weise entwickelte sich der »Tag des ausländischen Mitbürgers« zur »Interkulturellen Woche«, die bis heute als deutliches Zeichen einer Gesellschaft der Vielfalt gilt.

> »Unser Glaube zum Beispiel beeinflusst auch unsere Kinder. Unsere Religion, dass wir dann langsam ein bisschen ..., meine Tochter ist ganz streng mit vielen Sachen wie das Fasten vor Ostern, also weil sie das auch gerne macht und mein Sohn dann so ein bisschen ja ... Ich war zum Beispiel sehr froh, dass er diesen Samstag, als er Zeit hatte, in der Kirche war. Ja, ob das dann seine Arbeit ist, weil er dann am Wochenende auch mal zur Arbeit muss. Deswegen freut es mich immer, wenn er doch Zeit hat für den Gottesdienst. Das ist auch wichtig für unsere Kinder.« Artemis Z., 60 Jahre

---

8 Vgl. Miksch, Jürgen: »Wandel durch Kontakte«. In: Miksch, Jürgen: Vom »Tag des ausländischen Mitbürgers« zur Interkulturellen Woche, 2021, S. 73 und »Ausländer unter uns. Miteinander für Gerechtigkeit«. Wort des Rates der evangelischen Kirche in Deutschland zur Vorbereitung des Tages des ausländischen Mitbürgers am 12. Oktober 1975, S. 3f.

9 Vgl. »Wandel durch Kontakte« (2021). In: Miksch, Jürgen (ebd.), S. 73.

10 »Ausländer unter uns. Miteinander für Gerechtigkeit«. Wort des Rates der evangelischen Kirche in Deutschland zur Vorbereitung des Tages des ausländischen Mitbürgers am 12.Oktober 1975, S. 3.

11 »Ausländer unter uns. Miteinander für Gerechtigkeit« (1975), ebd., S. 3f.

»Verschiedene Kulturen – Gleiche Rechte für eine gemeinsame Zukunft«: Tag des ausländischen Mitbürgers (1980)

9. *Philotimo* – Schlüssel zur Integration? »Wir sind freundlich den anderen Menschen gegenüber und respektieren sie«

»Wir sind, ich weiß nicht, ob du das gehört hast, aber es gibt ein Wort, das gibt es nur in Griechenland. Ich glaube, dieses Wort ist der Schlüssel zur Integration, nach dem du fragst. Kennst du das Wort?

Philotimo heißt es. Das gibt es nur in unserer griechischen Sprache. Und ich denke, das ist wirklich unser Schlüssel – dieses eine Wort sagt alles. So, wie wir sind, so, wie unsere Kultur ist.

Philotimo ist unsere Kultur und unsere Mentalität. Wir sind einfach damit so geboren, denke ich. Also, was anderes weiß ich nicht zum Thema Integration: Wir sind freundlich den anderen Menschen gegenüber und respektieren sie.« Nicky T., 50 Jahre

»*Philotimo* ist in unserem Blut. Ist nur in Griechenland zu finden. Nachdem, was uns Griechen im III. Reich von den Deutschen angetan wurde, sollten wir überhaupt nicht nach Deutschland kommen. Das ist die bittere Wahrheit. Aber wir sind ausgewandert und haben auch vergeben.« Asimina P., ehemalige Olympianerin

Philotimo gehört zum Pantheon lexikalischer griechischer Elemente und zu einer Mythologie, die sich einer einfachen Erklärung entzieht und ihresgleichen sucht.

Philotimo[1] *– ein einzigartiges, beispielloses, komplexes griechisches Wort, das so universelle Bedeutungen hat wie Respekt vor der Würde anderer, Menschenliebe, Liebe zum Ehrgefühl und Großzügigkeit.*

Bereits in der Bibel finden sich Anklänge an *philotimo.* Das Wort stammt vom altgriechischen *philotimia (φιλοτιμία)* ab und lässt sich bis ins 6. beziehungsweise 7. Jahrhundert v. Chr. zurückdatieren.

Bis in die heutige Zeit hat das Wort überlebt: *Philotimo* gilt nach wie vor als höchste aller griechischen Tugenden, als Maßstab für das familiäre und soziale Leben: nämlich der

1 https://www.goethe.de/de/kul/mol/nur.html. Zuletzt aufgerufen am 26. April 2022.

Tänzchen von griechischen Gastarbeiterinnen im Olympia-Wohnheim Middelsfähr, 1960er

© Asimina Paradissa

Gemeinschaft zu dienen. Der Gedanke, der dem Konzept zugrunde liegt, ist der gegenseitige Respekt. *Philotimo* umfasst auch die Wertschätzung und Bewunderung für das Erbe und die Vorfahren.

In seiner einfachsten Form bedeutet der Begriff »Gutes tun und helfen«[2], Handlungen, die für ein vorbildliches Verhalten sorgen und die eigene Persönlichkeit und Erziehung zum Ausdruck bringen.

Philotimo ist für einen Menschen griechischer Herkunft im Wesentlichen eine Lebenseinstellung:

> »Two to three positive thoughts, one litre zest for life, 500 grams of hospitality, 10 drops of sympathy, an ounce of pride, dignity and your inner guide.«[3] (Dt: »Zwei bis drei positive Gedanken, ein Liter Lebensfreude, 500 Gramm Gastfreundschaft, 10 Tropfen Sympathie, ein Quäntchen Stolz, Würde und dein innerer Guide.«)

Die Vorstellung von einem national-kulturell geschlossenen Raum und die Gleichung einer nationalen Identität im Sinne von »*Nation als ein Volk mit einer Kultur, einer Sprache und*

2 Gleichzeitig bezeichnet *philotimo* auch Hilfestellungen für Menschen, wie beispielsweise die Unterstützung, die Einwohner*innen den alliierten Soldaten im Zweiten Weltkrieg, nach der Invasion der Insel durch die Achsenmächte und während der Schlacht auf Kreta, gewährten. Ebenfalls von *philotimo* getrieben fühlten sich Einheimische, als sie Australier und Briten versteckten, ungeachtet der für das Unterbringen von Soldaten angedrohten Todesstrafe. https://de.abcdef.wiki/wiki/Philotimo. Zuletzt aufgerufen am 24. April 2022.

3 Dimitropoulos, Stav: Philotimo – The Greek word that can't be translated, 7. Juni 2017. https://www.bbc.com/travel/article/20170605-the-greek-word-that-cant-be-translated. Letzter Zugriff am 05.09.2022.

einem fest umrissenen Territorium«[4] gingen auch am Beispiel der griechischen Arbeitsmigrant*innen im Norden Deutschlands nicht auf. Ein solch eindimensionales Konzept wurde durch die Geschichte der griechischen Arbeitsmigration widerlegt.

Die ehemaligen Gastarbeiter*innen blieben – mittlerweile hatten sie Familien gegründet und sich einen festen Platz in der Gesellschaft Deutschlands erarbeitet. Sie waren *angekommen*.

*Die Auswertung der Interviews zeigte, dass die griechischen Arbeitsmigrant*innen autark und nach eigenen Regeln, wie Arbeitsaufnahme oder Familienzusammenführung, migrierten – dem folgten individuelle Orts- und Arbeitsplatzwechsel in Deutschland. Das wurde auch in den Gesprächen deutlich: Die zugewanderten griechischen Menschen agierten flexibel, waren mobil und wechselten ein- bis zweimal den Wohnort und somit auch den Job, wobei die Erwerbstätigkeit und die finanzielle Sicherheit immer im Vordergrund standen.*

*Griechische Olympianer*innen im Wohnheim Middelsfähr, 1960er*

© Privatbesitz Asimina Paradissa

In der norddeutschen Ankunftsregion entstanden so eigene ethnisch-kulturelle Sozialräume, die sich über die Jahre generationenübergreifend veränderten und offener wurden, sobald die Migrant*innen die deutsche Sprache erlernten, Familien gründeten und sesshaft wurden.

Migrant*innen bewegen sich über Ländergrenzen hinweg und arbeiten aktiv daran, sich gesellschaftlichen und ökonomischen Zugang zu verschaffen, sie verändern somit die bestehenden Verhältnisse in Politik, Wirtschaft und Gesellschaft im Aufnahmeland.

Bei den sogenannten Gastarbeiter*innen und ihren Familien werden Erfolgsgeschichten insbesondere anhand der Erwerbsbiographie aufgezeigt, um die Integrati-

4 The Greek Secret. https://www.youtube.com/watch?v=aXPJNDVfBgU. Zuletzt aufgerufen am 05.01.2022.

ons-Resultate vor dem Hintergrund erfüllter Erfolgsbilanzen zu begründen. Jahrelang waren diese emigrierten Menschen auf sich alleine gestellt. Heute blicken einige zwar mit Verwunderung auf die oft geringen Deutschkenntnisse ihrer Eltern und Großeltern, dennoch wissen sie nur wenig über die Formen der alltäglichen Fremdenfeindlichkeit sowie der ökonomischen und der sozialen Ausgrenzung.

Griechischer Olympianer im Werk Roffhausen

© Privatbesitz

Wer fragte die Emigrant*innen nach ihren Erlebnissen und Erfahrungen in den Jahren des Ankommens? Wer bemerkte ihre Kraft und die Entwicklung von Potenzialen im Laufe des Migrationsprozesses? Wer erkannte das Ausmaß eigener Formen von Resilienz[5]? Wer schenkte ihnen Respekt und Wertschätzung?

Arbeitsmigrant*innen prägten und gestalteten ihre kollektiven Sozialräume in der Diaspora auf der Basis sozial verantwortlichen Handelns und eines engen Miteinanders als Reaktion auf das Fremdsein und die gesellschaftlich-sozialen Herausforderungen in den 1960er und 1970er Jahren – und sie tun dies bis heute. Mit der Zeit entwickelten sich staatlich unabhängige, autarke Netzwerke: sozial, unterstützend, helfend.

»Wir waren am Anfang alleine. Später auch.«

Die Aufarbeitung der Geschichte der Einwanderung und der Migrations- und Integrationsprozesse am Beispiel der Gastarbeit ist auch im Norden Deutschlands komplexer, als viele vermuten. So weist auch der Migrationsforscher Aladin El-Mafaalani ausdrücklich darauf hin, dass die »Gastarbeiter-Zuwanderung« Deutschland stärker verändert habe als alles andere nach dem Zweiten Weltkrieg – sogar mehr noch als die Wiedervereinigung. Nach El-Mafaalani sollte der ersten Generation zur »Würdigung ihrer

5 Intakte soziale Beziehungen, Gesundheitsvorsorge und Gesundheitsförderung sind für die Resilienz migrierter Menschen von großer Bedeutung. Dorsch, Lexikon der Psychologie. https://dorsch.hogrefe.com/stichwort/resilienz. Zuletzt aufgerufen am 03.01.2022.

Lebensleistungen für Deutschland völlig bedingungslos die deutsche Staatsbürgerschaft geschenkt werden«[6].

Die Auswertung der Interviews der griechischen Zuwanderer*innen hat ergeben, dass es ihnen gelungen ist, sich, nach anfänglichen »Verunsicherungen«, in der Aufnahmegesellschaft mit ihren Abläufen rasch neu zu orientierten und in Niedersachsen zu »verorten«.

Aus den wiedergegebenen Biographien wurde deutlich, dass sich in den Jahren der Einwanderung differenzierte und individuelle Lebens- und Lernprozesse entwickelten, die bislang wenig öffentlich gemacht wurden. In den griechischen Netzwerken blieb man größtenteils unter sich und pflegte Bräuche, tradierte Kulturpraktiken sowie die gemeinsame (Mutter-)Sprache. Interessant ist hier, dass es Vermischungen der Kulturpraktiken gab, besonders dann, wenn interethnische Beziehungen bestanden oder eine große Offenheit Deutschen gegenüber vorlag. Im Zuge des Migrationsprozesses entstanden neue kulturelle Formen und Lebenspraktiken, die sich auf Alltag und Lebensstil des Aufnahmelandes bezogen.

> »Ich war im ganzen Raum Friesland und über die Grenzen hinaus bekannt für den besten Labskaus.« Anastasia D., 68 Jahre

> »Natürlich bin ich nun nach über 50 Jahren schon ein wenig deutsch geworden. Ich lebe ja länger in Deutschland als in Griechenland, als ich im Alter von 17 Jahren auswanderte.« Gianoula T., 70 Jahre

Viele bildeten interkulturelle Fähigkeiten aus, die es ihnen erlaubten, sich zwischen beiden Welten, der griechischen und der deutschen, zu bewegen. Auch die Mehrsprachigkeit der Folgegeneration förderte eine hohe kognitive Kompetenz.

> »Ich bin hier – aber mein Herz ist in Griechenland. Geistig bin ich hier. Aber ich liebe auch Friesland. Komischerweise, wenn ich in Griechenland bin, nach ein paar Tagen, wenn ich mich ausgeruht habe, gibt es was, was mich hierherzieht. Vielleicht ist es normal. Die Kinder leben ja in Wilhelmshaven. Ich komme generell besser klar hier. Man muss irgendwie beides lieben. Man ist da und hier.« Katerina D., 64 Jahre

Die Entwicklung interkultureller Fähigkeiten ist als ein wichtiges, wegweisendes Zeichen der gesellschaftlichen und sozialen Teilhabe aller Menschen (die oft erkämpft werden musste) zu sehen, die mittlerweile in mehreren Generationen in Deutschland leben und arbeiten.

Die Ergebnisse der Forschungsarbeit zum Thema der griechischen Zuwanderung im 20. Jahrhundert in Friesland machen deutlich, dass Formen von Ausgrenzung und erlebte Formen von Diskriminierung auch heute noch existieren.

Besonders vor dem Hintergrund der deutschen Geschichte müsste es den zugewanderten Menschen ermöglicht werden, sich öffentlich und zivilgesellschaftlich zu beteiligen. Es sollten Offerten zur sozialen und politischen Teilhabe in Deutschland geschaffen werden ebenso wie Perspektiven im demokratischen Miteinander. *Die Unsichtbarkeit der*

6 El-Mafaalani, Aladin (2019): Alle an einem Tisch. Identitätspolitik und die paradoxen Verhältnisse zwischen Teilhabe und Diskriminierung. In: Aus Politik und Zeitgeschichte APuZ 9–11/2019.

Migration dieser Menschen wird in dem Maße verschwinden, in dem sie sich Gehör und somit eine Öffentlichkeit und Präsenz zu verschaffen imstande sind.

Plakat »Woche der ausländischen Mitbürger« (28. September bis 4. Oktober 1986)

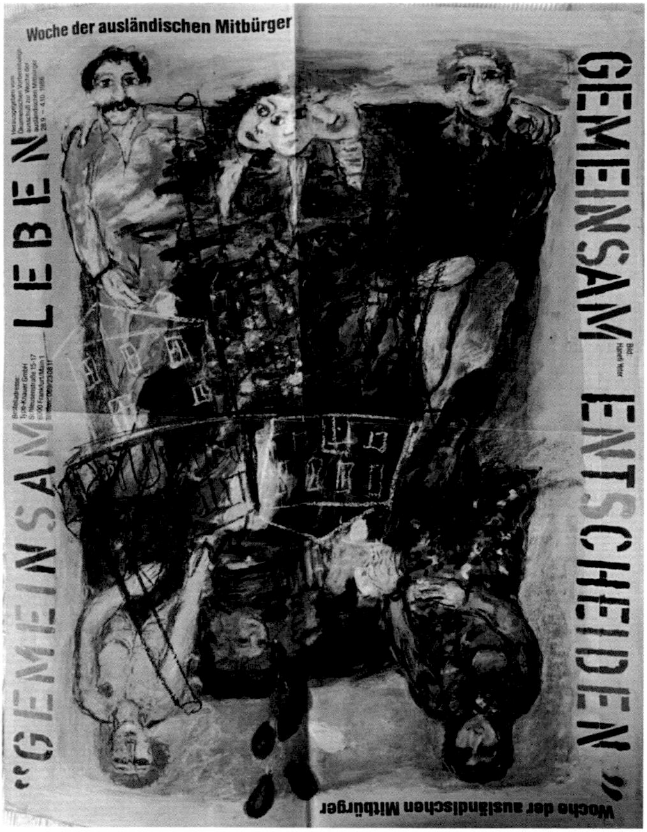

© Privatbesitz Doris Semmler

»Wir möchten, dass sich unsere Gastbürger hier wohl fühlen« – Gastarbeiter*innen werden vorübergehend zu (Gast-)Bürger*innen

Die Wilhelmshavener Tageszeitung berichtete in ihrer Ausgabe vom 5. Juni 1963 über einen festlichen Willkommensempfang im Ratskeller, der für 24 geladene spanische, italienische und griechische »Gastarbeiter« der Stadt veranstaltet wurde. Stellvertretend für alle anderen Ankömmlinge wurden sie von Oberbürgermeister Janßen gemeinsam mit Oberstadtdirektor Dr. Schumann und anderen senatorischen Behördenvertretern als »**Gastbürger**« begrüßt:

»Sie sind durch ihre Arbeit zumindest vorübergehend Bürger und Bürgerin unserer Stadt geworden. Wir als Wilhelmshavener möchten, dass Sie sich als ›Gastbürger‹ hier wohl fühlen.«[7]

Interessant ist hier, dass das Wort »Gastarbeiter« schon Anfang der 1960er Jahre vermieden wurde und mit »Gastbürger« eine neue Wortschöpfung aus »Gast« und »Bürger« an dessen Stelle trat.

Perspektivwechsel

Anstatt unser soziales Miteinander mit Begriffen wie »Gastarbeiter« oder »Gastbürger« festzuschreiben, die nur eine beschränkte Aufenthaltsdauer suggerieren, könnten wir vielmehr versuchen, einen globalen Blick auf die Welt zu richten: nämlich als Leben in einer »großen Menschheitsfamilie«[8], in der es nur eine »Ethnie« gibt, die MENSCH heißt und nur ein Land mit Namen ERDE.

Wir sollten es als Chance und als Herausforderung begreifen, an der alle mitarbeiten, den gesellschaftlichen Prozess als einen Teil der Menschheitsgeschichte aktiv zu gestalten – tolerant und im Bewusstsein von Diversität und Offenheit.

Wir müssen davon wegkommen, Migration allein im Kontext von Nutzen und Integrationsleistungen vor dem Hintergrund der Erwerbsarbeit zu sehen. Alle gesellschaftlichen Selbstverständlichkeiten und Errungenschaften im Zusammenleben, die wir heute sehen, haben ihren Ursprung in der ersten Generation. Dies gilt es, sichtbar werden zu lassen und zu würdigen, um mit diesen Erkenntnissen wieder den Blick auf das Heute zu richten.

»Irgendwann gehörten wir dazu«

Werden die integrativen Bemühungen der Aufnahmegesellschaft und die Integrations-Offerten sichtbar und aktiv umgesetzt, geht das Gefühl der persönlichen Ausgrenzung, der Differenz zurück.

»Irgendwann gehörten wir dazu«, so Michael S. »In den Jahren in Roffhausen erlebten meine Familie und ich einen respektvollen Umgang und ein Aufeinander-Zugehen von beiden Seiten, deutsch und griechisch.«

Es eint uns, dass wir gemeinsam als Bürger*innen in Deutschland leben, gemeinsam mit zahlreichen Menschen mit diversen Lebensentwürfen – mittlerweile, um mit Frank-Walter Steinmeier zu sprechen, *»in einem Land mit Migrationshintergrund«*[9].

Das Thema MIGRATION erfordert und fordert einen offenen Diskurs, einen Perspektivwechsel auf allen Seiten, der selbstverständlich werden sollte. Wird dieser auch im Sinne von *philotimo* und *xenos* (siehe unten) verstanden und auch gelebt, kann Migration als gesellschaftliche Realität begriffen werden.

---

7 Wilhelmshavener Zeitung, Ausgabe vom 5. Juni 1963. Der Empfang fand einen Tag zuvor statt.

8 Vgl. Daniele Ganser zum Begriff der »Menschheitsfamilie«: »Wir müssen uns am Begriff ›Menschheitsfamilie‹ orientieren, weil er das Gegengift ist gegen trennende Konzepte wie Nationalismus, Rassismus, Sexismus und Imperialismus.« https://www.danieleganser.ch/zitate/Zuletzt aufgerufen am 10.03.2022.

9 Auszug aus der Rede des Bundespräsidenten Frank-Walter Steinmeier am 10. September 2021 im Schloss Bellevue anlässlich des 60. Jahrestages des deutsch-türkischen Anwerbeabkommens.

Griechische »Olympianer-Kinder«, Wilhelmshaven, 1970er Jahre

Mit all den Herausforderungen, Widersprüchlichkeiten und Chancen, die Migration beinhaltet, wird es dann vielleicht möglich sein, ein vielfältiges, respektvolles Miteinander im regelmäßigen Austausch neu auszuhandeln und täglich zu leben.

Zum Schluss

Von den a n d e r e n lernen

Das heutige griechische Wort *xenos (ξένος)* für »Fremder«, »Ausländer« geht auf den gleichlautenden altgriechischen Begriff zurück, der eine aufschlussreiche semantische Trias enthält: Auf der einen Seite stand *xenos* in der griechischen Antike für die Person, an die einen das Band der Gastfreundschaft *(xenia)* knüpfte. Ein solches Band wurde durch ein Objekt symbolisiert, das aus zwei Hälften bestand, die jeweils als Erkennungszeichen dienten. Bei Homer wird das Wort deshalb häufig für den Gast gebraucht, manchmal aber auch für den Gastgeber. In einer dritten Bedeutung ist *xenos* in dem heute bekannteren Verständnis der Fremde. Aber selbst der Fremde, gegenüber dem noch keine bereits bestehenden Verträge zur Gastfreundschaft verpflichteten – auch er sollte, wenigstens aus Furcht vor den Göttern, eine gastliche Aufnahme finden.[10]

Auch wenn unklar bleibt, ob alle drei Bedeutungsvarianten, Gast, Gastgeber, Fremder, zeitgleich existiert haben oder ob es sich um eine »semantische Evolution« handelte – die Verbindung der drei Bedeutungen von *xenos* führt den verweisenden Aspekt des Wortes fremd eindrücklich vor Augen: Sobald wir jemanden oder etwas als »fremd« bezeichnen, beziehen wir uns immer auf unseren jeweiligen Standpunkt im Hier und Jetzt.[11]

Umgekehrt, von einem anderen Standpunkt aus betrachtet, erscheinen auch wir als Fremde. Man kann es auch einfach mit dem bekannten Slogan aus den 1980er Jahren sagen:

Wir sind alle Ausländer. Fast überall.

»Willkommen«

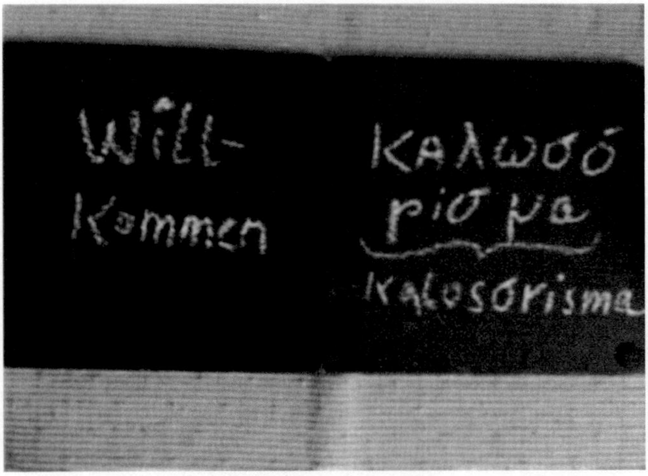

© Maike Wöhler

10 Jostes, Brigitte: Was heißt hier *fremd?* Eine kleine semantische Studie. In: Was heißt hier ›fremd‹? Studien zu Sprache und Fremdheit, hg. von Dirk Naguschewski und Jürgen Trabant, Berlin 1997, S. 11–76, hier S. 15f.

11 Ebd., S. 12.

Anhang

Griechische Originalrezepte von Maria Karafillis und Maria Anastasia Delia

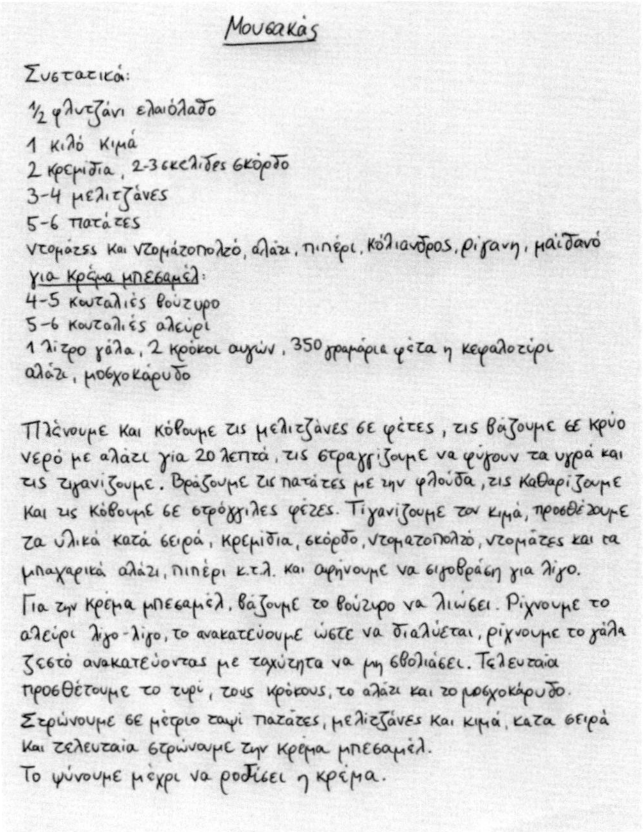
Μουσακάς

Συστατικά:

1/2 φλυτζάνι ελαιόλαδο
1 κιλό κιμά
2 κρεμμύδια, 2-3 σκελίδες σκόρδο
3-4 μελιτζάνες
5-6 πατάτες
ντομάτες και ντοματοπολτό, αλάτι, πιπέρι, κόλιανδρος, ρίγανη, μαϊντανό
για κρέμα μπεσαμέλ:
4-5 κουταλιές βούτυρο
5-6 κουταλιές αλεύρι
1 λίτρο γάλα, 2 κρόκοι αυγών, 350 γραμμάρια φέτα η κεφαλοτύρι
αλάτι, μοσχοκάρυδο

Πλένουμε και κόβουμε τις μελιτζάνες σε φέτες, τις βάζουμε σε κρύο νερό με αλάτι για 20 λεπτά, τις στραγγίζουμε να φύγουν τα υγρά και τις τηγανίζουμε. Βράζουμε τις πατάτες με την φλούδα, τις καθαρίζουμε και τις κόβουμε σε στρόγγυλες φέτες. Τηγανίζουμε τον κιμά, προσθέτουμε τα υλικά κατά σειρά, κρεμμύδια, σκόρδο, ντοματοπολτό, ντομάτες και τα μπαχαρικά αλάτι, πιπέρι κ.τ.λ. και αφήνουμε να σιγοβράση για λίγο.
Για την κρέμα μπεσαμέλ, βάζουμε το βούτυρο να λιώσει. Ρίχνουμε το αλεύρι λίγο-λίγο, το ανακατεύουμε ώστε να διαλύεται, ρίχνουμε το γάλα ζεστό ανακατεύοντας με ταχύτητα να μη σβολιάσει. Τελευταία προσθέτουμε το τυρί, τους κρόκους, το αλάτι και το μοσχοκάρυδο.
Στρώνουμε σε μέτριο ταψί πατάτες, μελιτζάνες και κιμά, κατά σειρά και τελευταία στρώνουμε την κρέμα μπεσαμέλ.
Το ψήνουμε μέχρι να ροδίσει η κρέμα.

Rezept Moussaka in griechischer Sprache – handgeschrieben von Maria Karafillis

Moussaka (Rezept von Maria Karafillis)

für ca. 8 Portionen

Zutaten (Füllung):

½ Tasse Olivenöl
ca. 1 Kilo Hackfleisch
2 Zwiebeln, 2–3 Knoblauchzehen
3–4 Auberginen
5–6 Kartoffeln
Tomaten und Tomatenmark, Salz, Pfeffer, Koriander, Oregano, Petersilie

Für die Creme Béchamel:

4–5 EL Butter
5–6 EL Mehl
1 Liter Milch, 2 Eigelb, 350 g Feta oder Kefalotyri, Salz, Muskatnuss

Zubereitung:

Die Auberginen waschen und in Scheiben schneiden, für 20 Minuten in kaltes Salzwasser legen, entwässern und braten. Die Kartoffeln als Pellkartoffeln kochen, schälen und in runde Scheiben schneiden. Das Hackfleisch braten, die weiteren Zutaten in dieser Reihenfolge hinzufügen: Zwiebeln, Knoblauch, Tomatenmark, Tomaten, Gewürze, Salz, Pfeffer – alles vor sich hinschmoren lassen.

Für die Creme Béchamel: Butter in der Pfanne schmelzen, nach und nach Mehl hinzufügen und verrühren. Warme Milch hinzufügen und schnell rühren. Zuletzt Fetakäse, Eigelb, Salz und Muskatnuss hinzufügen und vermischen.

In einer mittleren Form eine Schicht Kartoffeln, Auberginen, Kartoffeln, Hackfleisch und zuletzt die Creme Béchamel auftragen. Im heißen Ofen bei 200 Grad (Umluft 180 Grad) auf der mittleren Schiene circa 30 Minuten backen.

Fertig und guten Appetit – Kalí órexi!

Griechisches Gebäck »Kourabiedes« von Maria Delias

Originalrezept griechisches Gebäck »Kourabiedes« – handgeschrieben von Maria Delias

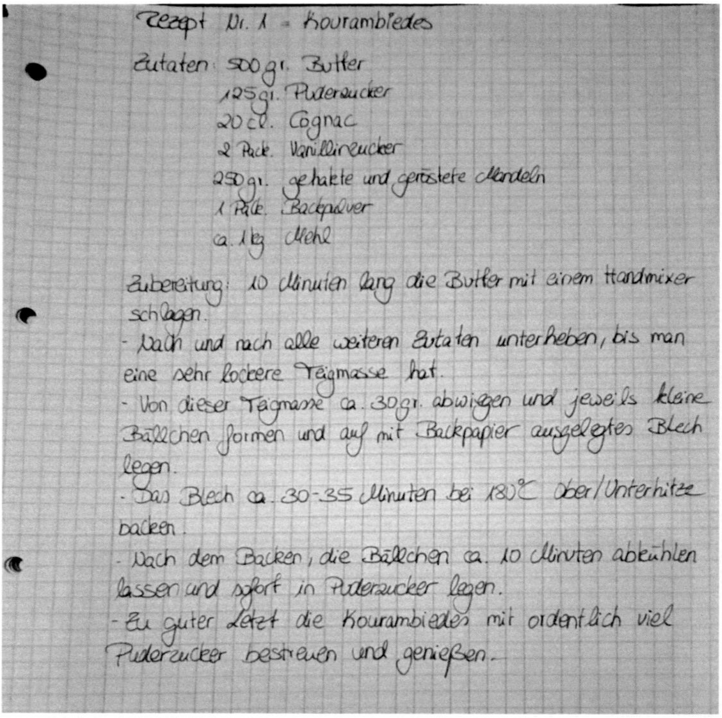

Rezept Nr. 1 - Kourambiedes

Zutaten: 500 gr. Butter
125 gr. Puderzucker
20 cl. Cognac
2 Pack. Vanillinzucker
250 gr. gehakte und geröstete Mandeln
1 Pck. Backpulver
ca. 1 kg Mehl

Zubereitung: 10 Minuten lang die Butter mit einem Handmixer schlagen.
- Nach und nach alle weiteren Zutaten unterheben, bis man eine sehr lockere Teigmasse hat.
- Von dieser Teigmasse ca. 30 gr. abwiegen und jeweils kleine Bällchen formen und auf mit Backpapier ausgelegtes Blech legen.
- Das Blech ca. 30-35 Minuten bei 180°C Ober/Unterhitze backen.
- Nach dem Backen, die Bällchen ca. 10 Minuten abkühlen lassen und sofort in Puderzucker legen.
- Zu guter Letzt die Kourambiedes mit ordentlich viel Puderzucker bestreuen und genießen.

Literatur- und Quellenverzeichnis

Abeldt, Gerd/Schmitz, Colla: 65 Jahre Industriestandort Roffhausen 1946–2011, Wilhelmshaven 2011.

Altmayer, Claus: Kulturelle Deutungsmuster als Lerngegenstand. Zur kulturwissenschaftlichen Transformation der Landeskunde. In: Fremdsprachen Lehren und Lernen (FLuL) 35, 2006.

Antweiler, Christoph: Heimat Mensch. Was uns alle verbindet, Hamburg 2009.

Arens, Susanne/Mecheril, Paul: Interkulturell in der Migrationsgesellschaft. In: forum schule heute, Jg. 23, Heft 2, 2009.

Bade, Klaus J. (Hg.): Deutsche im Ausland – Fremde im Ausland. Migration in Geschichte und Gegenwart, München 1992.

Bade, Klaus-J./Oltmer, Jochen (Hg.): Zuwanderung und Integration in Niedersachsen seit dem Zweiten Weltkrieg. Begleitband zur Ausstellung »Hier geblieben«, Osnabrück 2002.

Bingemer, Karl/Meister-Seeger, Edeltrud/Neubert, Edgar: Leben als Gastarbeiter. Geglückte und missglückte Integration, Opladen 1972.

Bohannan, Paul/van der Elst, Dirk: Fast nichts Menschliches ist mir fremd. Wie wir von anderen Kulturen lernen können, Wuppertal 2002.

Die Griechische Botschaft (Hg.): Die griechische Botschaft. Das Magazin für Griechen und Freunde Griechenlands. Vom Gastarbeiter zum Mitbürger, Teil 1: Die Ankunft, 2012.

Buhr, Regina: Unternehmen als Kulturräume. Eigensinnige betriebliche Integrationsprozesse im transnationalen Kontext, Berlin 1998.

Bundesamt für Migration und Flüchtlinge (Hg.): Migrationsbericht 2013, Nürnberg 2015.

Bundesanstalt für Arbeitsvermittlung und Arbeitslosenversicherung (Hg.): Anwerbung, Vermittlung, Beschäftigung ausländischer Arbeitnehmer. Erfahrungsberichte aus den Jahren 1961,1963 und 1972, Nürnberg.

Bundesministerium des Innern, für Bau und Heimat (Hg.): Masterplan Migration. Maßnahmen zur Ordnung, Steuerung und Begrenzung der Zuwanderung, Berlin 2018.

Chatzis, Dimitris: Das doppelte Buch, Köln 1983.

Delidimitriou-Tsakmaki, Eleni: Die ewige Suche nach Heimat, Athen 1994.

Der SPIEGEL (Hg.): Gastarbeiter – Per Moneta, 1964, Nr. 41, S. 44–58.

Deutsches Auswandererhaus Bremerhaven (Hg.): Angst in Neugierde verwandeln. Evaluation, Oral History und Vermittlung von Interkultur, Bremerhaven 2017.

Dingwerth, Leonhard: Die Geschichte der Deutschen Schreibmaschinen-Fabriken, Band 1: Große und mittlere Hersteller, Delbrück 2008.

Friedhelm Müller-Düring: Olympia – Aufstieg und Untergang eines Unternehmens. In: kulturland oldenburg, herausgegeben von der Oldenburgischen Landschaft, Oldenburg (Oldb), Ausgabe 174 (Heft 4/2017), S. 6–9.

Esser, Hartmut/Gaugler, Eduard/Neumann, Karl-Heinz: Arbeitsmigration und Integration. Sozialwissenschaftliche Grundlagen. In: Materialien zur Arbeitsmigration und Ausländerbeschäftigung, Bd. 4, hg. von Heiko Körner, Hermann Korte und Wolfgang Weber, Königstein 1979.

Frisch, Max: Vorwort. In: Siamo italiani – Die Italiener. Gespräche mit italienischen Arbeitern in der Schweiz, hg. von Alexander J. Seiler, Zürich 1965.

Foroutan, Naika: Neue Deutsche, Postmigranten und Bindungs-Identitäten. Wer gehört zum neuen Deutschland? Aus Politik und Zeitgeschichte, Jg. 60, Bundeszentrale für politische Bildung, 2010.

Gemeinde Schortens (Hg.): Dokumentation über Ursprung und Entwicklung der Olympia-Siedlung Roffhausen«, Schortens 1967.

Handlögten, Günter/Venske, Henning: Dreckiger Sumpf, Düsseldorf 1983.

Hassiotis, I. K.: Überblick über die Geschichte der neugriechischen Diaspora, Thessaloniki 1993.

Herbert, Ulrich: Geschichte der Ausländerpolitik in Deutschland. Saisonarbeiter, Zwangsarbeiter, Gastarbeiter, Flüchtlinge. Schriftenreihe Bundeszentrale für politische Bildung, Bd. 410, Bonn 2003.

Historischer Arbeitskreis des DGB Wilhelmshaven (Hg.): »... und schaffen treu mit fleiß'ger Hand.« Zur Geschichte der Olympia-Werke in Roffhausen/Wilhelmshaven, Bd. 7, Wilhelmshaven 1992.

Hobsbawm, Eric/Ranger, Terence: The Invention of Tradition, New York 1983.

IG Metall Wilhelmshaven (Hg.): Arbeitskampf der Olympianer, Jubiläumsschrift o.J., Wilhelmshaven.

Jahrbuch der Stadt Wilhelmshaven 1969–1971.

Joisten, Karen: Philosophie der Heimat – Heimat der Philosophie, Berlin 2003.

Jostes, Brigitte: Was heißt hier fremd? Eine kleine semantische Studie. In: Was heißt hier fremd? Studien zu Sprache und Fremdheit, hg. von Dirk Naguschewski und Jürgen Trabant, Berlin 1997, S. 11–77.

Jullien, François: Es gibt keine kulturelle Identität, Berlin 2017.

Kreienbrink, Axel/Diaz, Carlos Sanz (Hg.): Das »Gastarbeiter«-System. Arbeitsmigration und ihre Folgen in der Bundesrepublik Deutschland und Westeuropa, München 2012.

Korte, Hermann/Schmidt, Alfred: Migration und ihre sozialen Folgen. Förderung der Gastarbeiterforschung durch die Stiftung Volkswagenwerk 1974–1981. Schriftenreihe der Stiftung Volkswagenwerk, Bd. 23, Göttingen 1983.

Landkreis Friesland (Hg.): Integrationskonzept des Landkreises Friesland, Jever 2019.

Lauth Bacas, Jutta: Fremder Frauen Wege. Eine ethnologische Fallstudie mit griechischen Migrantinnen, Zürich/Lesbos 1994.

Lienau, Cay: 50 Jahre Anwerbeabkommen. In: Hellenika. Jahrbuch für griechische Kultur und deutsch-griechische Beziehungen, Nr. 5, Münster 2010.

El-Mafaalani, Aladin: Alle an einem Tisch. Identitätspolitik und die paradoxen Verhältnisse zwischen Teilhabe und Diskriminierung, Essay, Aus Politik und Zeitgeschichte, Bundeszentrale für politische Bildung, 2019.

Magistrat der Landeshauptstadt Wiesbaden. Amt für Zuwanderung und Integration (Hg.): Integrationskonzept für geflüchtete Menschen in Wiesbaden 2017–2020, Wiesbaden 2017.

Manos, Helene: Zu Hamburg in der »Fremde«? Eine Kritik der griechischen Emigrationsideologie, Hamburg 2001.

Marda, Elena: Migration now and then – Greeks in Germany. In: Dossier Krise und Migration. Die neue griechische Migration nach Deutschland, hg. von der Heinrich-Böll-Stiftung, Berlin 2012.

Matthäi, Ingrid: Die »vergessenen« Frauen aus der Zuwanderergeneration, Wiesbaden 2005.

Mattes, Monika: Gastarbeiterinnen in der Bundesrepublik. Anwerbepolitik, Migration und Geschlecht in den 50er bis 70er Jahren, Frankfurt a.M., New York 2005.

Mecheril, Paul (Hg.): Handbuch Migrationspädagogik, Weinheim, Basel 2016.

Mehrländer, Ursula: Soziale Aspekte der Ausländerbeschäftigung. Schriftenreihe des Forschungsinstituts der Friedrich-Ebert-Stiftung, Bd. 103, Bonn-Bad Godesberg 1974.

Miksch, Jürgen: Wandel durch Kontakte. In: Miksch, Jürgen: Vom »Tag des ausländischen Mitbürgers«. Sammelband zur Interkulturellen Woche, 2021, S. 73.

Motte, Jan/Ohliger, Rainer/von Oswald, Anne: 50 Jahre Bundesrepublik – 50 Jahre Einwanderung. Nachkriegsgeschichte als Migrationsgeschichte, Frankfurt a.M. 1997.

Müller-Düring, Friedhelm: Olympia – Aufstieg und Untergang eines Unternehmens. In: kulturland oldenburg, herausgegeben von der Oldenburgischen Landschaft, Oldenburg (Oldb), Ausgabe 174 (Heft 4/2017), S. 6–9.

Nordwestdeutsches Museum für IndustrieKultur und VHS Delmenhorst (Hg.): Wir hatten das Zeug zum Auswandern. Griechinnen und Griechen auf der Nordwolle und in Delmenhorst, Delmenhorst 2003.

Olympia Werke Aktiengesellschaft: Geschäftsbericht 1984.

Paradissa, Asimina: Jenseits der Grenzen. Gedichte und Geschichten. Unveröffentlichtes Manuskript, o.J.

Panayotidis, Gregorios: Griechen in Bremen. Bildung, Arbeit und soziale Integration einer ausländischen Bevölkerungsgruppe. Münster 2001.

Paraschou, Athina: Remigration in die Heimat oder Emigration in die Fremde? Beitrag zur europäischen Migrationsforschung am Beispiel remigrierter griechischer Jugendlicher, Bd. 3, Frankfurt a.M., Wien 2001.

Bartmann, Sylke/Pfaff, Nicolle: Bildungsvertrauen als Weg sozialer Mobilität –Ansätze zu einem Kulturvergleich. In: Kulturvergleich in der qualitativen Forschung. Erziehungswissenschaftliche Perspektiven und Analysen, hg. von Merle Hummrich und Sandra Rademacher, Wiesbaden 2013, S. 241–255.

Pries, Ludger: Internationale Migration, Bielefeld 2001.

Pries, Ludger: Die Transnationalisierung der sozialen Welt – Sozialräume jenseits von Nationalgesellschaften, Frankfurt a.M. 2008.
Schmidt, Siegfried J.: Kultur als Programm – jenseits der Dichotomie von Realismus und Konstruktivismus. In: Handbuch der Kulturwissenschaften, Bd. 2, hg. von Friedrich Jaeger und Burkhard Liebsch, Stuttgart 2004.
Schmid, Hans-Jürgen: Olympia ... und die Olympianer. Arbeit für die Region – Typen für die Welt. Die große WZ-Serie, Wilhelmshaven 2008.
Stadt Wilhelmshaven (Hg.): Handlungskonzept Integration 2020 – 2025, Wilhelmshaven 2020.
Stadt Wilhelmshaven (Hg.): Daten und Zahlen: Stadtgebiet, Bevölkerung, Wirtschaft, Versorgung, Verkehr, Berichtsjahre 1969, 1971, 1973, 1974.
Statistischer Jahresbericht der Stadt Wilhelmshaven, Berichtsjahr 1961.
Statistisches Bundesamt (Destatis) (Hg.): Bevölkerung und Erwerbstätigkeit – Ergebnisse des Ausländerzentralregisters 2018, Fachserie 1, Reihe 2, 2019.
Statistisches Bundesamt (Destatis) (Hg.): Migration und Integration – Integrationsindikatoren 2005–2017, 2019.
Friedrich-Ebert-Stiftung e. V., Archiv der sozialen Demokratie (Hg.): Betriebliche Tarifpolitik der Olympia Werke AG, Wilhelmshaven, Bonn 1953–1974.
TCN Marketing GmbH (Hg.): 65 Jahre Industriestandort Roffhausen 1946–2011, Jubiläumsschrift o.J., Wilhelmshaven (WZ).
Terkessidis, Mark: Interkultur, Berlin 2018.
Treibel, Annette: Integriert Euch! Plädoyer für ein selbstbewusstes Einwanderungsland, Frankfurt a.M. 2015.
Treibel, Annette: Migration in modernen Gesellschaften. Soziale Folgen von Einwanderung, Gastarbeit und Flucht, Weinheim, München 1990.
Treibel, Annette: Migration in modernen Gesellschaften. Soziale Folgen von Einwanderung, Gastarbeit und Flucht. 5. Aufl., Weinheim, München 2011.
Wöhler, Maike: Man ist nur so lange fremd, bis man sich kennt. Griechische Arbeitsmigration in Wiesbaden im 20. Jahrhundert, Hamburg 2020.
Yildiz, Erol/Hill, Marc: Nach der Migration. Postmigrantische Perspektiven jenseits der Parallelgesellschaft, Bielefeld 2015.
Zölls, Philip: Regieren der Migration. Von Einwanderungsprozessen und staatlichen Regulierungspolitiken, München 2019.

Internetquellen

Acet, Olcay. www.ortada.de. Letzter Zugriff am 02.06.2022.
Al Shahmani, Usama: Essay über das »Ankommen«. https://www.deutschlandfunkkultur.de/leben-im-exil-der-sprung-ins-leere.1005.de.html?dram:article_id=484172, Deutschlandfunk Kultur, 17. September 2020. Letzter Zugriff am 05.09.2022.
Dimitropoulos, Stav: Philotimo–The Greek word that can't be translated, 7. Juni 2017. https://www.bbc.com/travel/article/20170605-the-greek-word-that-cant-be-translated. Letzter Zugriff am 05.09.2022.

Dumoulin, Samuel: Wir sind alle Griechen. In: Le Monde diplomatique vom 11. März 2021. https://monde-diplomatique.de/artikel/!5754476#fn6. Letzter Zugriff am 03.09.2022.

Ganser, Daniele. https://www.danieleganser.ch/zitate/. Letzter Zugriff am 02.06.2022.

Griechisch-Orthodoxe Metropolie von Deutschland. https://www.orthodoxie.net/. Letzter Zugriff am 20.08.2022.

Olympia Museum/Heimatverein Schortens von 1929 e.V. (Stadt Schortens), https://hv-schortens.de/olympia-ausstellung/. Letzter Zugriff am 30.02.2022.

Hellas-Express: https://commons.wikimedia.org/wiki/File:Hellas-Express_Zuglauf.JPG. Letzter Zugriff am 8. September 2022.

Hellenische Republik. Griechenland in Deutschland. https://www.mfa.gr/germany/de/

Kültür, Anke: Kofferkinder. Dokumentarfilm, ARD 2013. https://youtu.be/5RAx34UVlWM. Letzter Zugriff am 23.07.2022.

Olympia-Vertrieb. https://www.olympia-vertrieb.de/de/unternehmen/portrait.html. Letzter Zugriff am 31.08.2022.

The Washington Oxi Day Foundation: Philotimo – The Greek Secret. https://www.youtube.com/watch?v=aXPJNDVfBgU. Letzter Zugriff am 05.04.2022.

Töchter des Aufbruchs. Lebenswege von Migrantinnen. www.toechterdesaufbruchs.de. Letzter Zugriff am 8. April 2022.

Mitarbeiter-Zeitungen

Olympia-Rundschau, 1931, Heft 1, und 1941, Hefte 5, 8 und 9.

(AEG) Olympia Ring. Zeitschrift für die Mitarbeiter der Olympia Werke AG Wilhelmshaven, Nr. 1, 1964; Nr. 3, 1965; Nr. 2, 1966; Nr. 4, 1967.

Bildnachweise

Bundesarchiv Koblenz

Diakonisches Werk der EKD Stuttgart

Friedrich-Ebert-Stiftung e. V., Archiv der sozialen Demokratie (Hg.): Betriebliche Tarifpolitik der Olympia Werke AG, Wilhelmshaven, Bonn 1953–1974. Aktenbestände der IG Metall, Bonn

Cosima Hanebeck

Barbara Klemm

Peter F. Meyer

Nordwestdeutsches Museum für IndustrieKultur, Delmenhorst

Rheinisches Bildarchiv Köln: www.museenkoeln.de/rba.de

Staatsarchiv Bremen

Olympia Museum/Heimatverein Schortens von 1929 e.V. (Stadt Schortens)

Stadtarchiv Wilhelmshaven – Sammlung WZ-Bilddienst

Stadtarchiv Wilhelmshaven/Sammlung Arbeiterarchiv – Dr. Hartmut Büsing

TCN Marketing GmbH

Fotos aus Privatbesitz

Ilse Adrianopoulos
Winfried Bornschier
Janni Chrissochoidis
Maria Anastasia Delia
Andreas Fostiropoulos
Paul Fostiropoulos
Hartmut Tammen-Henke
Peter Homfeldt
Nikos Katsolidis
Werner Kunkel
Theo Lampe
Asimina Paradissa
Argyri Paraschaki
Doris Semmler
Familie Tassis
Ina Wiemers
Maike Wöhler

Geschichtswissenschaft

Manuel Gogos
Das Gedächtnis der Migrationsgesellschaft
DOMiD – Ein Verein schreibt Geschichte(n)

2021, 272 S., Hardcover, Fadenbindung, durchgängig vierfarbig
40,00 € (DE), 978-3-8376-5423-3
E-Book: kostenlos erhältlich als Open-Access-Publikation
PDF: ISBN 978-3-8394-5423-7

Thomas Etzemüller
Henning von Rittersdorf:
Das Deutsche Schicksal
Erinnerungen eines Rassenanthropologen.
Eine Doku-Fiktion

2021, 294 S., kart.
35,00 € (DE), 978-3-8376-5936-8
E-Book:
PDF: 34,99 € (DE), ISBN 978-3-8394-5936-2

Thilo Neidhöfer
Arbeit an der Kultur
Margaret Mead, Gregory Bateson
und die amerikanische Anthropologie, 1930-1950

2021, 440 S., kart., 5 SW-Abbildungen
49,00 € (DE), 978-3-8376-5693-0
E-Book: kostenlos erhältlich als Open-Access-Publikation
PDF: ISBN 978-3-8394-5693-4

Leseproben, weitere Informationen und Bestellmöglichkeiten finden Sie unter www.transcript-verlag.de